U0453245

本书受国家自然科学基金青年科学基金项目（71502017）、辽宁省高等学校创新人才支持计划（WR2017006）资助。

社群嵌入对众包式创新绩效的影响

杨皎平　荆菁　/　著

The impact of community embedding on the performance of crowdsourcing innovation

中国社会科学出版社

图书在版编目（CIP）数据

社群嵌入对众包式创新绩效的影响／杨皎平，荆菁著.—北京：中国社会科学出版社，2021.5
ISBN 978-7-5203-8169-7

Ⅰ.①社… Ⅱ.①杨…②荆… Ⅲ.①互联网络—影响—企业绩效—研究 Ⅳ.①F272.5

中国版本图书馆 CIP 数据核字（2021）第 054355 号

出 版 人	赵剑英	
责任编辑	赵　丽	
责任校对	闫　萃	
责任印制	王　超	

出　　版	中国社会科学出版社
社　　址	北京鼓楼西大街甲 158 号
邮　　编	100720
网　　址	http：//www.csspw.cn
发 行 部	010-84083685
门 市 部	010-84029450
经　　销	新华书店及其他书店
印　　刷	北京明恒达印务有限公司
装　　订	廊坊市广阳区广增装订厂
版　　次	2021 年 5 月第 1 版
印　　次	2021 年 5 月第 1 次印刷
开　　本	710×1000　1/16
印　　张	15
插　　页	2
字　　数	224 千字
定　　价	78.00 元

凡购买中国社会科学出版社图书，如有质量问题请与本社营销中心联系调换
电话：010-84083683
版权所有　侵权必究

目 录

第一章 绪论 …………………………………………………（1）

第二章 相关理论与概念 ……………………………………（14）
 第一节 开放式创新 ……………………………………（14）
 第二节 众包模式 ………………………………………（18）
 第三节 虚拟社群 ………………………………………（23）
 第四节 嵌入性理论 ……………………………………（28）
 本章小结 …………………………………………………（33）

第三章 众包社区的社群嵌入体系 …………………………（35）
 第一节 研究基础 ………………………………………（35）
 第二节 研究设计 ………………………………………（38）
 第三节 数据分析 ………………………………………（46）
 第四节 众包社区社群嵌入机制 ………………………（58）
 本章小结 …………………………………………………（68）

第四章 众包社区的社群嵌入量表开发 ……………………（69）
 第一节 量表题项搜集 …………………………………（69）
 第二节 初始量表编制 …………………………………（80）
 第三节 量表检验 ………………………………………（94）
 本章小结 …………………………………………………（104）

第五章 众包社区的虚拟工作嵌入与创客创新绩效 ……… (105)
 第一节 研究基础 ……………………………………… (105)
 第二节 研究假设 ……………………………………… (108)
 第三节 实证研究设计 ………………………………… (112)
 第四节 假设检验 ……………………………………… (116)
 第五节 结论与讨论 …………………………………… (119)
 本章小结 ………………………………………………… (120)

第六章 众包社区的网络文化嵌入与社区创新绩效 ……… (121)
 第一节 理论基础 ……………………………………… (121)
 第二节 研究假设 ……………………………………… (126)
 第三节 实证研究设计 ………………………………… (138)
 第四节 假设检验 ……………………………………… (143)
 第五节 结论与讨论 …………………………………… (148)
 本章小结 ………………………………………………… (150)

第七章 众包社区的社群治理嵌入与社区创新绩效 ……… (151)
 第一节 理论基础 ……………………………………… (151)
 第二节 研究假设 ……………………………………… (154)
 第三节 实证研究设计 ………………………………… (161)
 第四节 假设检验 ……………………………………… (164)
 第五节 结论与讨论 …………………………………… (167)
 本章小结 ………………………………………………… (168)

第八章 众包社区的社群关系嵌入与社区创新绩效 ……… (169)
 第一节 相关概念 ……………………………………… (169)
 第二节 研究假设 ……………………………………… (173)
 第三节 研究设计 ……………………………………… (181)
 第四节 假设检验 ……………………………………… (186)

  第五节　结论与讨论 …………………………………………（192）
  本章小结 ……………………………………………………（193）

第九章　众包社区的社群结构嵌入与社区创新绩效 …………（195）
  第一节　理论基础 …………………………………………（195）
  第二节　研究假设 …………………………………………（198）
  第三节　研究设计 …………………………………………（205）
  第四节　假设检验 …………………………………………（208）
  第五节　结论与讨论 ………………………………………（213）
  本章小结 ……………………………………………………（215）

第十章　研究结论与展望 …………………………………………（216）
  第一节　研究结论 …………………………………………（216）
  第二节　理论贡献 …………………………………………（221）
  第三节　局限与展望 ………………………………………（223）
  本章小结 ……………………………………………………（225）

参考文献 ………………………………………………………………（226）

第一章 绪论

众包以其新颖、高效的运营模式在一开始被提出时就吸引了社会各界的注意。最初提出众包概念的是美国《连线》的记者杰夫·豪，他将众包定义为企业或公司将原本应该由其所属员工所完成的任务，以公开、自愿、竞争的形式，外包给个人或组织的做法。从本质上讲，众包其实就是"大众智慧"的缩影，尽管这个概念的提出才十余年，但其思想的魅力与高效性已经在很多实践案例中得以展现。

第一节 研究背景

在互联网和大数据的时代背景下，企业与消费者间的关系趋向平等、互动，产品的生产和价值的创造日益走向社会化和公众参与，"众包式创新"作为基于互联网的一种崭新的创新组织形式应运而生，当前众包模式的现实发展和理论研究的特征如下：

一 众包模式方兴未艾

一方面，在知识经济和数字化时代，社会经济的全球化、快速化、跨时空性不断发展，企业所面临的商业环境日益不稳定、不确定，复杂化和模糊化成为常态，任何企业都无法只依靠自身力量提供持续创新所需要的技术、知识和资源，因此传统的封闭式创新便显得不合时宜，很多企业纷纷实现创新模式从封闭创新到开放创新的转变；另一方面，随着信息技术、网络技术的高速发展，互联网得到了普遍应用，成为人们生活中必不可少的工具，广大网民或消费者会通过互联网表达产品需求、发表产品评价，通过在线社群寻求网友帮助，获取分布在世界各地的信息、知识和资源，因此如何最大限度地满足消费者需求，获取大量分散廉价甚至免费的创新资源将备受企业关注。

在上述情境下，众包创新模式应运而生，"众包"的出现反映了网络时代的一种新的创新思想和实践，其中所呈现的参与式文化和所体现的集体智慧，以及其所具有的网络组织创新特点正在加速创意的产生，改变企业传统的研发、设计等创新活动，"众包"正在使创新活动成为一种社会化行为。"众包"的出现正在使企业的创新模式从基于合作的半开放创新向基于"众包"的完全开放创新演变，基于"众包"的开放式创新将发展成为未来企业主要的研究与开发模式。借助网络平台的"众包"发展不仅拓展了企业研发活动的途径，降低了企业的研发费用，而且为业余爱好者参与到企业的研究开发、解决技术难题的活动之中提供了可能。大众与创意、创新结合在一起，使得开放式创新模式向网络组织创新方向演化，企业得以通过吸取公众的智慧，加速创意的产生、创新的深化。

二 众包模式的应用与存在的问题

近年来，众包模式在国内外得到了迅速发展和广泛运用，在国外，最早实施众包的 Innocentive 网站现在已经成为生物和化学领域的国际知名研发网络平台；波音和宝洁公司引入众包式创新模式，使该公司外部创新的比例由 15% 增长到 50%，研发能力增长了 60%；IBM 投入 10 亿美元开发众包模式；亚马逊推出提供众包服务的平台 Mechanical Turk。在国内，"猪八戒"网作为国内大型众包平台汇集了近 500 万中外雇主，1000 万家服务商帮助企业解决发布的任务；海尔集团通过建立"HOPE"众包平台，广泛征集来自用户、消费者和大众的创意。众包式创新模式扩大了公司的人力资源，实现企业"用人而不养人"，不仅节约了企业的研发成本，而且提高了产品创新的效率。现如今，越来越多的企业认识到这种模式的价值，"众包"已经成为华尔街青睐的最新商业模式，这种新模式将掀起一轮互联网高潮，颠覆传统的创新模式。目前"众包"不仅应用在企业的研发、设计活动中，还用于解决库存、销售目标、产能之类问题的决策过程之中。

虽然众包创新实践取得了一定效果，但在实际运行中不断暴露出一些问题。如创客对众包创新的持续参与不足，在著名的众包平台 Ideastorm Community 中，85%的创客提交一个众包任务之后就不再参加，即便留在平台的创客也是随着时间的推移，提交的众包任务数量逐渐减少；国内众包平台也显示约 1/3 的用户在初始参与阶段就退出平台，89%的注册用户从未提交创新方案。国内的众包社区都拥有大量的用户但是社区的任务交易量并没有随着用户的增多而增加，几家大型众包社区的交易量不如国外一家众包社区交易量多，国内众包社区普遍存在用户活跃度低的问题。再如创客之间知识共享动机不强，出现创意领地行为，由于信息的不对称及知识的默会性，用户可能会拒绝共享自己的私密知识，即众包个体往往会实施创意领地行为，从而大大降低了众包平台的创新绩效。除此之外众包式创新还面临知识产权风险、信息风险和组织管理风险问题。

三　众包模式研究存在不足

众包式创新是一个新兴研究领域，具有广阔的研究空间，目前该领域的研究还处于起步阶段，还未形成统一的研究框架，缺乏有效的定性、定量的研究。主要不足表现在以下几点：（1）众包式创新的研究中，选择中国本土样本进行实证研究的还很缺乏，仅有为数不多的几篇文章使用了国内样本或案例，不同文化背景下的众包参与者在创新行为、认知等方面都存在着差异，中国众包平台的宏观运作流程和微观机制具有自己的特色，应加强中国情境下的相关研究。（2）我们熟知在开放式创新理论体系中，网络、社群以及链接已经成为创新绩效提升的关键，而众包揭示了这样一个法则——社群比公司更能有效地组织起工作者，一个成功的众包项目最重要的部分，就是有一个活跃而忠诚的社群，但现有关于众包式创新运作机理、影响因素和治理机制方面的研究中对网络社群（群体关系网络、社会资本、社区规范、社区文化等）所起作用的研究还很欠缺，仅有的研究也只停留在宏观定性层面上，缺乏深入细致的分析。

在传统技术创新管理领域中，学者们发现不同维度的"嵌入性"对技术创新过程和创新绩效具有重要的影响，并取得了丰富的研究成果，而近期关于众包式创新的研究也认识到众包式创新具有网络社群嵌入性的特征，因此可以把经典创新领域的"嵌入性"引入到众包式创新中，探索"网络社群嵌入"对众包式创新的影响，至少可以从如下两个方面进行：（1）探索众包式创新的网络社群嵌入性，主要包括网络社群嵌入的内涵、类别与维度、形成机制。（2）网络社群嵌入性对众包式创新的作用机理。在对众包式创新运作机理分析的基础上，从知识管理、组织学习和开放式创新的角度探索不同类型、不同维度的嵌入性对参与者意愿、参与效应，创新方案质量、创新风险的作用路径。

第二节　研究问题

与普通的开放式创新相比，众包式创新更加关注企业与大众尤其是消费者间的合作；与用户创新相比，众包式创新通过互联网可以实现更大群体的互动，可以获得更大群体顾客的隐性需求信息。在中国社交商务环境下，消费者行为表现出明显的"社群互动"特性，因此很多众包创新平台开始向网络社群渗透，网络社群嵌入性将不可避免地影响众包式创新的运作与绩效。

对于嵌入网络社群的众包式创新来说，诸多问题的研究具有挑战性：首先，网络社群嵌入的类型、维度和特征有哪些？其次，众包创新平台如何实现知识搜索、知识整合和项目创新，其创新绩效受哪些因素影响？最后，网络社群的嵌入性对众包式创新的运作过程、创新绩效和产品市场化具有什么影响？通过哪些网络社群治理机制可以提高众包式创新绩效？如此等一系列问题需要深入研究。本书主要解决如下两个问题：

一　社群嵌入维度的解构及构念设计

关于嵌入性影响的经典研究中，嵌入性常被分为关系嵌入、结构嵌入、认知嵌入和文化嵌入等类别，并通过一些构念如关系强度、中心度、密度、冒险精神、长期导向等来进行测度，然后在此基础上研究嵌入性对经济行为的影响。而在互联网环境中，网络社群作为现实社会的拓展和延伸，社群成员间的汇聚已经脱离了血缘、地缘、业缘的限制，因此嵌入的类型势必与经典领域不尽相同，即使相同的嵌入类型，其构念内涵和测度指标也具有自身特色，只有清楚网络社群的嵌入内涵和测度方法，才能开展关于网络社群嵌入对众包式创新影响的研究。另外，研究网络社群的嵌入性需要涉及一手数据的搜集，由于网络社群嵌入性的特点，很难单纯依靠简单的问卷施测、实验操弄等手段获得满意数据，因此在收集质化资料时，需要依赖通过多种技巧来提高调研的质量。

二　网络社群影响众包式创新的作用路径

在众包式创新中，从人力资源角度看，大众参与创新的动因具有多元性；从知识管理角度看，涉及知识搜索、共享和整合等多个环节；从学习方式角度看，既有个人学习也有团队学习；从创新阶段来看，又分创意产生、创新商业化和创新产品扩散。理论上，本书需要从多个角度探索网络社群嵌入性对众包式创新的影响；现实上，为了提高众包平台的创新绩效，提出趋利避害的治理机制和措施，需要探索网络社群嵌入将如何影响众包式创新方案的数量和质量、如何影响创新方案的商业化和创新产品的扩散。在研究过程中，需要借鉴多种理论体系，寻求合适的中介变量和调节变量来解释网络社群嵌入对众包式创新的作用机理。本书将大量查阅文献、专注于自己的专业研究领域、把握好分析过程，除采用严密的逻辑演绎外，还采用质化研究、文案研究、问卷调查等多种研究方法缓步推进，使各条影响路径中网络社群嵌入对众包式创新的作用机理逐渐清晰。

第三节　研究意义

在互联网和大数据的时代背景下，一方面，越来越多的传统产业正在面临转型升级，原有的产品研发与创新体系亟待重构；另一方面，企业与消费者间的关系趋向平等、互动，产品的生产和价值的创造日益走向社会化和公众参与。"众包式创新"作为基于互联网的一种崭新的创新组织形式应运而生，其具有大众参与、社群互动、组织无边界等特性，并融合了"开放式创新、用户创新"等先进创新理念的基因，是大数据时代企业开展技术创新的一条可行且有效的途径。关于"众包式创新"模式和机制的研究是创新管理领域中一个前瞻性的理论课题。

一　理论意义

首先，探索创客们所归属的新型社群网络结构，可为后续研究提供借鉴。在技术创新管理研究领域中，国内外学者关于嵌入性与技术创新关系的研究取得了丰富的成果，学者们主要从知识管理、组织学习和协同效应等方面论述了结构嵌入、关系嵌入、文化嵌入和认知嵌入对创新绩效、创新商业化和创新扩散的影响机理。在当前关于众包式创新的研究中，学者们已经开始认识到众包式创新与社交网络融合的必要，开始研究网络嵌入性、社会资本对众包式创新的影响，但几乎所有文献都镜像了传统领域中网络嵌入的概念，缺乏对在线社群结构特色的挖掘，本书研究基于众包社区的新型社群嵌入具有重要理论价值。

其次，分析社群嵌入结构对众包社区的创新机理，有助于拓宽众包式创新研究范围。众包作为一个崭新的创新模式，还存在很多问题亟待解决，如对于众包中起着关键作用的网络社群究竟是怎样形成的？它是如何自组织运作的？应该怎样激励社群中的长期参与者？社群中个人的智慧是通过怎样的机制涌现为集体智慧等诸多现实问题都需要作进一步的深入探索。因此本书研究网络社群嵌入对众包创新的影响机理具有重要的理论意义，可以为分析众包式创新的优劣势提供重要的理论视角。

二 实践意义

首先，从众包平台或众包社区来说，该研究可以为众包平台的创客管理和社群管理提供参考，有助于提升众包平台或众包社区的创新繁荣或创新绩效。相关研究指出，当前一些众包平台的任务交易量过少，究其原因是成员对社区的归属感和认同感不高，相互之间的链接强度不够。因此要促进众包社区持续发展、激发社区的创新生机，平台企业应该努力营造一种氛围，增强众包社区成员的嵌入程度。本书研究众包社群的虚拟工作嵌入、网络文化嵌入、社群治理嵌入等不同嵌入类型基于什么原理影响社区的创新绩效，可以指导企业从哪些角度制定措施来解决成员链接强度不够、社区不繁荣等问题。

其次，从创客或发包企业来说，该研究的结果对提高创客的参与意愿、创新能力，对提高发包企业获得的创意质量均具有促进作用。如前所述，一方面，当前的广大消费者参与产品创新的意愿越来越强，广大网民从互联网社区获得知识的需求越来越迫切；另一方面，企业亟须跳出企业边界从世界各地获取创新资源，迫切地需要挖掘广大消费者的隐性需求，提高消费者的体验质量。本书旨在从社群嵌入的角度寻求如何活跃众包社区的机制和方法，寻求如何激励广大创客积极参与知识共享、积极参与社区创新的措施和手段，寻求如何集合大众智慧实现负责任的创新，无论对广大创客还是对发包企业都是互利双赢的。

第四节 研究内容

一 主要内容

本书的研究主要探索众包社区的社群嵌入结构及不同社群嵌入类型对众包社区创新绩效的作用机理，主要研究内容如下：

（一）众创平台中"创客"所归属的新型社群类型及其网络结构

分析

在互联网环境中，创客们借助多种社交工具，围绕不同主题内容、功能属性组建了多重的新型社群，创客的行为必将受社群网络关系的影响。本部分探索嵌入众包平台的新型社群及其网络结构，首先，运用扎根理论等质性研究，初步提炼新型社群嵌入特征的理论框架；其次，设计调查问卷，对调查数据进行因子分析，挖掘新型社群嵌入的多类型、多维度特征；最后，开发虚拟工作嵌入、网络文化嵌入、社群治理嵌入、社群关系嵌入、社群结构嵌入等相关变量的测度量表，为后续研究提供基础。

（二）创客的社群嵌入对创客创新绩效、众包社区创新绩效的影响机制

鉴于众包社区的"虚拟性"，创客们主要参与产品研发和服务创新，并考虑到分享经济所强调的"基于互联网平台、大众参与、知识共享、用户体验"等特征，本书以知识管理、组织学习和互动体验等角度分析社群嵌入对众包创新的影响机制。首先，基于动机理论，利用创新激情、敬业度和知识共享为中介变量研究了虚拟工作嵌入和网络文化嵌入对众包社区中接包方和社区创新绩效的影响机制；其次，基于网络治理理论，利用机会主义、创客就绪度为中介变量研究社群治理嵌入对众包社区创新绩效的影响机制；最后，在传统网络嵌入理论的基础上同时考虑在线网络的特色，采用社区承诺、领地行为、双元学习等为路径变量分析社群关系嵌入和社群结构嵌入对众包社区创新绩效的作用机理。

二 结构安排

针对上述研究内容，本书分为如下的10个章节，具体细节如下：

第一章：介绍众包的研究背景，阐述了嵌入理论引入到众包式创新的研究意义，介绍了研究内容和方法，说明了本书的创新点。

第二章：核心概念界定和文献梳理。围绕本书的四个核心理论，即开放式创新、众包、虚拟社群和嵌入性理论，对国内外的相关研究进行梳理，剖析本书的主要核心概念和研究范围，为后续的研究提供

依据、奠定基础。

第三章：研究众包社区的网络社群嵌入结构。在对社会嵌入、工作嵌入、社会资本等经典文献进行剖析的基础上，通过大量获取相关众包社区的质性材料，采用扎根理论归纳社群嵌入的类型、维度以及相互之间的关系，为后面的实证研究框定范围。

第四章：开发5种类型社群嵌入构念的测度量表。首先通过对典型众包社区所获取的数据资料，收集既体现社群嵌入特征又具有较高出现频率或较强理论支撑的条目，形成初始问卷；接着对初始问卷进行施测（扩展到案例社区之外），对收集的数据进行鉴别度、项目区分度和探索性因素分析，然后通过新一轮的调研与施测，进行验证性因素分析，通过比较检验数据结果与测量模型的拟合程度来评判各构念的结构效度。

第五章：研究虚拟工作嵌入对创客创新绩效的影响机制。根据自我决定理论的"环境—需求—动机"框架，以创新激情这一动机性变量为中介变量，研究虚拟工作嵌入的匹配度、归属感和满足感对接包方创新激情的作用机理。

第六章：研究网络文化嵌入对创客和整个社区创新绩效的影响机制。本章以敬业度为中介变量探索网络文化嵌入的包容性、互动性、公平性和自主性对接包方创新绩效的跨层次影响；以知识共享为中介变量探索网络文化嵌入的四个维度对整个社区创新绩效的影响；并研究了创客创新绩效对社区创新绩效的影响的汇聚机制。

第七章：研究社群治理嵌入对众包社区创新绩效的影响机制。本章以网络治理理论为总体架构，以机会主义、创客就绪度为中介变量探讨了社群治理的规范性、激励性和协调性程度对众包社区创新绩效的作用路径。

第八章：研究社群关系嵌入对众包社区创新绩效的影响机制。本章在经典关系嵌入理论的基础上，结合众包社区的具体特征，以虚拟社区承诺和创意领地行为为中介变量研究了关系嵌入的信任、互惠和认同三个维度对社区创新绩效的影响过程。

第九章：研究社群结构嵌入对众包社区创新绩效的影响机制。本章根据虚拟网络独有的特征,从开放度、网络密度、异质性和凝聚性四个维度剖析社群结构特征,以利用式学习和探索式学习为中介来分析社群结构嵌入性对众包社区创新的优势来源。

第十章:本书的研究结论及展望。首先总结了本书的研究结论,并对相关结论进行了分析讨论;其次阐明了相关结论对理论和实践的贡献及启示;最后指出了本书研究的不足和下一步的研究展望。

第五节 研究方法和技术路线

一 研究方法

研究过程中预计用到的研究方法主要包括质化研究、量化研究两大类,使用的主要研究工具包括 NVivo、SPSS、Mplus 等。

主要研究方法的使用如下:

【扎根理论】扎根理论(NVivo 软件)有三种版本,现在国内学界最普遍采用的扎根理论步骤为:资料收集整理(一手或二手)、开放式编码、主轴编码、选择性编码、理论饱和度检验,本书的研究也采用这一版本。

第一步,基于众包社区创客的社群嵌入现象,选取 4 个具有代表性的众包社区,从中选择加入众包社区 1 年以上、至少成功完成 1 个众包项目、在论坛中活跃的创客作为访谈对象,共分两次访谈,借以了解参与者表现出的嵌入在网络社群中的行为和心理特征。第二步,对访谈资料进行开放式编码,对收集到的资料进行单位切割,将性质与内容相近的小单位聚合在一起,组成一个自然类别,同时把与研究主题无关的类别删除。第三步,进行关联式编码,将自然类别重新组合找出现象本身、前因后果、情境间、脉络之间的关联性,并发展出最后的观点。第四步,进行核心式编码,在所有已发现的自然类别中经过系统分析之后选择一个"核心类别",将分析聚焦到与核心类别有关的资料上,初步形成关于结构内容和作用机理的思想体系。第五步,进行作用机制的揭示和模型建构,将核心式编码形成的思想整合成一个完整的模型,并揭示作用机制。

【因子分析】 在量表编制和模型构建之后，利用探索性因子分析和验证性因子分析检验量表的信度、效度。再利用专家法和群众法对模型进行三个方面的效度验证：描述型效度、解释型效度和理论型效度。

【路径分析】 这一阶段主要包括概念模型的建立、研究假设的提出，进而利用调研数据进行模型的拟合和分析。在前述对网络社群嵌入性结构、嵌入性在众包式创新各阶段中的作用机制探明的基础之上，借鉴开放式创新的理论体系、经典研究中有关嵌入性与知识管理、组织学习等关系的研究成果，构建网络社群嵌入性对众包式创新绩效的概念模型、作用路径；然后根据文献整理和案例研究的结果提出研究假设；最后在开展大规模市场调研的基础上，对研究假设予以佐证，对概念模型进行修正。

【跨层次分析】 本书所涉及变量分属于不同层面，当模型中的变量为同一层次时，采用传统的结构方程模型（不赘述），当涉及多层变量时，采用多层线性模型（Mplus 软件等）测定社区嵌入对创客层面、社区层面的中介变量和结果变量的影响。在跨层次分析过程中，本书采用经典的跨层次分析步骤：首先，建立零模型，检验是否满足跨层次分析的要求；其次，建立随机效应回归模型；再次，建立截距预测模型；最后，进入交互项计入模型，检验调节变量的作用。

二 技术路线

根据上述研究内容、结构安排以及相应的研究方法，本书的技术路线如图 1-1 所示。

第六节 研究创新点

一 以本土情境的众包社区为例探索网络社群嵌入的特殊结构

现有的研究虽然对网络社群的社会属性给予了很大重视，但大都停留在宏观和定性的研究上，缺乏微观分析和定量化研究；关于网络社群社会属性的分析，选择中国本土样本的非常少，忽视了中国文化

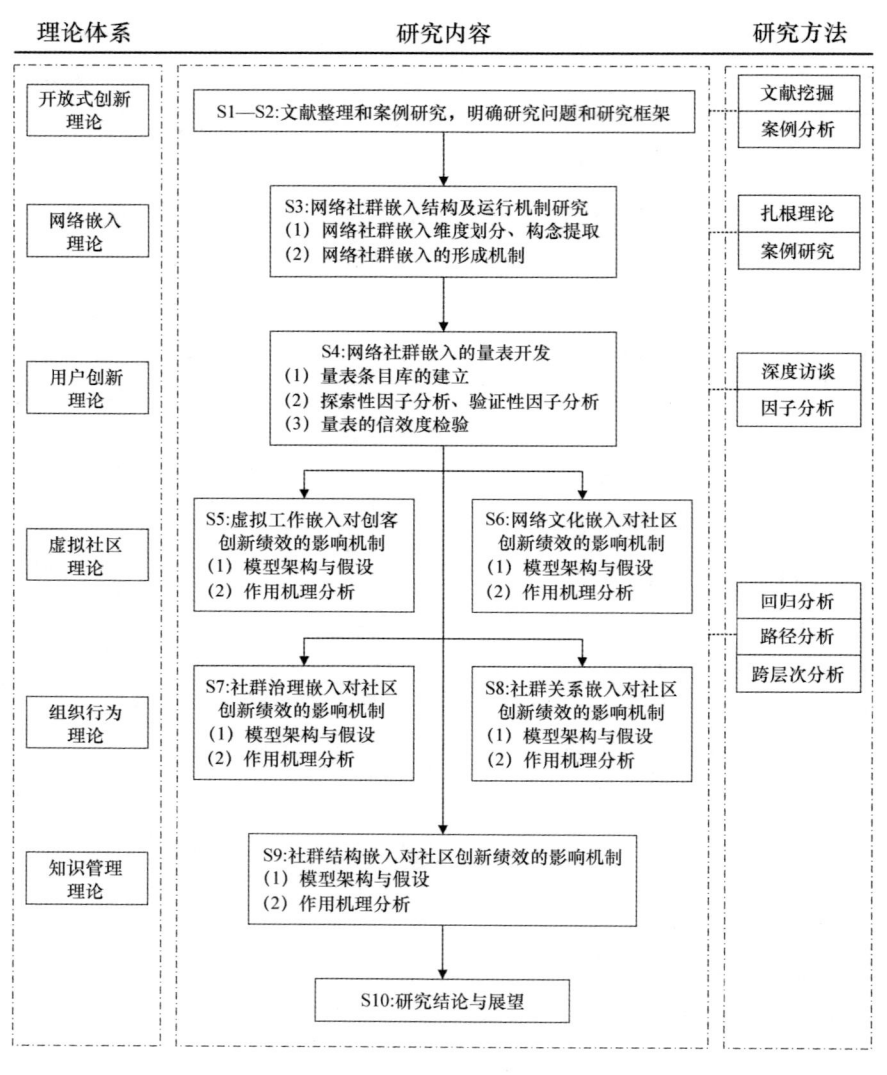

理论体系	研究内容	研究方法
开放式创新理论	S1—S2: 文献整理和案例研究，明确研究问题和研究框架	文献挖掘 案例分析
网络嵌入理论	S3: 网络社群嵌入结构及运行机制研究 (1) 网络社群嵌入维度划分、构念提取 (2) 网络社群嵌入的形成机制	扎根理论 案例研究
用户创新理论	S4: 网络社群嵌入的量表开发 (1) 量表条目库的建立 (2) 探索性因子分析、验证性因子分析 (3) 量表的信效度检验	深度访谈 因子分析
虚拟社区理论	S5: 虚拟工作嵌入对创客创新绩效的影响机制 (1) 模型架构与假设 (2) 作用机理分析 | S6: 网络文化嵌入对社区创新绩效的影响机制 (1) 模型架构与假设 (2) 作用机理分析	回归分析 路径分析 跨层次分析
组织行为理论	S7: 社群治理嵌入对社区创新绩效的影响机制 (1) 模型架构与假设 (2) 作用机理分析 | S8: 社群关系嵌入对社区创新绩效的影响机制 (1) 模型架构与假设 (2) 作用机理分析	
知识管理理论	S9: 社群结构嵌入对社区创新绩效的影响机制 (1) 模型架构与假设 (2) 作用机理分析	
	S10: 研究结论与展望	

图 1-1　本书技术路线

背景下的网络社群的社会属性更浓、社会文化符号更强的特色。虽然现有研究分析了企业网络的嵌入性，但对网络社群的嵌入性重视不足，网络社群与企业网络相比，具有如下新特性：超时空的互动层面、网络版的语言符号、有利于弱纽带形成和扩张的群体环境及高技术支持的互动平台等。综上，研究中国情境下网络社群的嵌入结构既具有研究特色，也是一项重要的创新。

二　从多维度多视角探索"网络社群嵌入"对众包式创新的影响

在经典创新领域中，学者们对企业网络的嵌入性给予了高度重视，从不同的角度分析了网络嵌入对创新的影响机理，但在众包平台这种电子商务环境中，对创新的研究还停留在契约设计以激励大众积极参与方面，显然对网络社群的嵌入性还没有引起足够重视。一方面，众包式创新嵌入网络社群将成为不可回避的发展趋势；另一方面，众包式创新作为一种"平台型创新"，其创新基础主要来自与网络社群嵌入密不可分的"交易成本"和"网络价值"。现有的研究对这一认识还存在不足，还缺乏系统深入的研究。综上，研究网络社群嵌入性对众包式创新的作用机理是第二个重要的创新点。

本章小结

本章阐述了本书的研究背景，并在此基础确定了本书的研究问题，即众包社区所嵌入的社群特征如何影响众包社区的创新绩效。基于对当前理论和实践研究的进展提出了本书的研究意义，并确定了主要研究内容和结构安排；限于选题内容，本书选择了质化研究和定量研究相结合的方法，在归纳提炼社群嵌入类型与特征时主要采用了扎根理论，在研究社群嵌入对众包社区创新的影响时主要采用了回归分析和结构方程等实证分析方法。总体来说，本书的创新之处有两个，第一是将传统情境下嵌入性的概念引入到众包社区中，提炼出了本土情境的、众包社区特色的社群嵌入类型和特征；第二是基于多种理论基础，采用多条路径变量，多视角地分析了不同嵌入类型和维度对众包社区创新的影响机制。

第二章　相关理论与概念

众包式创新是企业开放创新思想具体实施的典型代表，是一种基于互联网的开放式创新模式。在众包模式中，几乎所有众包平台都采用基于虚拟社区的组织模式，因此虚拟社区的诸多特征必将与众包创新绩效存在千丝万缕的联系。虚拟社区的社群关系既具有传统真实社群的特征，也由于线上情境而具有自身特色。现有研究指出传统社群的嵌入性特征会影响社群绩效，那么虚拟社群的嵌入性特征也将对众包社区的创新绩效具有重要影响。

第一节　开放式创新

一　开放式创新的概念和内涵

亨利·切萨布鲁夫教授发现，长期以来，企业从事技术研发或创新时，几乎都是通过建立内部研发中心，招揽大量科技人才，投入研发经费，通过开展基础研究和应用研究，开发新产品和新技术，创造出大量的适合市场需求的新产品。但是，随着时间推移和技术变革的加快，这种创新模式在获得技术独享和垄断利润的同时，出现了创新效率低、创新质量差、创新成果交易难等方面的问题；更重要的是，随着技术创新的日益复杂，单个企业的内部研发已经无法满足企业对技术创新的需求。

亨利·切萨布鲁夫教授将企业通过建立内部研发中心，雇用科技创新人员，利用内部人力、物力资源进行创新的传统模式称之为"封闭式创新"；与之对应，他提出了"开放式创新"的理念，他认为企业既可以从企业内部获得非常有价值的创新方案，同时也可以利用外部创新资源获得优秀的创新方案，而且，创新方案的商业化转化同时可以借助企业内部和外部两个市场来进行。

开放式创新的特点可以从以下几个方面去理解[①]：（1）让企业之外的人才和企业之内的人才都为企业的研发或创新工作；（2）利用企业外部的人才、智力资源来为企业的研发或创新服务，可以为企业带来巨大的利润；（3）企业内部研发或创新不再是企业获取创新利润的唯一方式；（4）综合利用企业内外资源的创新模式，甚至优于产品找到新市场；（5）更大的、更优的创新成果来自线性可变的创意，而这样的创意可同时通过企业内部创新资源和外部创新资源获得；（6）其他企业可以购买我们的专利和知识产权，我们也可以购买其他企业或者个人的专利和知识产权。

开放式创新的概念一经提出，就引起国内外学者的广泛关注，学者们从不同视角对开放式创新进行了解读，总结起来包括如下三个视角：（1）知识管理视角，即开放式创新认为①知识公开是企业自愿的；②知识是开放的，甚至可以免费获取的；③知识的拥有者可以相互沟通，互通有无。（2）组织模式视角，即开放式创新①是模糊边界、跨组织的创新模式；②获取创新资源可以同时利用企业内部路径和企业外部路径；③是实现知识产权生产、获取和利用的多渠道系统框架。（3）创新的实现过程视角，即开放式创新①是内部创新和外部创新之间的双向过程；②是有目的地通过利用流入和流出知识，以加快内部创新和扩大内部创新外部应用市场的两个独立过程。

二 基于互联网的开放式创新

基于互联网的开放式创新，是在继承开放式创新跨越创新资源边界藩篱的基础上，充分利用互联网世界的开放性、多样性、自主性、

---

① 庞建刚：《众包社区创新的运营机制设计》，博士学位论文，中国科技大学，2014年，第43页。

交互性等特征，实现创新理念与运行系统的转变。这种创新模式的基本形态是亨利·切萨布鲁夫开放式创新模式的升级版，即通过互联网技术使基于资产纽带和契约纽带的创新网络高效化，是传统创新关系在网络平台上的映射。

互联网作为一种共享平台，对开放式创新起到巨大的影响，基于网络平台的开放式创新将成为创新范式的发展方向。互联网的互联功能使得线性可变的、分散的创新创意在网络创新社区迅速集聚，并通过网络大众的集体智慧解决创新中的难题，全世界的知识拥有者都成为企业潜在的创新者和发明家。基于互联网的开放式创新，将互联网开放多样的特点和相关技术与开放式创新思维相融合，充分发挥个体智慧的价值，满足企业创新需求，每一个个体都将是创新的主体。

基于互联网的开放式创新具有如下特点：

（一）基于创新参与者的角度。基于互联网的开放式创新，其参与者可以是全球范围内拥有创新资源的任何参与者或机构；参与者之间、参与者与组织之间不存在规范的契约或合作纽带，强调自愿参与，不受时间和地点束缚，关系时间短，参与弹性大。相对于线下的开放式创新来说，参与主体更加多样化、辐射的范围更广、灵活性更强，当然管理起来也更复杂。

（二）基于创新理念的角度。基于互联网的开放式创新主要通过网络平台，面向全球吸纳创新参与者和创新资源，本着汇聚全球智慧和资源为企业的研发和服务的理念，其辐射的范围更广，开放式程度更大，可以获取的外部创新资源更丰富。与传统开放式创新相比，其视野更加宽阔，对各参与主体的控制要求更弱化、弹性更好、管理更加柔性。

（三）基于创新方式的角度。基于互联网的开放式创新，主要通过互联网创新平台实现资源、创意、专利及问题解决方案的汇聚、传递与整合。其动态的自我优化和选择机制，有利于提升创新效率和质量，降低人力成本、时间成本和试误成本。与传统开放式创新相比，其整合的创新资源更丰富、创新效率更高、创新成本更低。

（四）基于创新绩效的角度。基于互联网的开放式创新在两方面都存在明显优势：从创新效率看，通过互联网建立面向全球的资源征集机制，改善了资源的充沛度，提高了创新成果的转换速度；从创新效果看，由于突破了传统创新的视野范围，让创新资源的供求衔接更为合理，有利于提高创新质量，社会、组织和创新参与者个体等各方获得回报，实现多重绩效。

三 众包式创新与开放式创新

众包式创新是企业开放创新思想具体实施的典型代表，是一种基于互联网的开放式创新模式。人力资源是企业发展中的稀缺性资源，对于企业研发创新至关重要。众包式创新通过社会网络、互联网平台将全球各地分散、闲置的智力资源、创新资源聚集起来为企业研发或创新服务，其参与者专业性更强，解决的问题或方案所需的知识更复杂。

基于开放式创新的理论分析，众包式创新就是企业通过互联网平台、通过互联网社群网络聚集和引导网络大众参与企业内部特定创新过程，通过大众参与者的知识与创意来开展企业创新的开放式创新活动。陈劲和陈钰芬[①]认为，从开源到众包，开放式创新理论的演化受到互联网全面影响。众包式创新与开放式创新有所区别的是开放式创新描述的多是企业与企业间的知识资源的互动，其重点是在创新的过程，而众包式创新主要描述网络大众知识向企业的转移，更注重创新的结果。众包式创新可以看作是将大众作为知识提供者以实现由外向内知识流动的一种方式，大众通过网络平台提供创新方案给众包任务提供企业，企业对大众提供的方案进行筛选、内部再整合，然后开展产品创新或者提供服务创新，是一种资源内向整合的开放式创新形式，属于内向开放式创新。

---

① 陈劲、陈钰芬：《开放创新体系与企业技术创新资源配置》，《科研管理》2006年第3期。

第二节 众包模式

一 众包的兴起

众包作为一种运营理念可以追溯到很早,例如1714年,英国政府为了找到定位海洋中船舶的办法,就发起了一个提供现金奖励的众包活动(类似中国古代的悬赏)。近年来,众包作为一个企业资源管理的理念或者运营模式日渐流行的原因可归纳为如下几点:

(一)互联网的普及。互联网的普及不仅消除了时间和空间的限制,而且降低了众包参与者的成本与参与门槛。互联网连接了生产者和需求者,使消费者能畅通地与公司交流,成为公司的一名准员工,获取参与众包的企业方信息;同时互联网连接了不同的需求者,使得他们直接能够形成一个虚拟社群,进而进行有关问题的充分交流,获取参与众包的需求方信息以及解决问题的方法信息。

(二)网民的大量增加。网民的规模化为众包的发展提供了用户基础,网民的多样化为解决众包问题提供了丰富的资源条件。众包不同于外包的一个重要特征就是从众多、海量的问题解决者中选择一个最优的解决者,在当前网民的数量庞大、其掌握的资源丰富的环境下,企业通过将设计、服务和研发项目众包出去更容易得到更满意的解决方案。

(三)消费者参与创新的意愿增加。一方面,在追求个性化的时代,消费者不再满足只作为产品的被动接受者,他们希望企业提供给他们个性化的、与众不同的商品;另一方面,随着消费者大众教育水平的提高,很多消费者在某些领域具有一技之长,他们愿意通过参与企业的产品设计、创新、制造等过程将这些技能和知识展示出来。在此环境下,企业将产品设计权交给消费者,消费者更加了解自身需求更能设计出满足消费者需求的产品,消费者在某一领域具有娴熟的知识和技能,他们更愿意、更有效率解决众包问题。

二 众包的概念及类型

自从《连线》杂志特约编辑杰夫·豪[①]提出"众包"这一创新性概念或理念以来,学界和业界在众包模式研究、众包实践探索有了显著增加,但就当前所处的研究阶段来说,众包的概念仍处于不断发展和完善之中。

在最近的一些研究中,众包通常被认为是:一种利用大众解决问题的工具,一种利用互联网技术的分布式问题解决机制或生产模式,一种开放式协作的学习范式,一种利用外部资源进行新产品研发的创新模式。其中,我国计算机学科的学者冯剑红、李国良和冯建华[②]给出的定义具有一定代表性,其定义为:众包是一种公开面向互联网大众的分布式的问题解决机制,它通过整合计算机和互联网上未知的大众来完成计算机单独难以完成的任务。管理学领域的学者庞建刚[③]给出的定义为:众包是发包方通过互联网集聚大众智慧为其创造价值的开放式创新活动,接包方与发包方在众包项目开展的过程中是契约关系,这种关系从发包方发布项目开始一直持续到最优方案产生才终止。

众包的参与主体主要包括发包方、接包方和众包平台。发包方通常是有创新任务需求的企业、政府机构、非营利机构或者是个人,主要是企业。作为发包方的企业,参与众包的目的是通过互联网充分利用社会大众的集体智慧与创新资源整合获取优质的、适合用户线性可变需求的创新方案,降低企业创新成本提高企业竞争力。接包方是大量的网络大众,包括专业人士和非专业的兴趣爱好者,其范围涵盖全球的互联网用户。可以是个人,也可以是团队。接包方参与众包可以通过完成发包方的项目中标后获得货币奖励,并通过方案的获奖获得社区的认可达到自我成就满足,同时通过知识的分享和学习,获取新

[①] Jeff Howe, "The Rise of Crowdsourcing", *Wired Magazine*, Vol. 14, No. 6, June 2006.
[②] 冯剑红、李国良、冯建华:《众包技术研究综述》,《计算机学报》2015年第9期。
[③] 庞建刚:《众包社区创新的运营机制设计》,博士学位论文,中国科技大学,2014年,第43页。

的知识和技能，并且有效地利用了业余时间。众包平台是沟通发包方和接包方的桥梁，众包平台主要有两种形式，第一种是发包方自主经营众包社区（如戴尔的创意论坛IdeaStorm、星巴克的"My Starbucks Idea"、宝洁的"创新中心"等）；第二种是第三方众包平台（如Innocentive，猪八戒网等）。发包方自营一般是发包方企业具有较强的实力，通过采用论坛的形式吸引外部大众参与，解决创新难题。中小企业一般采用第三方众包平台。

根据大众参与众包的不同形式，众包被分为协作式众包和竞赛式众包。协作式众包的任务是需要大众协作来完成，并且完成任务的大众通常没有奖励回报；而竞赛式众包的任务通常是由个人独立完成，完成任务的个人会得到相应的奖励（如金钱报酬）。协作式众包中典型的成功案例主要包括维基百科Wikipedia和reCAPTCHA，竞赛式众包中典型的例子是Amazon Mechanical Turk（Mturk）。叶伟巍和朱凌[①]基于创新管理的角度对两种模式进行了比较，如表2-1所示。

表2-1　　　　　　　网络众包创新模式特征

	关键要素	竞争型模式	合作模式
创新目标	技术问题类型	独立的技术问题	复杂的技术问题
	问题解决方案	赢者通吃	协同学习
	过程管理难度	管理难度相对小，操作性强	管理难度大，时间跨度大
创新过程	知识探索	对企业内部探索知识的能力，问题分解能力要求高，知识现实吸收效果好，对知识潜在吸收能力提高作用小	对企业内部探索知识的能力，问题分解能力要求相对低，对知识现实吸收能力潜在吸收能力提高作用大
	知识保持	外部知识连接性较好，外部知识保持效果一般	外部知识联结性和保持效果良好，具有持续性
	知识开发	终端市场需要掌握充分	终端市场需要掌握充分且持续

---

① 叶伟巍、朱凌：《面向创新的网络众包模式特征及实现路径研究》，《科学学研究》2012年第1期。

续表

关键要素		竞争型模式	合作模式
参与动机	企业参与动机	节约了开发新产品的时间，节约了创新成本，增加了新产品的接受度，增加销售额，利用外部知识改进质量	通过降低复杂性可以减少成本，通过有效利用资源提高生产率，使消费者愿意购买，增强了消费者对新产品创新的主观认知
	参与者动机	个人兴趣，展示分享专长的成就感，社会认同感和获得报酬	渴望学到新知识，与别人分享专长，实现共同的目标，有利于职业发展
	激励机制	挑战激励	学习激励，共同目标激励

三　众包平台及众包社区

如前面所述，众包平台是众包模式中的主要的参与方之一，很多大型企业往往通过自建众包平台来向网络大众发包创新任务，可以称之为第一方众包平台，此时的众包平台与发包方两者合一；很多小型企业则选择一个第三方众包平台来向网络大众发包创新任务，此时的众包平台与发包方则是分离的。需要指出的是，很多众包平台既是第一方平台也是第三方平台，因为其除了为自己企业提供发包服务，也为其他中小企业提供发包服务。

在众包模式的实际运行中，无论第一方众包平台还是第三方众包平台，平台的运行管理都具有一定的独立性，所不同的是为其提供服务的发包方是平台所属的企业还是独立的其他企业，对本身的研究来说，不需要对两者进行区分。

众包平台经营战略中的两个核心问题就是为平台的用户（发包方与接包方）创造价值和实现平台自身的价值。在众包模式价值创造生态中，价值由平台联合各利益相关者共同创造，并由平台完成价值的系统性整合，具体表现为：

1. 平台是整个众包模式架构的"神经中枢"。众包平台负责连接众包交易中的各类参与者，依靠数量庞大的用户资源、高超的信息处理与业务整合能力，紧紧围绕用户需求提供服务。

2. 用户地位中心化。众包平台价值创造过程中，发包方和接包方用户的需求决定着众包平台提供的众包服务的内容和方式。

3. 其他利益相关方是价值共创者。互补者、竞争者、供应商等主体具有自身独特的资源和能力优势，被核心平台作为异质性的补充资源整合进众包服务的提供过程中，成为平台价值创造生态中的重要组成。

4. 信息和知识具有高度的独立价值。众包平台把信息与知识作为主要的价值创造要素纳入价值创造生态中，将价值创造领域从实体空间向虚拟空间扩展，利用信息和知识来获取价值。

无论第一方众包平台还是第三方众包平台，在实际运行过程中，往往都采用了基于社区、社群的组织模式，因此很多文献对众包平台和众包社区并不加区分，实际上，一个众包平台根据其服务任务的不同，往往组建多个不同主题的众包社区用以满足各类众包任务，或面向不同发包和接包主体。

在众包模式中，几乎所有众包平台都采用基于虚拟社区的组织模式，是因为众包与虚拟社区具有天然的联系：

1. 众包与虚拟社区都以网络为基础设施。众包是通过互联网发布待解问题，具有典型的无边界性，同样，虚拟社区被认为是以互联网为基础，打破地域、时间和对象限制，共享知识和资源的有效载体。

2. 众包与虚拟社区都以开放共享为基本理念。众包模式不依赖地理位置，具有开放性，是资源共享的一种泛化行为。虚拟社区以协同交互为基础，没有严格的边界，强调共享性，各种角色的参与者借助网络资源提升自身能力，二者具备共同的基本理念。

3. 众包与虚拟社区都以协作交互为核心特征。无论众包还是虚拟社区，如果没有很好的协作过程，参与方只是简单地表达自己的观点，发挥自我潜能，那么群体智慧必定无法最大化，众包也不可能实现，虚拟社区也失去了存在的价值。

4. 众包与虚拟社区都以共同创造为价值主导、以面向问题为主要组织方式。众包的优势在于针对特定的问题，参与方共同解决问题，创新创造价值。虚拟社区以共同关心的问题为驱动，协作交互地完成目标和任务，实现自我价值的提升。

5. 众包与虚拟社区都以多样性个性化为根本目的。众包的本质是求同存异，不抹杀多样性，青睐草根阶层，只有如此，才能带来群体智慧的创新潜力。虚拟社区更是典型的互联网应用，追求自由平等，充分激活各方的交流和沟通热情。

第三节 虚拟社群

通过对相关学者的研究梳理可以发现，当前的研究中存在虚拟社区和虚拟社群两种称谓，从英文的角度来说，两者都被翻译为 Virtual Community，从研究的内容中可以发现，两类文献中学者们关注的问题也基本相同。两者的区别主要是视角上不同，虚拟社区是基于空间的视角，与实体的社区空间对应；虚拟社群则是基于社会关系的视角，与实体社区中人们之间的关系对应。一个实体的社区可以有多个社群关系群落，一个虚拟社区同样具有多个社群关系网络，因此虚拟社群也可以称之为虚拟社区中的社群。

对于本书来说，由于研究主要关注的是社群关系网络对众包式创新的影响，因此在研究中多冠以"社群"的称谓，当然在谈及众包社区的建设时，仍采用"社区"的称谓。

一 虚拟社群的概念及特征

一般社会学家与地理学家所指的社群，广义而言是指在某些边界线、地区或领域内发生作用的一切社会关系。社群可以是一种特殊的社会关系，包含社群精神或社群情感。教育大辞典中对于社群的主要特征是这样描述的：有稳定的群体结构和较一致的群体意识；成员有一致的行为规范、持续的互动关系；成员间分工协作，具有一致行动的能力。

关于虚拟社群的定义，虽然不同学者关注的视角不同，但大体是一致的，即虚拟社群可以定义为：虚拟社群用来指代由参与互联网的交流与讨论而形成的线上团体或者紧密的个人关系。虚拟社群被认为具备很多真实社群的特征，包括认同、凝聚力、分享的规范与见解等，即使他不牵涉任何与其他成员的实体接触或者真实的个人认知。虚拟社群和现实社群的区别在于，所存在的区域不同，而其所拥有的特征却非常相近，都拥有较强的群体意识，有着共同的目标和共同归属感，存在互动关系，也可以说这些特征是构成群体的基础。

与实体社群相比，虚拟社群具有如下特点：

1. 虚拟性。虚拟性包括空间的虚拟性和身份的虚拟性。虚拟社群存在于虚拟的网络空间中，没有实际意义上的地理位置，因此不受空间约束。虚拟社群成员通常用匿名的 ID 参与交互，社群成员并不知道与自己交流、互动的人的真实身份。

2. 共同的兴趣、需要或目标等。实体中的社群是由地缘、血缘、友情等促成的，而虚拟社区中的社群通常是由来自世界各地的有共同兴趣、需要或目标的网络用户自发形成的。共同的兴趣、需要和目标等是虚拟社区中社群形成的主要原因。

3. 以社群成员为中心。主要体现两个方面：一是社群内容来自社群成员；二是社群具有开放、民主、平等和自治的特点。任何社群成员都可以比较自由地参与或退出虚拟社群；社群交互不受相貌、金钱、权力、种族和宗教等因素的影响；社群成员可以真实、自如地表达自己的观点和看法。

4. 社群关系的建立。虚拟社群成员在长期的交流和互动中会建立或强或弱的关系。通常而言，以社交为导向的社群（如 Facebook，QQ 群和朋友圈等）中社会联系相对较强，以内容为导向的社群中社会联系相对较弱。

根据社群满足人们不同的需要，将社群分为兴趣社群、关系社群、幻想社群和交易社群 4 类。兴趣社群将分散的、有共同兴趣或某方面专业技能的人聚集在一起；关系社群提供给有相似经历的人们聚集在一起、建立有意义的人际关系的机会；幻想社群提供给人们探寻新的幻想和娱乐世界的机会；交易社群主要服务于参与者之间的资源交换。

二 虚拟社群的互动本质

虚拟社群作为一个社会群体，其本质就是互动。从符号互动论的角度，互动被定义为在给定的情境下，两个或多个个体彼此间所进行的往复行为。互动是存在于情境中的持续过程，同时互动也能够创造情境。情境对于在社会技术环境下研究人类行为是至关重要的，情境和互动之间存在自反的关系，因此在研究过程中，无法将这两者分隔开来。要研究人类行为，需要对情境以及进一步导致人际互动的实时事件进行仔细研究。社会互动是一个持续的过程，在这一过程中，人们采取符合彼此的行动，并形成持续的交互流。Robert V. Kozinets[①]根据沟通目标和交流倾向两个维度对虚拟社区成员的互动模式进行了划分（如图2-1所示）。

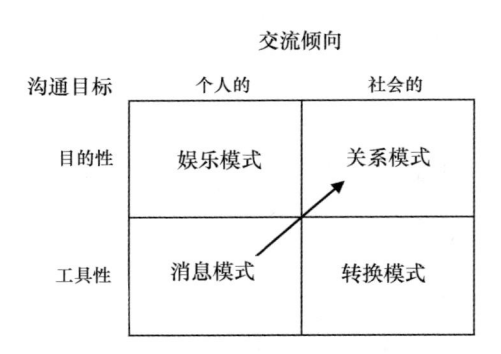

图 2-1 虚拟社区成员互动模式

（一）关系模式

关系模式的沟通目标是具有目的性、主题性的，但其交流倾向则带有很强的社会性，所以此互动模式中的成员大都属于社交型及内部人员型成员，这类成员通常能与社区保持长期的互动关系，同时成员可能和其他性质、主题相同的社区成员保持良好的交流。

---

① Robert V. Kozinets, "E-Tribalized Marketing? The Strategic Implications of Virtual Communities of Consumption", *European Management Journal*, Vol. 17, No. 3, March 1999.

（二）娱乐模式

娱乐模式位于图中第二象限，其沟通目标带有明显的目的性，而交流倾向则是个人化的。进行此类模式互动的成员进入社区主要是针对某些特定目的而来，例如，进入聊天室聊天的成员大部分都属于社交型成员，其娱乐互动的内容可能是聊天、问候、询问背景等话题。

（三）信息模式

信息模式处于图中第三象限，其沟通目标是工具性的，而交流倾向则是偏向个人的。由于进行该类型沟通的成员大部分都缺乏建立社区社交关系的兴趣，所以成员是以对主题的热衷爱好者及浏览者为主，其互动形态主要是信息的收集，交流倾向很明显地偏向个人倾向（不喜好社交），所以这类社区互动的目标通常都是以短期个人获取信息为主。

（四）转换模式

位于图中第四象限的转换模式的沟通目标是工具性的，而交流倾向是社会性的。以转换模式为社区互动形态的社区成员通常都属于行动主义者，他们对于社区主题或活动具有浓厚兴趣，因此对于有关社区主题的产品，有较高的消费倾向。这类社区成员通常是属于社交爱好者及内部人员。

三　虚拟社群的知识共享

知识共享是指组织的员工或团队在组织内部或跨组织之间，彼此通过各种渠道进行知识交换和讨论，其目的在于通过知识的交流，扩大知识及其利用价值并产生知识的效应，知识共享在高水平知识创新中所起到的关键作用已得到广泛承认。知识共享行为是一种人类行为，有学者认为知识共享是一种将信息变得让他人能够获得的自愿行为，分享者可以传递信息，但并不意味着他必须这么做，因此知识共享与个人的意愿息息相关，它关注的是组织内人们与他人共享获得或创造知识的意愿，知识共享不能依靠强制，只能依靠鼓励和推动。

在虚拟社群中，知识共享行为有着举足轻重的作用，成员主动参与社区知识产生和共享活动是虚拟社区成功的关键决定因素之一。在开放式创新模式中，虚拟社群是实现虚拟协作的重要途径，企业能够将顾客和供应商都纳入虚拟社群中，顾客和企业自身所拥有的重要知识通过社群内不同个体和团体间的交互作用，以多模式、多媒体的形式得以共享，从而为组织内各部门以及组织间的虚拟协作奠定了基础。

很多企业利用虚拟社群辅助新产品的开发，即让虚拟社群成员参与到新产品开发的各个过程，而要实现这一过程，社群内知识的自由流动是非常重要的。此外，虚拟社群中的知识共享也能带来巨大的商业价值。当虚拟社群的知识共享活动处于一定水平时，能够激发更多的社群成员参与社群知识共享活动，同时也能提高知识共享活动的质量，而知识共享的数量和质量则会增加虚拟社群成员对社群服务提供商的忠诚度，最终产生赢利。

根据虚拟社群成员知识共享的程度进行分类，可以分为如下几类：第一类行为是浏览虚拟社群但并不贡献知识；第二类是没有获得明确的信息，从而要向社群询问相关的问题，拥有第一类和第二类行为的参与者也被称为浏览者，有观察者认为这两类人群占到了虚拟社群中人数的80%—90%；第三类参与者不仅浏览和提出问题，同时也大胆地回答其他成员的问题，参与一些社会互动，做出一些独特的共享；最后一类可以被视作虚拟社群中的有丰富经验者，他们同社群间形成了很强的联系，是整个社会网络中的一部分，他们对其他成员提出的问题能够进行详细的解答，同时自己也能提出能发人深思的问题，并回答复杂的问题，是社群活动的积极参与者，第三类和第四类人群也被称作贡献者。

鉴于知识共享行为在虚拟社群中的重要作用，研究者们也结合不同的理论来对影响虚拟社群知识共享的相关因素进行了研究。总结众多学者的研究成果，基本上将这些因素归结为两大类，即个人因素和环境因素，结合本书的研究内容，对这两大类因素的简要说明。

基于个人动机方面的因素：（1）内在过程动机，包括帮助他人的乐趣、感知的乐趣、兴趣和满意等；（2）实用性动机，包括互惠、外部奖励；（3）基于自我概念的外部动机，包括个人形象和他人的认可等；（4）基于自我概念的内部动机，如自我效能和进取精神；（5）目标内在化，如社区归属感、责任感、义务和主观规范。

基于环境方面的因素包括物理环境和社会环境，与本书研究相关的社会环境主要就是社会资本。我国学者周涛和鲁耀斌[①]关于虚拟社群中社会资本因素对信息发布和获取的影响的研究发现，结构维的社会交互连接正向影响发布信息的动机，关系维的信任和认同感同时影响获取和发布信息的意向，而互惠规则仅仅影响获取信息的动机，认知维的共同愿景同时影响两类动机，而共同的语言也只显著影响获取信息的动机。

第四节 嵌入性理论

一 嵌入性内涵与类别

嵌入性是新经济社会学的核心概念之一，该理论的建立和发展，主要是在对古典经济学完全理性的原子式"经济人假设"进行批判的基础上提出的，它强调行为主体经济关系和行动受广泛的社会关系和背景的影响。嵌入性概念最早由卡尔·波兰尼[②]提出，后来该概念被马克·格兰诺维特[③]发展和完善，他提出了"经济行为嵌入在社会关系中"的著名论题，从而开创了新经济社会学对于经济主体所处的广泛的背景对行为动机、偏好和结果带来的影响的研究。

嵌入性被广泛定义为在经济和非经济参与者（个体与组织）之间的一系列社会关系，这些关系反过来创造了独特的经济行为的约束和激励模式。嵌入性概念的两个关键问题是研究和回答"谁"（嵌入主

---

① 周涛、鲁耀斌：《基于社会资本理论的多动社区用户参与行为研究》，《管理科学》2008年第6期。

② [英]卡尔·波兰尼：《巨变：当代政治与经济的起源》，黄树民译，社会科学文献出版社2017年版，第25页。

③ Mark Granovetter, "Economic Action and Social Structure: The Problem of Embeddedness", *American Journal of Sociology*, Vol. 91, No. 3, March 1985.

体）嵌入"什么"（嵌入客体）的问题①，如卡尔·波兰尼认为经济的交易系统嵌入在了社会和文化结构当中。

由于研究对象的不同，嵌入的主体可以是个人、群体、组织（企业），嵌入的客体则涉及广泛的其他相关组织以及制度背景等，因此，根据不同的嵌入主体、客体以及嵌入的范围和层次等，嵌入性可被划分为不同的嵌入类型。

在嵌入性的各种类型中，网络流派②提出的网络嵌入是最先提出并发展比较完善的，该流派主要从主体之间的关系质量以及主体之间连接形成的网络形态来定义网络嵌入，并将网络嵌入分为关系嵌入和结构嵌入。关系嵌入指参与者（主体）之间关系的本性或质量，强调二元关系属性，包括关系的内容、方向、延续性和强度；结构嵌入指参与者之间形成的关系网络的结构，主要从网络的规模、密度以及参与者所处的网络位置来衡量。

嵌入的内容流派③则从嵌入性最初的定义出发，根据嵌入的客体内容将嵌入性分为结构嵌入、文化嵌入、认知嵌入和政治嵌入，由于后三者均与社会背景有关，可以统称社会嵌入，因此也可以将嵌入性分为结构嵌入和社会嵌入两大类。

在上述基础之上，Martin Hess①从嵌入形成的来源和过程角度，将嵌入性分为社会嵌入、网络嵌入与空间（或地理）嵌入，后来很多学者也从不同角度对嵌入性进行了划分。本书认为绝大部分嵌入类型都可以归入Martin Hess划分的三种类型，对于虚拟社群来说，主要就是两种类型即网络嵌入和社会嵌入，其中网络嵌入包括关系嵌入、结构嵌入和网络治理嵌入等，社会嵌入包括文化嵌入、工作嵌入等。

与嵌入性密切相关的一个术语是社会资本，目前社会资本已经逐

---

① Martin Hess, "Spatial Relationships? Towards A Reconceptualization of Embeddedness", *Progress In Hume Geography*, Vol. 28, No. 2, April 2004.
② Mark Granovetter, *The Sociology of Economic Life*, Colorado: Westview Press, 2011, p. 263.
③ Paul Dimaggio, Sharon Zukin, *Structures of Capital: The Social Organization of The Economy*, Cambridge: Cambridge University Press, 1990, p. 58.

渐演变成一个多维度的概念，关于其概念界定也有不同观点，如：（1）网络说，认为社会资本本质上就是社会关系网络，如 Pierre Bourdieu[①]认为社会资本是实际的或潜在的资源集合体，这些资源同对某种持久的网络的占有密不可分；（2）资源说，认为社会资本是一个资源的集合，如 Janine Nahapiet 和 Sumantra Ghoshal[②]认为社会资本就是镶嵌在个体或社会组织关系网络中的资源，个体和组织可以通过网络获取；（3）文化规范说，认为社会资本的本质是信任、互惠等文化规范，如 Robert D. Putnam[③]认为社会资本不是某个个体所拥有的资源，而是全社会所拥有的财富和资源，他将社会资本视为"社会组织的特征，如信任、规范以及网络，它们能够通过促进合作行为来提高社会的效率"；（4）能力说，认为社会资本是行动者在社会关系中摄取资源的能力，如 Alejandro Portes 和 Philip Martin[④]将社会资本定义为个人通过他们的成员资格在网络中或者在更宽泛的社会结构中获取短缺资源的能力。本书认为嵌入性与社会资本是学者对经济系统受社会系统影响这一命题的不同观察角度，嵌入性基于过程，社会资本基于结果；嵌入性基于内容，社会资本基于结论；嵌入性基于现象，社会资本基于本质。

二 嵌入性与开放式创新绩效

网络嵌入对开放式创新的积极影响主要表现在获取信息或知识的优势，包括可获得性、及时性、关联性、参考和推荐等。具体而言可以分为三个层次，第一是相互之间吸收对方的显性知识和信息，第二是互动中相互溢出自身的隐性知识，第三是在共同的互动中创造新

[①] Pierre Bourdieu, *The Forms of Capital*, *Readings in Economic Sociology*, New Jersey: John Wiley & Sons, Ltd, 2008, p. 15.

[②] Janine Nahapiet, Sumantra Ghoshal, "Social Capital, Intellectual Capital, and The Organizational Advantage", *Academy of Management Review*, Vol. 23, No. 2, February 1998.

[③] Robert D. Putnam, "Bowling Alone: America's Declining Social Capital", *Journal of Democracy*, Vol. 6, No. 1, January 2000.

[④] Alejandro Portes, Philip Martin, "The Economic Sociology of Immigration", *International Migration Review*, Vol. 32, No. 3, Autumn 1998.

知识。

从强关系、弱关系、结构洞、网络密度等网络嵌入的关键词角度来说，嵌入性对开放式创新的优势主要表现在如下几个方面：强关系不但有助于主体之间获取对方高质量、丰富性的信息，而且还有助于进行隐性知识的交流；弱关系则更有可能为两个不同的主体带来新奇的、异质性、多元性的信息；富有结构洞的网络结构能够为嵌入的主体带来异质性信息优势和控制优势，分散的、低密度的网络更有利于主体获得异质性的信息和发展机会，处于结构洞位置的主体更具信息控制优势；高密度的网络有助于参与者之间信任机制的形成，有利于信息的迅速传递和规范在网络中扩散和发展共享的行为期望，从而有利于协作关系的维系。

当然，网络嵌入对开放式创新并非永远是优势，例如从关系嵌入角度来说，强关系可能导致关系维系成本过高，关系过度依赖，减少自治，带来创新约束以及创新惰性，减少参与主体对外界新奇、异质和替代信息的搜索从而出现创新短视和技术路径锁定等现象。从结构嵌入角度来说密集的网络可能阻碍新知识和新信息的进入，即出现封闭性和排外性特征，不利于网络的开放，导致网络内部信息过度冗余，导致强制、模仿和规范同构现象发生，进而出现主体行为趋同、技术规定锁定和战略调整困难等问题。

同样，社会嵌入对开放式创新也同时具有推动和阻碍作用，以认知嵌入和文化嵌入为例，社会嵌入的优势表现为：认知嵌入有助于相互之间形成相似的认知背景和心智模式，从而有助于对网络知识的吸收。同时，共同的认知也有助于主体间合作的形成与协调。对于环境相似的假设和理解也有助于促进联合行动。而文化嵌入性导致的共同价值观、惯例、习俗、行为方式等反应的文化邻近性有助于隐性知识的传递，共同的语言和生活背景有助于提高知识吸收能力。

社会嵌入的劣势则表现在如下方面：基于认知嵌入的角度，认知趋同可能导致战略趋同，共同的心智模式和对环境的假设将在环境变化时形成较一致的判断和行为方式，可能导致集体应对的失败；同时过度的认知相似将减少知识的新奇性,从而不利于学习的有效性。基于文化嵌入的角度,以集体信念、价值观、惯例、传统、理念为表现形式的文化在鼓励行为与约定的规范和价值观一致的同时,也可能将其他行为视为异端,这将阻碍新奇和变异行为的产生,从而可能对创新不利;同时文化具有社会化的作用,高度同质的文化将导致参与主体平均的知识水平比异质化导致的要低。

三 虚拟社区的社群嵌入性

虚拟社区本质上是一个社群经济形式,是基于社群而形成的一种商业生态,因此参与主体的经济行为必然会受到成员之间构成的社群网络、所认同的社群文化、所形成的社群规范等社会行为的影响,因此虚拟社区的参与主体之间同样存在网络嵌入和社会嵌入,所不同的可能是具体的类型、特征和维度不同。本书将虚拟社区的嵌入性统称为社群嵌入性,并将其分为社群网络嵌入(社群关系、社群结构和社群治理)和社群社会嵌入(网络文化嵌入、虚拟工作嵌入),将虚拟社区的社会资本称之为社群社会资本。

赵建彬[1]认为在虚拟品牌社区中,原本相互孤立的消费者,因为对品牌有共同的爱好而最终聚集在一起,相互了解,建立网络关系,增加相互信任以及喜欢程度,因此虚拟品牌社区成员之间存在网络嵌入关系。类似传统网络嵌入的观点,认为虚拟品牌社区的网络嵌入同样分为结构嵌入和关系嵌入,唐四慧和杨建梅[2]发现在虚拟社区中,成员个人的网络嵌入方式对其创新能力有重要影响。

基于社会资本的角度,当前国内外研究主要集中在如下几个方面:(1)探寻虚拟社区中的社群嵌入性带来的社会资本的"结构性、关系性和认知性"三个维度对参与者知识分析和创新贡献能力的影响;(2)分析社群嵌入性带来的社会资本对信息分享、移情、

---

[1] 赵建彬:《品牌社群网络关系对社群绩效的影响:心理反应机制研究》,博士学位论文,华中科技大学,2015 年,第 20 页。
[2] 唐四慧、杨建梅:《网络嵌入方式影响个体创新能力的扎根研究》,《科学学研究》2013 年第 7 期。

社区承诺、口碑等方面的影响；（3）从社群网络嵌入性的网络中心性、网络密度、网络异质性等结构性角度考察成员在虚拟社区中的社会资本及相关利益的获取；（4）从社群网络嵌入性的连接、规范和信任等关系性的视角考察社会资本对成员凝聚力的整合提供的社会支持。

关于虚拟社区社会资本的维度，Charla Mathwick、Caroline Wiertz 和 Ke de Reyter[1]提出了虚拟社会资本的"自愿、互惠、信任"三大维度，Lin Liang-Hung[2]将虚拟社会资本分为结构维、关系维和认知维；Phoebe H. Li[3]将虚拟社会资本分为结构维、关系维、认知维和沟通维。可以看出，这些维度的划分与实体环境中嵌入性的网络嵌入（结构嵌入、关系嵌入）、社会嵌入（文化嵌入、认知嵌入）大体是一致的。另外，我国部分学者也对虚拟社区的社会资本予以了关注，如周志民[4]提出了 E-社会资本的概念，将其定义为成员基于在线交互而在互联网上形成的可带来利益的关系，并从在线信任、互惠规范、成员责任和社群认同四个方面衡量了社群社会资本的关系维度。

本章小结

本章基于众包式创新的学理特征，首先介绍了开放式创新，其中重点分析了基于互联网的开放式创新以及众包式创新与开放式创新的内在关系；然后介绍了众包模式的前世今生，分析了众包的特征和类

---

[1] Charla Mathwick, Caroline Wiertz 和 Ke de Reyter, "Social Capital Production in A Virtual P3 Community", *Journal of Consumer Research*, Vol. 34, No. 6, April 2008.

[2] Lin Liang-Hung, "Electronic Human Resource Management and Organizational Innovation: The Roles of Information Technology and Virtual Organizational Structure", *International Journal of Human Resource Management*, Vol. 22, No. 2, February 2011.

[3] Phoebe H. Li, *A Virtual Chinatown: The Diasporic Mediasphere of Chinese Migrants in New Zealand*, Brill: Leiden and Boston, 2014, p. 299.

[4] 周志民：《在线品牌社群中 E 社会资本的形成机制》，《营销科学学报》2011 年第 6 期。

型，认为众包的具体运营离不开众包平台，更离不开众包社区；由于现实当中众包平台的运营几乎无一例外地采用了虚拟社区的运营模式，因此社区的社交性特征必将对众包创新产生深刻影响，因此本章接着分析了虚拟社群的互动本质及其对知识共享的影响；最后借鉴嵌入性理论，重点分析虚拟社区的社群嵌入性特征，为后续的研究奠定基础。

第三章 众包社区的社群嵌入体系

我们熟知在开放式创新理论体系中，网络、社群以及连接已经成为创新绩效提升的关键，而众包揭示了这样一个法则——社群比公司更能有效地组织起工作者，一个成功的众包项目最重要的部分，就是有一个活跃而忠诚的社群。社群特征嵌入到众包式创新的运营中已经成为一个不争的事实，欲分析社群嵌入对众包式创新绩效的影响，必须剖析清楚社区嵌入的类型、维度和特征有哪些。本章将采用质化研究归纳提炼社群嵌入的系统结构。

第一节 研究基础

一 众包社区的嵌入性表现

众包社区是指企业为将原来由特定员工完成的创新任务外包给非特定网络大众完成，而在互联网背景下构建的一种能够对内外部创新资源进行快速聚散、整合、迭代的虚拟网络社区。新经济常态下，为众包创客及众包企业提供全要素、低成本、便利化、开放式创新服务的虚拟众包社区，成为推动我国"双创"事业的重要载体。

众包社区成为广大创客聚集、讨论、沟通、共享、修正以及最终实现自身创意的重要平台，他们很喜欢基于网络实施创新行为，几乎在每个众包社区都可以发现如何提升产品创意、表达他们对于需求和产品的理解、革新想法等方面的帖子。鉴于众包模式获取外部开放性创新资源的优越性，Google、亚马逊、腾讯等国内外知名企业纷纷建立众包社区，利用众包社区中的用户参与协助企业新产品的迭代开发。对于众包企业而言，众包社区不仅有助于众包企业准确把握市场需求的发展动态，还能集思广益地设计出符合消费者预期的产品，了解并跟进用户的产品使用体验，持续不断地解决产品开发过程中遇到的瓶颈问题。

现有研究发现网络社区具有明显的社会特征，因此出现了网络社群的概念。在电子商务尤其是中国的电子商务环境中，"社交圈子""粉丝文化""晒文化"和"社会化媒体"等俨然成为互联网思维的关键词。网络社群所蕴含的网络结构决定了众包式创新的网络社群嵌入特性，初步认为网络社群的结构可以用图 3-1 表示。在传统的创新理论研究中，影响创新绩效的嵌入类型包括关系嵌入、结构嵌入、认知嵌入和文化嵌入。那么在众包式创新中，网络社群的嵌入是否也包括这些类型，或者还有其他类型？不可否认即便存在与传统相同的嵌入类型，其内部结构和运行机理也不尽相同，因此本部分内容将深入分析众包式创新中网络社群的嵌入结构和特性。

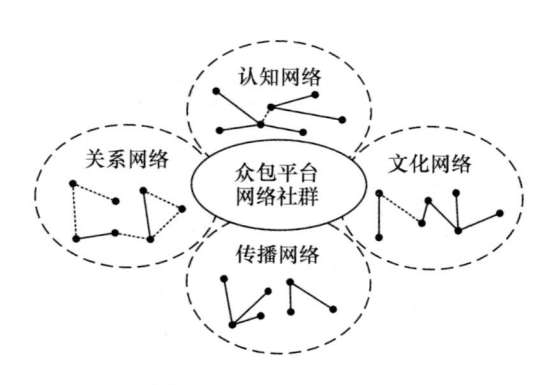

图 3-1 社群网络结构

二 虚拟环境下的嵌入性研究

如第二章的相关概念与理论中所说，社会嵌入理论认为，经济主体并非独立体，而是嵌入在总的社会关系中。随着互联网逐渐由内容平台向关系平台转变，群体关系逐渐从过去的真实"社会"向今天的以微信为代表的虚拟"社群"演变，研究者们试图将社会嵌入理论拓展到互联网情境下,学者俞函斐①首次提出"互联网嵌入"的概念,他认为与社会网络相似,互联网可以帮助创业实践者获取更多的资源信息,使其积累更多的社会资本,进而有利于创业者对创业机会的识别;参照工作嵌入的概念,他将"互联网嵌入"作为衡量个体与互联网之间关系的衡量尺度,并且开发了相关量表,并将此概念分为三个维度:(1)联系度,用于衡量网络个体通过互联网与其他个体或群体产生社会的、心理的、财务方面的联系;(2)匹配度,用于衡量网络个体能很好地适应互联网环境,如果离开互联网,则会产生不知所措、沮丧的心理感受;(3)牺牲感,用于衡量由于离开互联网而丧失物质、心理、财务等方面的利益。

除了俞函斐①等少数学者在研究互联网环境下社会资本、社会网络对创新创业行为及绩效时用到以联系度、匹配度和牺牲感为结构的互联网嵌入的概念之外,大多数学者基本上仍沿用了传统环境下嵌入性、社会资本的概念,如赵建彬②沿用了传统网络嵌入的结构嵌入和关系嵌入维度研究了虚拟品牌社群的网络嵌入对社群成员行为的影响;周军杰和左美云③通过对嵌入性理论的梳理,认为虚拟社区的参与主体的嵌入性分为文化嵌入、认知嵌入和关系嵌入;Chao-Min Chiu, Meng-HsiangHsu 和 Eric T. G. Wang④在研究虚拟品牌社区社会资本的作用时,大都借鉴了社会资本的传统维度划分方式,即结构、关系和认知三个维度结构,只是在使用时进行了措辞的修改,以适用于虚拟社区环境。

在互联网、虚拟环境中,当前学者们使用的各种嵌入性的概念大

---

① 俞函斐:《互联网嵌入对创业机会识别的影响》,博士学位论文,浙江大学,2014年,第32页。
② 赵建彬:《品牌社群网络关系对社群绩效的影响:心理反应机制研究》,博士学位论文,华中科技大学,2015年,第20页。
③ 周军杰、左美云:《虚拟社区知识共享的动因分析:基于嵌入性理论的分析模型》,《情报理论与实践》2011年第9期。
④ Chao-Min Chiu, Meng-HsiangHsu, Eric T. G. Wang, "Understanding Knowledge Sharing in Virtual Communities: An Integration of Social Capital and Social Cognitive Theories", *Decision support systems*, Vol. 42, No. 3, March 2006.

多是把传统环境下嵌入性的概念进行了网络化、虚拟化处理和修改，没有试图从根本上剖析网络社群嵌入的结构和特征，即便从名称上有所创新的"互联网嵌入"也仍旧采用了工作嵌入的"联系度、匹配感和牺牲感"的三维度特征。

本章试图采用扎根理论提炼众包社区的虚拟社群嵌入性结构及特征，并在与经典文献对话的基础上，编制虚拟社群嵌入性的量表。

第二节 研究设计

一 研究方法

扎根理论研究属于质性研究方法的一种，质性研究大师凯西·卡麦兹认为，研究者首先应具有问题意识，不应用方法去限定问题，保证让"真实的问题浮现出来"。他认为，质性研究允许采用非严格量化标准的案例法、理论分析法和扎根理论方法等，进行学术探讨和研究，在材料真实可靠、研究充分、逻辑清晰的基础上，质性研究同样可以建立可信的理论。

近年来，很多学者倾向认为传统的定量化研究方法往往是对经典理论的验证、补充或者应用，很难发掘新理论；质性研究方法的研究过程虽然不像量化研究那样严谨，但得到的结论可能更具启发性，更有利于发掘新理论。同时很多学者指出，扎根理论作为一种重要的质性研究工具，非常适用于缺乏理论解释或现有理论解释力不足的研究。本章探索众包社区的社群嵌入性，试图回答虚拟环境中的嵌入性与实体环境的嵌入性是否相同，其内部结构和特征是什么。由于属于探索性的研究，可供借鉴的理论较少，因此适宜采用扎根理论方法。

在我国学术界，扎根理论方法的使用已越来越常见，大多数学者倾向于采用如图3-2所示的流程和图3-3所示的思维框架。

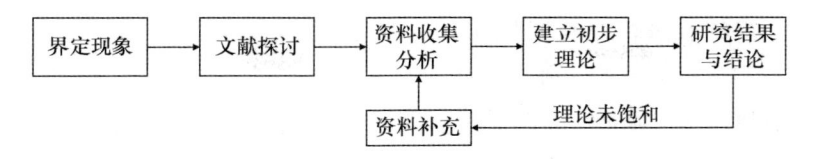

图 3-2　扎根理论研究流程模型

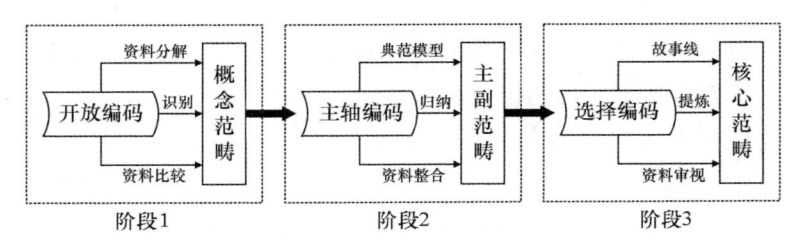

图 3-3　扎根理论研究思维框架

二　经典文献解读

(一) 社会关系

在马克思看来，人的本质不是单个人所固有的抽象物，在其现实性上，它是一切社会关系的总和。① 社会关系是一个十分重要的概念，但是，由于对社会关系内涵和外延的理解不同，对于"社会关系"这一概念，人类学、经济学、社会学等学科从多个角度对社会关系进行了多层次的研究。

由于人们对社会关系概念本身理解有分歧，这必然也造成社会关系分类的困难。在历史上，促使人们结合在一起形成社会关系的中介有很多种，包括血缘的、地缘的、家庭的、亲朋的、民族的、国家的、政治的、党派的、经济的、思想的、文化的、伦理的、法律的、法权的、生产的、消费的、流通的、交换的、阶级的、师承的等各种关系。马克思根据人的两种需要区分了"原生关系"和"次生关系"。原生关系基于人的物质需要，是人们在生产活动过程中形成的社会关系，也即生产关系；次生关系是在生产关系基础上形成的政治

---

① 《马克思恩格斯选集》(第 1 卷)，人民出版社 1995 年第 2 版，第 60 页。

的、法律的、宗教的等关系。

(二) 网络（互联网）社会

曼纽尔·卡斯特[①]指出，互联网建构了我们的新社会形态，而网络化逻辑的扩散实质上改变了生产、经验、权力与文化过程中的操作和结果。网络社会是在互联网架构的网络空间中形成的一种社会形式，习惯上把"网络社会"定义为"虚拟社会"，而虚拟社会很大程度上是强调网络社会的互动环境和空间的技术因素，即网络空间是一个基于互联网技术架构的虚拟电子空间。

网络社会的生存拓展了人类生存与发展的空间，并提供了生存与发展方式的多样性选择。它是因工业化社会质量普遍提高而发生，又对现实社会起着"重塑与再造"的作用。网络社会源于现实社会，但又不同于现实社会，网络社会是现实社会在网络中的延伸，两者表现出既有差异性又有统一性、既有对立性又有统一性的关系。由于二者之间彼此关联且关系密切，因此，要对网络社会进行研究，必须将网络情境下的虚实关系问题当作不可或缺的分析背景加以使用，并时刻将各种网络社会学的研究议题放置到虚实对比的研究框架中进行探讨，这样才能在差异中获得对因果关系的深刻认识。

(三) 各种嵌入性的内涵测度

按照马克·格兰诺维特为代表的新经济社会学的观点，经济的社会嵌入理论的核心思想是，个人和企业的经济行为受到以人际互动产生的信任、文化、声誉等作用机制和因素为基础的持续性社会关系和社会结构的影响，其中"个人或企业的经济行为"是嵌入的主体，"社会关系"（及其网络）是嵌入的客体。

马克·格兰诺维特将社会嵌入性分为关系嵌入与结构嵌入：关系嵌入指参与者（主体）之间关系的本性或质量，强调二元关系属性，包括关系的内容、方向、延续性和强度，现有研究中通常采用"信

[①] [美] 曼纽尔·卡斯特：《网络社会的崛起》，夏铸九、王志弘等译，社会科学文献出版社2001年版，第87页。

任、信息共享、共同解决问题、联系强度、互惠性、互动频率、关系密切程度、感情强度、关系质量、关系强度和关系持久度等";结构嵌入指参与者之间形成的关系网络的结构,主要从网络的规模、密度以及参与者所处的网络位置来衡量,现有研究中通常采用"节点度、中介中心度、结构洞、网络位置、网络密度、凝子群等"。

Paul Dimaggio 和 Sharon Zukin[1] 将嵌入性分为结构嵌入、文化嵌入、认知嵌入和政治嵌入:文化嵌入是指行为主体在进行经济活动时受传统价值观、信仰、信念、宗教、区域传统的制约,测度指标包括"文化嵌入深度、文化嵌入广度、冒险精神、长期导向、合作精神、开放程度、成就欲望、情感信任";认知嵌入是指行为主体在进行选择时受周边环境和原有思维意识的引导或限制,组织长期以来形成的默会的群体认知对于主体的战略选择、执行和运营发挥影响,测度指标包括"共同语言、共同愿景、共同目标";政治嵌入是指行为主体所处的政治环境、政治体制、权利结构对主体的行为形成影响,测度指标包括"国有企业、民营企业、政策扶持、政策限制、政策导向、参政议政";制度嵌入是指主体的经济行为嵌入于特定的制度框架下,受到社会规则、规范等正式或非正式制度的约束,测度指标包括"正式制度嵌入、非正式制度嵌入、内部制度、外部制度、管制制度、认知制度、规范制度"。

在人力资源领域,Terence R. Mitchell, Brooks C. Holtom 和 Thomas W. Lee[2] 提出了工作嵌入的概念,描述了个体与组织和社区的不同依附关系,并将工作嵌入分为联系、匹配和牺牲三个维度,其中联系是指个体与他人、各种结构之间的正式、非正式的关联;匹配指个体在某一个特定组织或环境感到兼容或舒适,而一旦离开这个环境或组织,则会产生无所适从和挫败感;牺牲是指由于离开组织而丧失物质、心理等方面的利益。

---

[1] Paul Dimaggio, Sharon Zukin, *Structures of Capital: The Social Organization of The Economy*, Cambridge: Cambridge University Press, 1990, p. 58.

[2] Terence R. Mitchell et al., "Why People Stay: Using Job Embeddedness To Predict Voluntary Turnover", *Academy of Management Journal*, Vol. 44, No. 6, June 2001.

从社会资本角度，Janine Nahapiet 和 Sumantra Ghoshal[①]认为社会资本的三个维度为结构维度（对应于结构嵌入）、关系维度（对应于关系嵌入）、认知维度（对应于认知嵌入），主要测度指标包括"网络连通性、网络紧密性、信任、认同、互惠、共同语言、共同愿景等"，虽然众多权威学者对社会资本理论进行了剖析，但是就目前研究情况来看，Janine Nahapiet 和 Sumantra Ghoshal[②]对社会资本的三个维度划分在学术界引起了强烈的反响，也是目前研究的主流，具有重要的借鉴意义。

三　数据搜集

本章采用扎根理论进行跨案例研究。这是因为：第一，扎根理论是选择具有代表性的案例作深度研究，并通过系统地对原始资料进行编码、归纳、提炼和抽象，从而形成理论的一种科学的质性研究方法。本章是基于众包社区创客的社群嵌入现象，选取具有 4 个代表性的众包社区，从中选择加入众包社区 1 年以上、至少成功完成 1 个众包项目的、在论坛中活跃的创客作为访谈对象，共分两次访谈，第一次时间为 2017 年 3 月—2017 年 8 月，第二次为 2018 年 8 月—2018 年 10 月，共访谈了 20 名创客，起初均通过 QQ、微信等社交媒体软件进行访谈，其中有 7 名创客同意当面继续深入交流，每个研究对象的访谈时间都超过 50 分钟，具体访谈样本资料如表 3-1 所示。

【猪八戒网介绍】

猪八戒网络有限公司是中国领先的服务众包平台，成立于 2006 年，其提供的众包服务包括品牌创意、产品/制造、软件开发、业务管理、企业营销、个人生活 6 大类。官方数据显示，猪八戒网有 500 万中外雇主，1000 万服务提供商，2015 年平台交易额为 75 亿美元，市场份额超过 80%。

猪八戒网的运行模式是典型的第三方众包平台形式，交易过程非

---

① Janine Nahapiet, Sumantra Ghoshal, "Social Capital, Intellectual Capital, and The Organizational Advantage", *Academy of Management Review*, Vol. 23, No. 2, February 1998.

常清晰。企业在线发布任务（赏金由平台方保管），在网站上发出招标公告，任何人都可以注册成为服务商或创客，投标承揽该任务，最终由雇主选取最满意的结果。猪八戒众包平台负责雇主和服务商或创客的沟通联系、网站维护、规则制定以及信用保障等工作。

猪八戒网有一个叫"猪圈"的社交模块不断吸引服务商（或创客）入住，并对平台产生黏性。"猪圈"每隔两秒就有新的动态新闻，用户可以看到自己好友的动态，从而激励服务商（或创客）提供解决方案的动力，提高解决方案的质量，从而满足服务商（或创客）精神上的优越感。

表 3-1　　　　　　　　　　访谈情况

众包社区	在线访谈人数	线下访谈人数
猪八戒网	3	2
一品威客网	4	1
小米众包社区	3	1
海尔 Hope 创新平台	3	3

【一品威客网】

一品威客网是专业的创意产品和服务交易电子商务平台。提供的悬赏项目包括产品设计、应用设计、网店推广、网站建设、文案创意、创意祝福等多种门类的创意产品、服务交易。于 2010 年 7 月 1 日上线运营，截至 2019 年 6 月，平台拥有超 1900 万注册用户，交易额累计超 170 亿元。

一品威客网是中国新生代威客网站的代表，中国最具潜力新兴创意服务交易平台，总体竞争实力位居中国威客行业前列。相比传统威客网站，一品威客网具有创新能力强、会员发展速度快、创业团队素质高、网站商业模式清晰、发展后劲强大等特点，其差异化竞争策略和崭新的商业模式，已经获得成效，是中国迄今为止，最值得期待和关注的非实物产品交易电子商务平台之一。一品威客网提供的悬赏项目包括 LOGO 设计、Flash 制作、网站建设、程序设计、起名服务、广告语、翻译、方案策划、劳务服务等 10 多种门类超 100 种的创意产品、服务交易。一品威客网的创客主要在该网站开设的微博、公众号、订阅号、经验分享模块以及第三方的论坛上进行互动。

【海尔 Hope 平台】

海尔作为世界第四大白色家电制造商，被英国《金融时报》评为中国十大世界级品牌之首。自 2013 年以来，海尔专注打造众包供应链开放平台，实现以满足大众和小众需求的"无尺度供应链"、以众包方式运作的"无边界企业"、以扁平化为特征的"无领导管理"的颠覆式创新模式，采用按需设计、按需制造、按需配送的精益型众包模式。

为了更大范围地整合各种创新源头，海尔于 2014 年上线了全新的 Hope2.0 平台，该平台致力于打造全球最大的创新生态系统和全流程创新交互社区，服务于全球所有的创客。平台遵循开发、合作、创新、分享的理念，通过整合全球一流资源、智慧及优秀创意，与全球研发机构和个人合作，为平台用户提供前沿科技资讯以及超值的创新解决方案。

Hope 平台商的"社区"模型类似微博、豆瓣等社交平台，在 Hope 注册的会员均可以参与社区的科技话题讨论、加入创新小组、进行科技产品功能投票，在社交平台活跃的成员很多，通过集思广"议"为企业技术创新、功能开发提供思路，通过"投票"设计出更能满足消费者需求更多适销对路的产品。

【小米众包社区】

北京小米科技有限责任公司（以下简称：小米），成立于 2010 年 4 月，是一家专注于高端智能手机、互联网电视以及智能家居生态链建设的创新型科技企业，"为发烧而生"是小米的产品概念。小米公司首创了用互联网模式开发手机操作系统、发烧友参与开发改进的模式。

2011 年，发布第一款产品"小米手机"。2014 年，小米以 12.7 亿元入股美的集团。2016 年，宣布联合新希望集团等企业申办的民营银行"四川希望银行"正式获得银监会批复筹建；2017 年与长江基金达成 120 亿基金合作；2018 年，小米集团向港交所递交了上市申请。

小米公司非常重视社区互动氛围的营造，在小米的发展过程中有效依托微信、QQ、微博、LinkeIn 等社会化媒体扩大用户连接，目前小米公司拥有公司社区和 MIUI 众包社区，前者主要进行同城会活动、爆米花活动等的信息沟通工作，后者主要用于活跃的粉丝用户的互动和交流。小米的众包社区拥有超过 4700 万注册用户，是小米开展无缝开放式创新活动的重要平台，其中特殊用户组要求小米网络众包社区内达到设定条件的 VIP 用户方可申请，是小米众包社区中重要的领先用户。

四　资料补充

为了防止访谈的不深入，获取的数据不全面，保证得到的结果具有较好的理论饱和度，本章在获取第一次访谈资料的基础上，又对近 5 年（2014—2018 年）来发表的有关众包的中文文献（被中国知网收录）进行梳理，从中选出与本章研究主题有关的文献 317 篇，从每篇文献中选择与社群、社会资本、嵌入性等相关的句子进行编码，将其与第一次访谈资料共同作为扎根理论分析的原始资料，具体过程如下：

（一）将文献检索主词设定为"众包"。在 CNKI 文献检索系统中，将文献检索条件设定为"篇名"或"关键词"，并将文献类型限定为期刊论文。

（二）文献的数据库检索。在 CNKI 数据库中，按"篇名"或"关键词"检索"众包"的所有中文期刊论文。为控制检索信度，由两名研究人员在不同地点和不同设备终端上同时按照上述检索条件进行文献检索，两人的检索结果均为 317 篇期刊论文，说明检索结果可信。

（三）文献的初步阅读筛选。对 CNKI 数据库检索的 317 篇论文进行初步阅读筛选。初步阅读筛选的标准为：论文的研究主题是否属于众包？如果是，则通过初选，反之，则不通过。为保证初步筛选信度，拟由多名具有众包研究背景的专家共同进行筛选，原则上采用全体同意予以通过的筛选准则，最终初步筛选的结果为266篇期刊论文。

（四）文献的深度阅读筛选。对初步筛选出的266篇论文进行深度阅读筛选。深度阅读筛选标准为：论文的研究内容是否涉及社群、社会资本、嵌入等社会关系的范畴？如果涉及，则深度筛选通过，否则不通过。在信度控制上，深度阅读筛选采用与初步阅读筛选一样的方法，最终从266篇论文中筛选出134篇。

第三节　数据分析

一　开放编码

编码是对质性资料进行分析的首要环节，也是扎根理论的一项基础工作，它是通过研究者在数据中看到的东西来形成代码。在编码中，要求研究者能够对数据中识别任何可能的理论可能性保持开放[①]，所形成的代码既要紧贴数据、能够反映数据的真实信息，又要对原有的数据进行提炼和抽象，形成能够进行理论研究的概念。

概念是人们认识事物的一个基本单元，从代码到概念的提炼过程也就是从现象到理论抽象的过程，它实质是反映了研究者对数据对象本质属性认识的基本思维形式。首先，由本书的两位作者对原始材料进行双盲编码，对原始材料进行标签化（ax）、形成初步代码（AAx），按照最大可能性原则，综合两人所有的初级代码（相同内容保留1个代码），形成了489条初级代码。其次，按照意思相同或相近的原则，由上述两位作者背对背式对489条初级代码进行整理和归纳，形成代码（Ax）共计155条，对155条代码进一步提炼，形成了59个概念。

此外，为了保证编码的系统性，采用NVivo11作为辅助研究工

[①]　[美]凯西·卡麦兹：《建构扎根理论：质性研究实践指南》，边国英译，重庆大学出版社2009年版，第82页。

具，开放编码的编号顺序为：数据来源（Z：猪八戒，Y：一品威客，M：小米众包社区，H：海尔Hope，C：CNKI）——访谈对象（或文章）——语句编码，例如Z-1-1是指猪八戒网上代号为1的访谈对象的第1个语义编码。为了清晰地展示对原始资料进行标签化、形成初级代码、代码，和概念的提炼过程，本章列举了部分代码和概念的提炼过程（具体见表3-2）。

表3-2　　　　从代码到概念的形成过程举例

部分原始资料	初级代码	代码	概念
我愿意在社区发一些帖子，我有很多比较精华的帖子被大家关注，我觉得我的观点具有一定的启发性（a1）H-1-1	AA1（a1）帖子被关注	A1 展示观点	C1 自我展示
……	……	……	
通过与社区其他成员的交流、互动，我能了解到很多信息和技巧，对我的工作或生活还是有帮助的（a34）Z-3-13	AA23（a34）获取信息	A5 获取知识	C2 自我发展
……	……	……	
闲暇时光，可以利用自己的专业特长，为一些企业或项目提供技术方案，获得些额外收入，也实现了专业知识的价值（a69）Z-5-9	AA41（a69）闲暇时间获取收入	A8 物质利益	C3 物质需求
……	……	……	
很喜欢小米的产品，比较时尚，比较好用，符合自己的审美观（a135）M-1-4	AA97（a135）产品喜欢	A12 自身爱好	C5 爱好匹配
……	……	……	
我是学工科的，喜欢动手操作，平常就喜欢拆卸，组装，甚至自己设计一些小东西，正好社区提供了一个平台（a161）M-2-12	AA115（a161）喜欢动手	A14 感兴趣	C6 感兴趣
……	……	……	

续表

部分原始资料	初级代码	代码	概念
跟社区的成员在一起聊一些感兴趣的话题，感觉很放松，我喜欢凑热闹，特别是感觉无聊的时候，经常来社区逛逛，看有什么好玩的事情没有。（a183）M-3-14	AA121（a183）凑热闹	A18 放松心情	C7 休闲娱乐
……	……	……	
我在社区里跟其他成员聊得很开心，分享彼此的烦恼与快乐，让我感到了家的温暖（a210）M-3-22	AA134（a210）聊得开心	A26 开心快乐	C10 感知快乐
……	……	……	
我觉得这个社区氛围很好，（a219）H-2-3	AA136（a219）社区氛围好	A30 良好氛围	C11 归属氛围
……	……	……	
我觉得使我能在社区中被重视、被关心，这种感觉很重要。如果没人理我，我可能也会选择离开（a237）H-3-15	AA147（a237）被重视和关心	A32 社区关怀	C12 心理归属感
……	……	……	
社区成员只有知识技能的不同，没有职务的高低，大家在一起交流可以取长补短。（a304）C-1-14	AA189（a304）没有职务高低	A38 身份平等	C14 成员平等
……	……	……	
该网站在选择方案时，有一套比较规范的程序，相对来说是公开透明的，这也是我加入该网站的主要原因之一（a337）Y-3-6	AA203（a337）公开透明	A41 程序公正	C15 过程公平
……	……	……	
我感觉众包的好处就是在很大范围内，让大家的方案进行竞争，谁的方案更好，谁的资质更好，谁能接到单（a371）Y-3-11	AA214（a371）大范围竞争	A44 竞争接单	C16 公平竞争
……	……	……	

续表

部分原始资料	初级代码	代码	概念
在虚拟环境下，只要不违反法律，大家可以随便发表自己的观点，不用担心被打击报复（a438）Z-2-17	AA231（a438）随意发表观点	A50 畅所欲言	C18 言论自由
……	……	……	
社区内的很多成员都是业余爱好者，他们的很多方案可能不完善，但不影响大家的参与，这些不完善的方案可能蕴含大智慧。（a481）H-1-20	AA244（a481）允许不成熟的想法	A55 各尽所能	C19 环境宽松
……	……	……	
社区成员的来源范围很广，只要大家感兴趣，都可以加入进来，没有高低贵贱之分，这也是社区活跃的重要原因（a503）M-4-4	AA252（a503）成员来源范围广	A58 参与范围广	C20 公众参与
……	……	……	
如果我能通过虚拟社区这个平台很好地解决我们在产品使用中的困惑，我就会认为这个社区是靠谱的，从而愿意继续参与社区中。（a503）M-4-14	AA280（a555）社区成员帮忙解决	A62 寻求方案	C22 获得帮助
……	……	……	
其实大家是相互帮助，归根结底帮助别人也是帮助自己。（a581）Z-4-13	AA288（a581）互相帮助	A67 互助共享	C23 共赢关系
……	……	……	
在该社区我和大家一样，我们经常会分享有用的资源，如图片、软件等。（a587）Y-2-4	AA292（a587）分享	A69 主动分享	C24 社区分享
……	……	……	
社区里有很多与我的理想和追求基本类似的成员，我愿意与他们交流。（a599）M-2-7	AA298（a599）愿意与理想一致的人交流	A72 理想相近	C25 目标认同
	……		

续表

部分原始资料	初级代码	代码	概念
我们都喜欢小米的产品,大家的三观比较一致,是同一类人,比较能聊得来。(a612) M-1-7	AA307(a612)三观一致愿意互动	A75 价值观	C26 价值观认同
……	……	……	
能够成为此社群的一员,被社区其他成员认可,我感到很自豪。(a621) H-1-7	AA314(a621)自豪感	A77 对社区满意	C27 积极评价
……	……	……	
这个社区的用户素质较高,我也相信他们会遵守社区规范,我愿意与他们分享知识。(a635) H-3-5	AA322(a635)相信社区的用户素质	A80 身份信任	C28 成员信任
……	……	……	
我会经常关注社区发布的任务,也很愿意了解其他成员的参与行为。(a644) Y-2-1	AA327(a644)持续关注	A82 情感依赖	C29 情感信任
……	……	……	
社区有相对成熟的规章制度,而且大多数人员会在意自己的声誉。(a658) M-1-16	AA335(a658)不会轻易欺骗	A85 安全感知	C30 认知信任
……	……	……	
社区内的很多成员都是业余爱好者,他们的很多方案可能不完善,但不影响大家的参与,这些不完善的方案可能蕴含大智慧。(a701) H-1-20	AA356(a701)允许不成熟的想法	A94 容忍失败	C33 包容失败
……	……	……	
在这个社区无论大家的性别、种族、学历,只要有共同兴趣,大家都可以在一起讨论问题。(a709) M-1-12	AA360(a709)	A96 身份包容	C34 包容氛围
……	……	……	
社区提供的学习方式更加多元,包括了交流、研讨、试验和协作参与等。(a722) H-1-11	AA368(a722)学习方式多元	A99 方式多元	C35 多元化
……	……	……	

第三章 众包社区的社群嵌入体系

续表

部分原始资料	初级代码	代码	概念
每次参与的回答,我很期望获得被其他用户肯定,如果用心给出的答案没有采纳,会有一段时间对回答获得比较消极。(a734) M-2-4	AA375 (a734) 可以获得回报	A102 互动效果	C36 结果预期
	……	……	
我特别期待自己的答案等引起提问者和社区其他大神的评论,讨论出一些自己没有想到的内容。(a743) H-2-3	AA379 (a743) 期望其他用户反馈	A104 用户互动	C37 互动响应
	……	……	
在虚拟创新社区中,这些志同道合的消费者畅所欲言,积极地参与主题讨论、发表独特见解。(a762) M-3-4	AA388 (a762) 积极讨论	A108 圈层互动	C38 成员互动
	……	……	
网络众包通过大众过滤对数量庞大的用户所提交的微创意及微内容进行筛选。(a779) Z-1-9	AA397 (a779) 方案筛选	A112 协同过滤	C39 价值协同
	……	……	
比起专业的员工,数量庞大的半专业,半业余爱好者和多样化的劳动力群体总是能提出更好的解决方案。(a788) Y-1-3	AA403 (a788) 集体智慧	A114 资源整合	C40 资源协同
	……	……	
网络社群中的组织者,不是传统意义上的老师或领导,而是学习的促进者和引导者。(a801) H-2-7	AA410 (a801) 精众引领	A117 组织的促进和引导	C41 运营协同
	……	……	
入驻一个月,周经理一直在跟踪我的接单情况,督促我装修店铺,陈小姐在我遇到问题时一直耐心为我解答,这样的服务让我放心。(a809) Y-1-7	AA414 (a809) 平台服务质量高	A119 服务规范	C42 管理规范
	……	……	

续表

部分原始资料	初级代码	代码	概念
当社区中有人投机取巧，或者做出损人利己的事情时，会被群起而攻之。（a825）M-3-8	AA421（a825）社区大众抵制	A121 联合制裁	C43 自组织规范
……	……	……	
众包平台的信誉保障机制、信誉交易管理机制等规范化管理因素能有效促进接包方成功解决众包任务。（a833）Z-1-13	AA425（a833）信誉保障	A123 信用管理	C44 信誉机制
……	……	……	
回答问题或提供解决方案可以增加我的关注度和社区排名，获得声望和尊敬，个人形象会得到提高和传播，提升我在社区中的地位。（a831）M-3-2	AA429（a831）回答问题能提高关注度	A125 提高个人声望	C45 获得尊重
……	……	……	
参与社区的互动交流，展现了我的能力和价值，满足了我的虚荣心，分享自己的经验简直就是一种为人师表的成就。（a840）Z-2-4	AA433（a840）满足虚荣心	A127 希望被认可	C46 体现自我价值
……	……	……	
在社区中参与众包项目已经成为我的一个业余收入来源，我每月的平均收入与我现在的工资差不多，我的目标是成为大V。（A849）Y-4-4	AA438（a849）获得较高收入	A129 经济激励	C47 获得利益
……	……	……	
在该社区，基于共同的兴趣或目标，我可以接触到来自各个阶层、不同地域的人群。（a872）H-3-8	AA451（a872）接触更多人	A134 扩大交际圈	C50 参与者范围广
……	……	……	
该社区几乎每天都有新人进来，当然也有人出于各种原因离开。（a881）H-2-12	AA455（a881）社区成员进出自由	A136 成员更新	C51 网络动态性
……	……	……	

续表

部分原始资料	初级代码	代码	概念
在有些众包项目中,会有来自不同地域的创客共同完成,而且中途也会有新成员加入。(a889) Y-2-8	AA458 (a889) 多主体合作	A138 多元协作	C52 开放合作
	……	……	
我与社区的一些成员保持紧密的联系,我们经常互相问候,也经常开开玩笑。(a896) Z-2-10	AA462 (a896) 经常相互联系	A140 社会交互链接	C53 联系强度
	……	……	
这个社区非常活跃,只要是有兴趣的话题,大家积极参与讨论。(a903) Z-1-16	AA465 (a903) 相互之间积极讨论	A142 社会活跃度	C54 互动频繁
	……	……	
我只与社区中很少的人有过互动和交流,大家也都差不多。(a911) Z-2-11	AA468 (a911) 与很少人联系	A144 相互联系	C55 联系密度
	……	……	
在我们这个社区中有几个灵魂人物,只要他们发布话题,总能带来一阵讨论或回复。(a924) Z-3-6	AA473 (a924) 围绕领袖人物的互动频繁	A147 社群核心	C56 全局凝聚
	……	……	
社区中有一些技术大拿和活跃分子,很多人会附和他,我不愿意刻意去结交。(a931) Y-4-7	AA477 (a931) 相似的人群交流更充分	A149 社群圈子	C57 局部凝聚
	……	……	
在该社区中,参与讨论或众包竞赛的人员来自不同行业或地域。(a939) Z-4-5	AA481 (a939) 不同人群相互交流	A151 成员身份多样	C58 节点异质性
	……	……	
这种异质性知识、信息及资源对创客之间的协作创新是有利的。(a947) H-3-11	AA486 (a947) 多元知识整合	A153 知识异质性	C59 方案多样性
	……	……	

范畴是反映事物本质属性和普遍联系的基本概念，它是人类理性思维的逻辑形式。范畴化就是要把开放编码形成的概念进一步归纳，找出各概念之间的内在联系，把具有相同本质属性的概念归纳为一个类别，形成范畴体系。从概念到范畴化有助于研究者更进一步地认识和发现事物的客观规律。结合已有的研究，本章把上述概念进一步归纳为 17 个范畴（如表 3-3 所示）。

表 3-3 开放编码形成的范畴

编号	范畴	包括的概念
1	满足感	满足感是指社区成员各种心理需求、物资需求的满足，包括展示自己的能力，实现自己的价值，提高个人知名度促进职业生涯发展，甚至物质利益的满足（C_1、C_2、C_3、C_4）
2	匹配度	匹配度是指承担的众包任务与自己的兴趣相符，表现为对任务感兴趣，游戏化激励，快乐感等（C_5、C_6、C_7、C_8、C_9）
3	归属感	归属感是指对社区环境认同，感觉自己属于相应的集体的感知。包括在社区感到有归属感，社区的氛围很好，有家的感觉，找到了自我，论坛中拥有好友会令我开心，有情感交流等（C_{10}、C_{11}、C_{12}、C_{13}）
4	包容性	包容性是只要能完成任务或者提供的建议有意义，而不论对成员身份、观点、方案和资源来源是什么的一种宽容氛围（C_{33}、C_{34}、C_{35}）
5	公平性	公平性指社区中重视能力、任务面前人人平等的情景，感知公平是反映了求真、开放、平等、协作、分享的互联网精神（C_{14}、C_{15}、C_{16}、C_{17}）
6	自主性	自主性是社区中的去中心化、去集权化情景。包括可以自由表达心情，可以自由发表观点，没有压力，无拘无束等（C_{18}、C_{19}、C_{20}、C_{21}）
7	交互性	交互性是社区成员之间，社区成员与平台企业、与任务发包方之间的交流与反馈程度等（C_{36}、C_{37}、C_{38}）
8	互惠	互惠反映社区成员之间是相互帮助的情景，包括发包方与接包方是共赢的，大家相互交流、相互帮助等（C_{22}、C_{23}、C_{24}）

续表

编号	范畴	包括的概念
9	信任	信任反映的是发包方与接包方相互信任，成员之间相互信任，社区成员交流大多从公心角度考虑等（C_{28}、C_{29}、C_{30}、C_{31}、C_{32}）
10	认同	认同表示大家有共同的想法，观点比较相似，社区成员具有助人为乐的价值观、共同的愿景等（C_{25}、C_{26}、C_{27}）
11	激励机制	激励机制代表社区为了激励创客们积极参与讨论、参与知识共享、积极承揽众包项目而基于创客的需求制定的一些措施等（C_{45}、C_{46}、C_{47}、C_{48}、C_{49}）
12	协同机制	协同机制主要包括资源协同、机制协同和运营协同三个方面，涉及意见领袖引领、大众协同过滤、大众合作、平台与创客互动等内容（C_{39}、C_{40}、C_{41}）
13	规范机制	规范机制主要指社区采用的一些正式或非正式的机制而约束成员的非合作性，包括众包平台管理规范，有效引导，去除低俗化话题，群体规范等（C_{42}、C_{43}、C_{44}）
14	网络开放度	网络开放度衡量社区网络的无边界性、动态更新性以及参与节点的多元多样性等（C_{50}、C_{51}、C_{52}）
15	网络密度	网络密度衡量社群网络节点之间联系的稠密程度，包括社群成员相互之间很关心，互动频率高等内容（C_{53}、C_{54}、C_{55}）
16	网络异质性	网络异质性衡量参与网络的主体来源的异质性、网络集结资源的异质性和创客们提交解决方案的多样性程度等（C_{58}、C_{59}）
17	网络凝聚性	网络凝聚性主要衡量网络中存在核心人物或核心人物群的程度，通常包括团体、兴趣圈子、派别兴趣小组等内容（C_{56}、C_{57}）

二　主轴编码

主轴编码是对开放编码形成的范畴进行聚类分析，目的是在开放编码之后以新的方式重新排列它们。主轴编码回答关于"哪里、为什么、谁、怎样以及结果如何"这些问题，也就是说，主轴编码就是把开放编码形成的范畴进行聚类分析之后，形成更大的类属，探究它们之间是如何联系起来的。

运用"原因—现象—情景—中介条件—行动/互动模式—结果"

的编码范式,将开放性编码中得到各个概念联结在一起形成主轴范畴的过程,其主要任务是发现开放式编码所形成的初始范畴之间的联系,以发展形成主范畴并且明确初始范畴与主范畴之间的从属关系。因此,这一阶段需要深入分析和比较,以发现初始范畴之间的逻辑关系,发展形成主范畴。本章对开放式编码阶段所获得的17个初始范畴进行归纳提炼,最终提炼为虚拟工作嵌入、网络文化嵌入、社群治理嵌入、社群关系嵌入、社群结构嵌入5个主范畴(如表3-4所示)。

表3-4 主轴编码形成的类别及其关系内涵

编号	关系类别	主范畴	副范畴	关系内涵
1	原因/结果	虚拟工作嵌入	匹配度 归属感 满足感	虚拟工作嵌入从三个维度回答了创客们为什么愿意参与众包社区,为什么愿意知识共享,以及承揽众包项目,同时虚拟工作嵌入也是众包平台希望达到的结果
2	原因/情景	网络文化嵌入	包容性 交互性 公平性 自主性	网络文化嵌入从四个方面刻画了网络空间的特征,一方面回答了为什么网民愿意沉浸在网络社群之中;另一方面也说明社群尽力维护这一氛围的原因,该氛围既作为一种状态,也作为一种调节因素
3	情景/行动	社群治理嵌入	规范性 激励性 协同性	社群治理要素从三个方面来衡量众包社区为创客营造的良好氛围,从内涵来看其作为行动因素,同时又对中介条件和结果具有明显的调节作用
4	中介条件	社群关系嵌入	信任 互惠 认同	社群关系从信任、互惠和认同三个方面回答了为什么社群网络会影响网络结构特征,为什么会导致创客们的虚拟工作嵌入
5	结果/原因	社群结构嵌入	网络开放度 网络密度 网络异质性 网络凝聚性	社群结构嵌入从四个侧面回答了社群治理、关系嵌入的直接结果,同时正因为这一结果又反过来导致创客的虚拟工作嵌入

三 选择编码

选择编码也称核心编码，它是在主轴编码所发现的概念类属中经过系统的分析以后选择一个"核心类属"，核心类属必须在与其他类属的比较中一再被证明具有统领性，能够将最大多数的研究结果囊括在一个比较宽泛的理论范围之内。也就是说，核心编码是把主轴编码形成的类属关系进一步具体化，开发出能够统领整个范畴的故事线。卡麦兹[①]认为，这种所形成的分析性的故事要具有连贯性，它能够使范畴之间的关联形式概念化，也会使分析性的故事变得理论化。

在本章对众包社区社群嵌入性与众包创新绩效之间关系的研究中发现，众包社群的自组织性对社群嵌入的过程机制可以形成统领性的故事线，即虚拟工作嵌入和网络文化嵌入导致了社群关系嵌入，社群治理嵌入则强化了这一关系，社会关系嵌入和社群治理嵌入又导致了社群嵌入的结构形态，合理的结构形态和文化结构又反过来促使虚拟工作嵌入的进一步加深，依据这一故事线，本章提出网络社群自组织嵌入特征如图3-4所示。

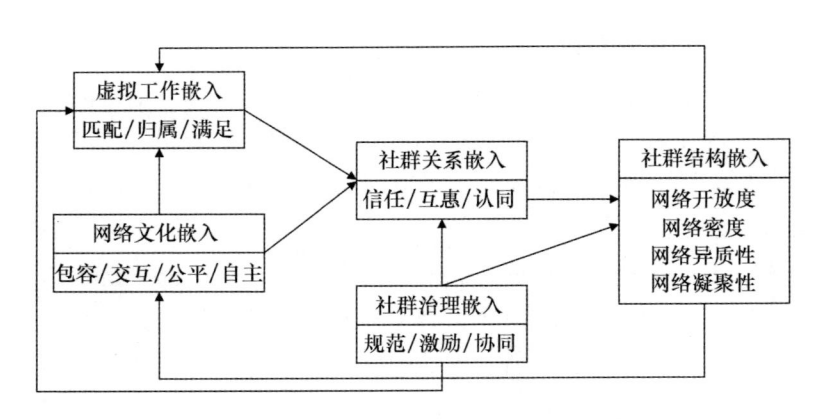

图3-4 众包社区的社群嵌入自组织机制

---

① [美]凯西·卡麦兹：《建构扎根理论：质性研究实践指南》，边国英译，重庆大学出版社2009年版，第82页。

四 饱和度检验

作为何时停止采样的鉴定标准,理论饱和度是指当收集的数据不再发展某一范畴特征、不再产生新的理论时,理论达到饱和。实则,理论饱和检验是一个较为主观的程序,当今学界还未对理论饱和度的测量提出一个相对统一的标准。理论是否饱和主要由研究者的研究经验所决定。鉴于此,本章继续访谈了 5 名众包社区成员,并进行相同的三级编码与分析,以此来检验理论是否饱和。结果显示,模型中的概念范畴已足够丰富,并未发现新的内容,也未有新的关系产生。

第四节 众包社区社群嵌入机制

一 虚拟工作嵌入

工作嵌入概念最早由美国心理学家 Terence R. Mitchell 提出并引入雇员主动离职研究领域。Terence R. Mitchell 等即从社会网络的角度将工作嵌入定义为一张让个人陷入其中的关系网,人类在这张关系网中,被员工及其家庭在社会、心理和经济网络中的各种关系力量所束缚,在这张网中存在的联结越大,嵌入程度越高,越不会离开。他将工作嵌入分为三个维度:联结、匹配和牺牲。联结指个体与他人、社区及其他活动的正式或非正式的联结;匹配指个体所在的组织和社区与其生活空间的相似性;牺牲指个体离开组织或社区将面临的牺牲或损失,包括物质上和心理上的损失。工作嵌入不但包括组织内部的因素,还包括外部环境的因素,高工作嵌入的员工能感到与组织是绑在一起的,甚至感到融入当下生活的环境中,这种工作内、外的嵌入分别称之为组织嵌入和社区嵌入。

工作嵌入反映了员工与组织、社区的联系程度,这种联系越紧密,员工与组织命运共同体的感觉就越强烈,进而达到甚至超过组织期望的绩效表现。传统的绩效指的是员工完成工作任务的好坏或者取得的成绩,称之为任务绩效。Anthony R. Wheeler, Kenneth J. Harris

和 Chris J. Sablynski[①]研究发现，组织嵌入通过工作努力的中介作用影响员工的任务绩效，社区嵌入则直接影响任务绩效。Chia-Yi Cheng[②]以保险销售业为对象，研究发现工作嵌入对于销售业绩有积极影响，提高工作嵌入能够改善绩效不佳者的表现。在创新驱动的大背景下，组织不但希望员工能完成本职工作，而且希望员工能表现出创造性。员工在工作中提出新想法并付诸实施称之为创新绩效。Thomas W. H. Ng 和 Daniel C. Feldman[③]研究发现，员工的工作嵌入度越高，就越愿意为组织付出额外努力并承担风险，从而有更高的创新绩效。

近年来，随着信息技术的发展，众包成为企业开放式创新的重要途径。通过众包企业可以实现与互联网用户相互渗透、相互作用和协同创新，企业众包的主要模式是建立企业众包社区，而在类似众包社区这种虚拟环境中，人们之间的交流基于互联网平台，变得更加自由，社交范围更加广阔，更重要的是在社区中传统的员工与企业间的依附关系发生了根本变化，因此导致社区的人力资源管理模式也发生了根本性的变革。借鉴工作嵌入的概念，俞函斐提出了"互联网嵌入"的概念，并将此概念分为三个维度：（1）联系度，网络个体通过互联网与其他个体或群体产生社会的、心理的、财务方面的联系；（2）匹配度，网络个体能很好地适应互联网环境，如果离开互联网，则会产生不知所措、沮丧的心理感受；（3）牺牲感，由于离开互联网而丧失物质、心理、财务等方面的利益。

本书前面的研究发现，在众包社区中，工作嵌入的情景发生了根本的变化，一方面嵌入的场景由组织和社区两个场景变为单一的社区；另一方面人们嵌入众包社区更多由于兴趣匹配、情感归属、诉求满足、成就感满足等原因导致，成员间的联系并不固定，同时考虑到本书中

---

① Anthony R. Wheeler, Kenneth J. Harris, Chris J. Sablynski, "How Do Employees Invest Abundant Resources? The Mediating Role of Work Effort in The Job-Embeddedness/Job-Performance Relationship", *Journal of Applied Social Psychology*, Vol. 42, No. S1, December 2012.

② Chia-Yi Cheng, "A Longitudinal Study of Newcomer Job Embeddedness and Sales Outcomes For Life Insurance Salespersons", *Journal of Business Research*, Vol. 67, No. 7, July 2014.

③ Thomas W. H. Ng, Daniel C. Feldman, "The Impact of Job Embeddedness on Innovation-Related Behaviors", *Human Resource Management*, Vol. 49, No. 6, November 2010.

网络嵌入的结构嵌入可以很好地解析社区的联系维度,因此本书认为众包社区的工作嵌入只涉及社区嵌入,不含组织嵌入,同时三个维度变更为:匹配度、归属感和满足感,并称众包社区的工作嵌入为虚拟工作嵌入。在虚拟工作嵌入中,匹配度主要指众包社区提供的任务与成员的兴趣、能力匹配,成员间的价值观相互匹配,这与传统工作嵌入的匹配度类似;归属感主要指成员与整个宏观社会的联系紧密度,是表示成员属于社区的程度,与联系度的区别在于不是与其他个体的联系,而是与整个社区的联系;满足感主要指众包社区提供的激励机制、社区环境能够满足成员的物质、社会和心理需求,与传统工作嵌入的牺牲维度相比,离开社区后的损失方面的程度相对较小。

二 网络文化嵌入

文化嵌入的概念最早是由 Paul Dimaggio 和 Sharon Zukin[1] 提出的,他们将文化嵌入作为与关系嵌入、结构嵌入、认知嵌入并列的一种重要嵌入类型,认为文化嵌入指共享的"集体理解"在塑造经济战略和目标上的约束,强调了文化因素在影响经济关系和行为方面的重要性。而第一位真正运用文化嵌入这一构念对集群进行实证研究的则是 Al James[2],他指出文化嵌入是区域内企业普遍受区域文化的影响,将其转变为自身企业文化的一部分,并因而成为该产业中共享的产业文化,文化嵌入的结果导致区域文化、区域产业文化和企业文化的交迭。

文化嵌入体现为不同的主体类型受不同层次文化的影响。Edgar H. Schein[3] 首先使用了"嵌入"一词来描述企业中员工受组织文化影响的社会化过程。从组织文化形成的影响因素看,企业内部特征、产业文化和社会文化等从微观到宏观层次的文化会对组织文化的形成和

---

[1] Paul Dimaggio, Sharon Zukin, *Structures of Capital: The Social Organization of The Economy*, Cambridge: Cambridge University Press, 1990, p. 58.

[2] Al James, "Demystifying The Role of Culture in Innovative Regional Economies", *Regional Studies*, Vol. 39, No. 9, September 2005.

[3] Edgar H. Schein, "Defining Organizational Culture", *Classics of Organization Theory*, Vol. 3, No. 1, January 1985.

差异产生影响。Joseph Weiss 和 Andre Delbecq[①]在对硅谷和 128 公路企业文化差异的分析中指出，区域文化、区域产业文化会对该区域的企业文化带来影响。由此可见，组织文化的"嵌入"，受到从宏观到微观，从外部环境到内部自身要素的影响，是一个受多层次、多主体影响的结果。

网络的快速发展对社会结构、社会关系产生了深刻影响，网络化生存、网络化生态逐步形成，在为文化发展提供机遇、生态和条件的同时，也为包括文化在内的方方面面带来了巨大的冲击和挑战，同时在实现网络大国向网络强国跨越过程中，网络文化作为网络精神文明、内容文明等建设的主体及先导，鉴于此，对网络文化的研究就变得非常重要。文化是什么？学界一直存在争议，在网络化时代逐步形成的网络文化，作为一种新型文化形态，该如何准确科学界定，更是一个难题。

网络文化与其他社会文化相比，具有哪些特点？对此，学者们分别从不同角度进行了分析和归纳。刘友红[②]认为，网络文化独具非线性、自组织性、交互性、自由开放性及边缘化、多元中心性。匡文波[③]认为，首先，网络文化是以电子为介质的高科技文化；其次，网络文化是高时效性文化；再次，网络文化具有开放性；复次，网络文化具有交互性；最后，网络文化还具有虚拟性。戚攻[④]从网络文化具有的现实文化一般特性出发，对其自身基本特性进行了阐述，提出正是其自身特性，才是作用和影响现实文化的重要契机和根源。第一，网络文化的虚拟性；第二，网络文化的开放性；第三，网络文化的互融性；第四，网络文化的易变性。王璐[⑤]从时代特征角度对网络文化的特征进行了分析：开放的网络文化体系、平等的参与机会、迅速的

---

① Joseph Weiss, Andre Delbecq, "High-Technology Cultures and Management: Silicon Valley and Route 128", *Group & Organization Studies*, Vol. 12, No. 1, January 1987.
② 刘友红:《技术专家创造了电脑空间文化?》,《自然辩证法研究》1999 年第 1 期。
③ 匡文波:《论网络文化》,《图书馆》1999 年第 2 期。
④ 戚攻:《网络文化对现实文化的影响》,《探求》2001 年第 4 期。
⑤ 王璐:《浅议新时代背景下的网络文化》,《科技信息》2014 年第 1 期。

内容传播、松散的网络制约机制。通过对现有文献的整理，并结合前面的因子分析，本章认为网络文化的特征可以提炼为包容、互动、公平、自主四个特征。

传统情境中，对文化嵌入的认识有两种视角，一种是分析文化嵌入的内容维度，如魏江和郑小勇[1]认为集群文化嵌入可以提炼为冒险精神、长期导向、情感信任、合作精神、开放程度和成就欲望共六个维度；另一种是分析文化嵌入的程度，如学者们提出的文化相似性、趋同性和文化邻近等概念。郑小勇和黄劲松[2]认为探讨文化嵌入对创新绩效的影响，既要分析文化嵌入的内容，也要分析文化嵌入的程度，顾此失彼都不利于透彻了解文化嵌入的影响，并针对集群文化提出了个体主义文化嵌入程度、权利距离文化嵌入程度、男性主义文化嵌入程度、不确定性规避文化嵌入程度四个维度，循此逻辑，结合扎根理论和因子分析的结果，本章提出网络文化嵌入分为包容性、互动性、公平性和自主性四个维度，既体现了嵌入的内容，又可以分析嵌入的程度。

三　社群治理嵌入

在线下环境中，针对网络型组织的网络治理机制指维护结点之间联系以促使网络有序、高效运作，对结点行为进行制约与调节的资源配置、激励约束等规则的综合，其作用是维护和协调网络合作，通过结点间互动与共享，提高网络整体的运作绩效。Walter W. Powell[3] 提出网络组织的治理机制包括信任、学习和创新机制；Candace Jones, William S. Hesterly 和 Stephen P. Borgatti[4]认为，网络的社会机制包括

---

[1] 魏江、郑小勇：《文化嵌入与集群企业创新网络演化的关联机制》，《科研管理》2012年第12期。

[2] 郑小勇、黄劲松：《文化嵌入与集群企业创新倾向的关系及其关联机理研究——战略意图的中介效应检验》，《重庆大学学报》（社会科学版）2017年第5期。

[3] Walter W. Powell, "Neither Market Nor Hierarchy: Network Forms of Organization", *Research in Organizational Behavior*, Vol. 12, No. 1, January 1990.

[4] Candace Jones, William S. Hesterly, Stephen P. Borgatti, "A General Theory of Network Governance: Exchange Conditions and Social Mechanisms", *Academy of management review*, Vol. 22, No. 4, October 1997.

限制性进入、联合制裁、宏观文化与声誉;孙国强[①]利用系统科学理论构建了以关系、互动与协同为主要内容的三维治理逻辑模型,并分析了治理机制与治理逻辑之间的关系;李维安、林润辉和范建红[②]认为网络治理机制包括信任、学习、利益分配、协调、声誉、文化、激励机制等,可以概括为网络形成和维护机制、互动机制和共享机制三类。

对于虚拟社区来说,尽管已经认识到社区治理对促进用户知识贡献行为、保障社区持续发展的重要作用,但目前理论界针对虚拟社区治理的研究仍处于起步阶段,学者们对于虚拟社区的治理概念尚未形成统一认识。

Rajdeep Grewal,Gary L. Lilien,Girish Mallapragada,[③] 将B2B市场下的治理机制分为社区构建、社区监管与自参与;张晓娟和周学春[④]结合虚拟社区的特性,提出虚拟社区治理策略应包括社区构建、社区监管和社区教育三个方面;迟铭、毕新华和李金秋等[⑤]认为移动虚拟社区治理包括社区构建、社区监管、成员嵌入和信息保护四个方面;顾美玲、迟铭和韩洁平[⑥]认为虚拟创新社区的治理目标在于鼓励在线用户不断提高创意分享的质量和效率,抑制社区中的机会主义行为,不断吸引新用户加入,持续提高社区创新绩效,他们认为在"发布需求→创意分享与交流→创意筛选→创意实施→发布创意"的闭环知识协同过程中,协同、激励、监督和规范四项治理机制共同构成了完整的治理体系。结合前述扎根理论,本章基于网络维护、互动和共享三

---

① 孙国强:《网络组织治理机制论》,中国科学技术出版社2005年版,第85页。

② 李维安、林润辉、范建红:《网络治理研究前沿与述评》,《南开管理评论》2014年第5期。

③ Rajdeep Grewal, Gary L. Lilien, Girish Mallapragada, "Location, Location, Location: How Network Embeddedness Affects Project Success in Open Source Systems", *Management science*, Vol. 52, No. 7, July 2006.

④ 张晓娟、周学春:《社区治理策略、用户就绪和知识贡献研究:以百度百科虚拟社区为例》,《管理评论》2016年第9期。

⑤ 迟铭等:《关系质量视角下移动虚拟社区治理对组织公民行为影响研究———以知识型移动虚拟社区为例》,《管理评论》2020年第1期。

⑥ 顾美玲、迟铭、韩洁平:《开放式创新社区治理机制对用户知识贡献行为的影响:虚拟社区感知的中介效应》,《科技进步与对策》2019年第20期。

类机制对顾美玲、迟铭和韩洁平①的四项机制进行精炼,认为在众包社区中,网络治理机制主要包括规范、协同和激励三个维度。

在众包社区中,规范性治理机制既包括制定相关的制度、通过相应的技术监督和约束创客的不和谐行为之外,更多的是从成员间的关系纽带入手,采用诸如信用评级、声誉反馈、意见领袖引导、联合抵制等关系规范措施来保障创客成员的合法性、合规性,确保社区良性发展;协同性治理机制则通过相互学习、交流沟通、大众筛选、口碑过滤等手段明确各主体间的权、责、利问题和规范化、透明化创意筛选流程;激励机制则是根据创客的物质、社会和心理等方面的需求实施物质激励、非物质激励鼓励用户知识分享和交流行为从而营造浓厚的创新文化氛围。我们认为上述三类治理机制往往在众包社区的运营中形成网络惯例,这些网络惯例日渐成为社区中成员共同接受的、相对稳定的、联合行动的游戏规则,从而深深嵌入到众包社区的运营管理当中,因此本章称其为网络治理嵌入,其与网络关系嵌入、网络结构嵌入分别从过程、结果和状态三个角度来解析网络嵌入,是对原有网络嵌入的补充。

四 社群关系嵌入

根据马克·格兰诺维特对关系嵌入的界定,关系嵌入性是基于互惠预期而发生的双向关系,主要从关系的内容、方向、延续性及强度等方面来度量。现有文献对关系嵌入维度的划分绝大多数从关系嵌入的内容维度及强度维度进行研究,从内容角度来说,关系嵌入性的内涵包括信任、优质信息共享与共同解决问题的安排三个方面,这三方面在概念上是独立的,而彼此又具有相关性,其都是社会结构的组成要素。信任是嵌入性联系的首要特征,是交易一方对另一方不会利用自己的弱点来获取利益的信心;信息共享既包括组织的显性知识,也包括只有通过干中学才能传递的隐性知识;共同解决问题的安排,能

---

① 顾美玲、迟铭、韩洁平:《开放式创新社区治理机制对用户知识贡献行为的影响:虚拟社区感知的中介效应》,《科技进步与对策》2019年第20期。

促进交易双方相互协调并一起解决合作中遇到的问题，从而增加组织效率，降低生产误差并减少产品开发时间，同时还能够促进学习与创新。从强度角度来说，关系嵌入的衡量主要基于强联结与弱联结两个联结观，因此衡量的方式有单维度的关系强度、双维度的"联系频率和感情的接近程度"、多维度的"关系的频率、持续时间、情感紧密性、熟悉程度等"。关于关系嵌入的度量，杨雪[①]的划分也很有代表性，她把关系嵌入分为基于关系视角的和基于资源视角的区分，基于关系视角的从强弱关系理论出发可以用网络规模和纽带强度来度量，基于资源视角的从社会资本理论出发可以用互惠原则、共同语言和网络纽带来度量。

现有文献关于关系嵌入与创新绩效之间关系的研究尚存在一定程度的分歧，主要有两类观点：一种观点认为关系嵌入性与创新绩效呈正相关关系；另一种观点认为关系嵌入与创新绩效为倒 U 型关系，即存在适度嵌入的临界。虽然学者们均认为关系嵌入对企业的创新绩效有重要影响，但观点却分歧诸多，说明对关系嵌入的研究还存在欠缺[②]。

在众包社区情境下，社区成员间的人际交互主要发生在基于互联网及其相关技术构建的虚拟网络关系中，社区成员间没有面对面交流，社区成员间阶层、等级等传统社会规范较真实社区弱，取而代之的是社区成员间对互惠、信任等主观规范的遵守和期望。因为共同价值观、兴趣、偏好而加入众包社区的创客成员们，通过一段时间互动后慢慢地相互了解、熟悉，从而在社区内部形成特定的关系嵌入性，让社区其他成员成为自己人、一家人，这种嵌入性通过影响创客成员对创意资源交换、分享的自我认同和价值感，使其创意所有权边界从"我的"向"我们的"逐渐过渡。[③] 根据扎根理论，借鉴社会资本的

---

① 杨雪：《社会嵌入视角下的顾客价值共创产生内容的影响因素研究》，博士学位论文，哈尔滨工业大学，2017 年，第 33 页。
② Jeffrey Q. Barden, Will Mitchell, "Disentangling The Influences of Leaders' Relational Embeddedness on Interorganizational Exchange", *Academy of Management Journal*, Vol. 50, No. 6, December 2007.
③ 肖薇、李成彦、罗瑾莲等：《众包社区创意领地行为影响机制研究》，《商业经济与管理》2019 年第 4 期。

理论以及有关众包社区的虚拟性特点，本章认为众包社区的关系嵌入可以从三个维度予以衡量，即信任程度、互惠程度和认同程度，这既含有内容也含有程度的因素。

五 社群结构嵌入

网络结构嵌入是马克·格兰诺维特网络嵌入二分法中除了关系嵌入的另一个嵌入类型，结构嵌入衡量网络中成员之间的关系分布情况，马克·格兰诺维特将结构嵌入性测量分为四个维度，即网络规模、网络密度、网络异质性与网络中心性，通过对近些年有关网络结构嵌入的研究成果的梳理可以发现，相关研究可分为两类：一类从行为主体的对偶关系出发，关注二元网络中的结构特征，测度指标包括强联结和弱联结；另一类从网络的整体性出发，关注知识主体嵌入的整体网络结构，测度指标包括网络规模、网络中心性、网络集中度、网络密度等指标。

近年来，陆续有学者将结构嵌入的理论引入虚拟创新社区中，如 Jin Xu，Scott Christley 和 Gregory Madey[①] 将开源社区看成是一个协作性的社会网络，认为社会网络机制在维持参与者协作过程中起到了非常重要的作用；Liaquat Hossain 和 David Zhu[②] 运用网络密度、网络中心度和中介性三个网络结构变量研究网络结构嵌入对开源社区中软件开发团队编码质量、反馈时间等协调质量的影响；Rajdeep Grewal，Gary L. Lilien 和 Girish Mallapragada[③] 通过实证研究，运用网络中心性、中介性等指标测量开源项目，发现网络结构嵌入程度对开源项目

[①] Jin Xu, Scott Christley, Gregory Madey, *Application of Social Network Analysis To The Study of Open Source Software*, Elsevier: The economics of open source software development, 2006, p. 247.

[②] Liaquat Hossain, David Zhu, "Social Networks and Coordination Performance of Distributed Software Development Teams", *The Journal of High Technology Management Research*, Vol. 20, No. 1, January 2009.

[③] Rajdeep Grewal, Gary L. Lilien, Girish Mallapragada, "Location, Location, Location: How Network Embeddedness Affects Project Success in Open Source Systems", *Management science*, Vol. 52, No. 7, July 2006.

的成功呈正相关；张晓丹、龚艳萍和董艳惠[1]研究了两种网络结构的网络社群对在线社区融入的不同影响；赵建彬[2]研究了虚拟品牌社区成员在网络的中心位置对其公民行为的影响。在这些研究中，结构嵌入的侧重点在于网络结构对个体行为的影响，其研究可分为两类，一类从整体网络结构出发，另一类是从网络中个体出发。

林素芬[3]认为众包平台中的个人、群体或组织因为众包任务而集结在一起，它们之间构成一个直接或非直接关系的社群网络。众包社群网络是以众包参与者为网络中心，由参与者、中介、任务发布公司因任务而联结的网络组织，众包参与者、中介、任务发布公司在网络中相互交换资源，提升各自的竞争力。

众包社群网络主要包括如下三种类型：（1）链型网络。链型网络为过程导向型的网络，该网络结构体现的是任务发布公司在众包平台上发布任务，参与者评估自己的工作能力参与竞聘任务，提交任务的过程。在此过程中，任务发布公司、中介、参与者（社区）因为任务关系而构成完成众包任务的网络链条。（2）星型网络。星型网络为成员主导型网络。该图的中间节点是网络的关键和主导节点，中间成员的存亡决定了网络是否存在，星型网络体现的是非中心网络成员对网络中心成员的依赖，而其中一两个非中心成员的消失并不会导致网络的消失。（3）综合型网络。综合型网络是项目导向型网络，该网络结构中，各成员结合成错综复杂的联系，他们之间形成的关系是一种更为灵活、动态的结合关系。本章研究的众包社区对应的网络结构就是综合型网络结构，在该网络中众包参与者、任务发布公司、众包中介相互之间构成的错综复杂的网络，无数家企业和参与者通过平台发生关联，一个或多个参与者或企业的进入或退出平台不影响众包

---

[1] 张晓丹、龚艳萍、董艳惠：《网络结构对消费者在线社群融入的影响》，《商业研究》2018年第8期。

[2] 赵建彬：《品牌社群网络关系对社群绩效的影响：心理反应机制研究》，博士学位论文，华中科技大学，2015年，第20页。

[3] 林素芬：《基于众包参与者网络的众包绩效提升研究》，博士学位论文，华侨大学，2015年，第52页。

平台的运营。

  囿于本书的研究目的是探讨整个众包社区的创新绩效，因此对网络结构嵌入性研究强调的是对网络结构的宏观考量，通过分析众包社区社会网络的结构，从整体、宏观的角度把握整个网络的结构动态，可以更好地、充分地了解网络结构嵌入对整个众包社区创新绩效的影响。以马克·格兰诺维特的4维度网络结构嵌入理论为基础，本书认为众包社区的网络结构嵌入可以分为网络开放度、网络密度、网络异质性和网络凝聚4个维度，将网络规模替换为网络开放度是因为在互联网环境下，网络的规模往往都非常大，相互区分价值不大，而成员的动态性更能体现其特征；将网络中心性更换为网络凝聚，是因为中心性指标主要从个体角度考虑，而网络凝聚则从整体考虑。

本章小结

  本章首先整理了当前研究中提及的众包社区或虚拟社区中有关嵌入性的一些特征，便于对嵌入性定性分析提供一个大致的范围和界限。然后通过对嵌入性的经典文献进行归纳和解读，获取嵌入性研究的学理过程。在上述基础上，本章以猪八戒网、一品威客网、小米社区、HOPE社区20名创客的访谈资料和2014—2018年发表的有关众包的文献资料为基础，通过扎根理论的经典流程：开放式编码、主轴编码、选择编码和饱和度检验等，剖析、归纳、提炼出17个副范畴、5个主范畴。在5个主范畴中，虚拟工作嵌入和网络文化嵌入更接近嵌入系统的底层，更侧重于整个嵌入系统的原因；社群治理嵌入更侧重于社群嵌入的运行层面和情景层面，是社群嵌入系统的能动性部分；社群关系嵌入和社群结构嵌入则更接近系统的顶层，相对偏向于社群嵌入的结果侧，但两者对比而言，社群结构嵌入更加宏观和偏向结果，社群关系嵌入则可以看作社群结构嵌入形成的中间路径。

第四章　众包社区的社群嵌入量表开发

在传统情境下，嵌入性理论得到了比较充分的研究，相关概念的量表日趋成熟，为我们研究众包社区的社群嵌入提供了范本和方向；但由于虚拟环境下的社群嵌入与传统环境的网络嵌入理论存在很大的不同，因此需要针对虚拟情境、针对众包创新主题开发更具特色的社群嵌入量表。本章采用量表开发的经典流程，充分借鉴扎根理论分析得出主副范畴间的对应关系，开发虚拟工作嵌入、网络文化嵌入、社群治理嵌入、社群关系嵌入和社群结构嵌入的测度量表。

第一节　量表题项搜集

为了使量表内容全面、准确，本章遵循以下思路展开题项搜集：（1）借鉴现有量表，根据文献分析拟定有关各变量以及具体维度的初始题项和框架；（2）利用半结构化访谈资料提炼新题型，补充具有中国情境、虚拟社群特征的题项，最终构成初始量表的备选题项库。

一　虚拟工作嵌入题项

根据第三章的扎根研究发现，虚拟工作嵌入主要指由于心理的原因，网民或创客们被一种无形的力量吸引在虚拟社区中，不愿意离开并沉浸其中自觉完成相关任务的状态；其与传统情境的工作嵌入相比，具有如下特征：（1）不愿意离去的原因相对更单纯，主要源于自身心理需求和认知，相对而言，对社会性他人考虑得较少，因此避免了与关系嵌入区分不足的问题;(2)嵌入的场景由组织和社区两个场景变为单一的社区,虚拟环境的无边界性使得组织特征已经退化;(3)人们嵌入到众包式虚拟社区更多由于兴趣匹配、情感归属、诉求满足、成就感满足等原因导致,成员间的联系并不固定,因此传统工作嵌入的联系度转化为归属感;(4)与传统工作嵌入相比,由于虚拟工作嵌入的业余、娱乐特征较浓厚,因此对离开社区的损失由"牺牲感"或变为"失去满足感"。综上,虚拟工作嵌入单指社区场景,可由匹配度、归属感和满足感三个维度予以衡量。

首先,利用中国知网、Web of Science、EBSCO等中外数据库展开文献搜索。通过对既有文献的查阅,提取了现有量表中的题项,邀请3名人力资源管理专业的博士生对其展开标准的翻译—回译工作,并由一名英语专业的博士生对翻译结果进行评价和修改,通过去同存异,并筛选提及率大于33%的题项,将这些题项结合虚拟社区的情境修改为如表4-1所示的16个题项。

表4-1　　　　　　　文献筛选的虚拟工作嵌入测项

维度	测项	提及频率(%)
匹配度	PMA1 在该社区参与众包项目能够施展我的技能和才华	95
	PMA2…能够帮助我达到所期望的目标	85
	PMA3 我很适合该社区的文化氛围	85
	PMA4…能够契合我的时间安排和工作方式	78
	PMA5 该社区我投入的资源与我获得认可程度一致	43
归属感	PBE1 我感觉在该社区参与众包项目受到了尊重	92
	PBE2…该社区成员的价值观比较一致	82
	PBE3 相对于其他社区,我比较认可该社区	82
	PBE4…该社区的成员之间的关系很和谐	75
	PBE5…该社区成员之间的互动很频繁	60
	PBE6 我非常愿意成为该社区的一员	39

续表

维度	测项	提及频率（%）
满足感	PSA1 在该社区我能获得与我的工作相称的报酬	93
	PSA2 我认为这个众包平台的发展前景很好	90
	PSA3 我觉得在该区参与众包项目对我以后会有帮助	85
	PSA4 在该社区我结识很多志同道合的人	82
	PSA5 在该社区我感觉很轻松	35

然后，我们在第三章访谈资料的基础上，继续对采用便利抽样的方式对来自猪八戒网、海尔HOPE平台、一品威客网和小米社区的14名创客进行半结构化访谈，这样共涉及34份访谈资料，对相关访谈内容中的关键词和关键句进行了提炼，并根据量表项目的格式进行归纳总结，并剔除了与表4-1语义重复的项目，又另外得到11项作为量表的新增项目，如表4-2所示。

表4-2　　　半结构化访谈追加的虚拟工作嵌入测项

维度	测项	陈述数量
匹配度	PMA6 该社区的很多众包项目与我的兴趣很匹配	28
	PMA7 我发现我完成社区中的很多任务效率很高	22
	PMA8 我感觉在该社区我更能实现我的价值	19
归属感	PBE7 在该社区人们之间不像现实中那样钩心斗角	29
	PBE8 在该社区大家可以分享彼此的欢乐与烦恼	27
	PBE9 我与社区中很多成员有共同的话题	26
	PBE10 我有时候感觉这个社区就是一个家	14
满足感	PSA6 在该社区我可以获得很多乐趣	31
	PSA7 参与该社区之后我发现我增长了不少知识	24
	PSA8 在该社区我收获了友谊	21
	PSA9 我在社区中的行为可以不用看任何人脸色	16

二 网络文化嵌入题项

根据第三章的扎根研究发现,网络文化嵌入主要指由于众包社区的运营主要基于网络环境,因此网络文化的一些特征必然会体现在社区成员间的交流特征上,这些特征主要表现为包容、互动、公平和自主四个方面,一方面根据郑小勇、黄劲松(2017)的观点,文化嵌入既要分析文化嵌入的内容,也要分析文化嵌入的程度,顾此失彼都不利于透彻了解文化嵌入的影响;另一方面在不同的众包社区由于平台管理方的管理制度、社群规范惯例等不尽相同,因此会导致网络文化嵌入的程度不尽相同,因此我们拟采用包容性、互动性、公平性和自主性四个维度。

类似虚拟工作嵌入测项的搜集,我们首先利用中国知网、Web of Science、EBSCO等中外数据库展开文献搜索,通过对既有文献的查阅,提取有关包容性、互动性、公平性和自主性的现有量表的题项,通过翻译—回译、场景修改、去同存异等环节,筛选提及率大于33%的题项得到如表4-3所示的19个题项。

然后,类似虚拟工作嵌入的题项搜集过程,在相关众包社区获得34份半结构化访谈资料,对相关访谈内容中的关键词和关键句进行了提炼,剔除了与表4-3语义重复的项目,又另外得到15项作为量表的新增项目,如表4-4所示。

表4-3 　　　　　文献筛选的网络文化嵌入测项

维度	测项	提及频率(%)
包容性	PTO1 在该众包社区,成员经常平等地分享观点、互相学习	69
	PTO2…成员有一种健康的百家争鸣的氛围	75
	PTO3 社区积极鼓励大家提出不同的想法和方案	85
	PTO4 社区对各创客提供的想法或方案进行评价时,主要基于该想法和方案本身,而非提出者是谁	69
	PTO5 成员们提供的有价值的想法都会被借鉴或讨论	75

续表

维度	测项	提及频率（%）
互动性	PIN1 ···成员能对感兴趣的主题积极交换意见	81
	PIN2 ···成员能够很方便地分享彼此的经验和感受	83
	PIN3 社区中交流很充分，感觉时间过得很快	86
	PIN4 大家经常在社区就某一主题进行共同探讨	76
	PIN5 大家经常通过合作找到解决问题的途径	76
	PIN6 从社区中可以获得所需要的信息和相关资料	70
公平性	PFA1 对于我提交的大多方案而言，我的报酬是合理的	40
	PFA2 众包平台或发包方对我提交方案的评价是合理的	51
	PFA3 平台会关心我对方案评审的意见或建议	39
	PFA4 社区的各项规章制度对大家来说是平等的	46
自主性	PFR1 在该社区我能自由决定我该做什么	67
	PFR2 在社区我可以对我的工作或行为负责	78
	PFR3 在完成众包项目时我们自由决定具体进度	85
	PFR4 在该社区我可以自由安排我的时间	90

表4-4　**半结构化访谈追加的网络文化嵌入测项**

维度	测项	陈述数量
包容性	PTO6 社区中无论成员的性别、种族、学历，只要有共同兴趣，就都可以一起讨论问题	22
	PTO7 社区提供的交流方式非常多元化	20
	PTO8 即便是不完善的想法和方案也不影响大家的参与	23
	PTO9 社区内有很多业余爱好者	26
互动性	PIN7 我经常与社区网友交流感情，并加他们为好友	18
	PIN8 我在该社区中的发帖可以得到他人回复	14
	PIN9 社区组织的一些社会活动，大家能积极参加	16
	PIN10 该社区大家发言踊跃，比较热闹	27
	PIN11 参与社区的交流，我经常会忘记烦恼	23
公平性	PFA5 该网站在筛选方案时，相对来说是公开透明的	23
	PFA6 该社区较好地体现了公平竞争的精神	19

续表

维度	测项	陈述数量
自主性	PFR5 在社区内只要不违反法律，大家可以随便发表自己的观点	25
	PFR6 在社区中大家不用担心被打击或报复	23
	PFR7 对于参与的众包项目，我可以按照自己的想法试着完成	21
	PFR8 在该社区，要不要与他人合作，我可以自由决定	17

三　社群治理嵌入题项

扎根研究发现，社群治理嵌入主要指社区管理者通过正式或非正式维持社区良好有序的运营过程中，治理手段日渐成熟，被社区的众多创客接受或认可，并日渐形成一种惯例的状态，有效的社群治理嵌入是保证社群形成自组织状态的重要推动力。在线下环境中，类似的状态被称之为制度嵌入，但考虑众包社区的虚拟性、治理手段的非正式性，特别是治理手段多为网络治理手段的原因，本书称其为社群网络治理嵌入（以下简称社群治理嵌入）。扎根研究发现，社群治理嵌入包括规范性嵌入、激励性嵌入和协同性嵌入，本书认为治理嵌入与关系嵌入和结构嵌入三者存在互动关系，共同构成网络嵌入系统，是同一问题的三个不同侧面。

类似虚拟工作嵌入测项的搜集，我们首先利用中国知网、Web of Science、EBSCO 等中外数据库展开文献搜索。通过对既有文献的查阅，提取有关规范性、激励性、协同性的现有量表的题项，通过翻译—回译、场景修改、去同存异等环节，筛选提及率大于 33% 的题项得到如表 4-5 所示的 15 个题项。

然后，类似虚拟工作嵌入的题项搜集过程，在相关众包社区获得 34 份半结构化访谈资料，对相关访谈内容中的关键词和关键句进行了提炼，剔除了与表 4-5 语义重复的项目，又另外得到 13 项作为量表的新增项目，如表 4-6 所示。

表4-5　　　　　　　文献筛选的社群治理嵌入测项

维度	测项	提及频率（%）
规范性嵌入	PCA1 社区中的一些规范如声誉机制对社区运营起到了良好的作用	63
	PCA2 社区中很多规范已经成为大家墨守的惯例	72
	PCA3 大家更愿意与遵守社区规范的人交流、沟通或合作	76
	PCA4 社区中的一些不合理的行为会受到大家的集体抵制	58
	PCA5 社区中绝大多数成员是遵守社区的规章制度的	63
激励性嵌入	PMO1 对社区良好运行的建议会被鼓励甚至得到奖励	71
	PMO2 社区有相关的机制鼓励大家进行信息或知识共享	70
	PMO3 积极参与众包创新或社区讨论会提高自己在社区中的地位	76
	PMO4 积极参与众包创新会得到社区给予的相关荣誉	63
	PMO5 优秀的社区成员会得到一些额外的福利	65
协同性嵌入	PSY1 该众包社区有很多的"微创意"交易	59
	PSY2 社区的很多制度或措施有利于发掘创客的个人潜能	41
	PSY3 众包平台方会为众包交易双方提供满意的服务	43
	PSY4 在该众包社区内容易发现很多商机	47
	PSY5 该社区的大众过滤机制非常有利于发掘优秀的方案或建议	51

表4-6　　　　　　　半结构化访谈的社群治理嵌入测项

维度	测项	陈述数量
规范性嵌入	PCA6 社区中有较好的保障机制来防止一些成员的不良行为	19
	PCA7 社区中通行的做法成为大家参与众包创新的重要参照	17
	PCA8 一些扰乱社区正常秩序的人很多会被清理出去	19
	PCA9 社区的众包交易机制比较规范	23
	PCA10 社区的众包竞赛或合作机制比较规范	15

续表

维度	测项	陈述数量
激励机制	PMO6 社区会定期组织一些颁奖活动	24
	PMO7 积极参与社区活动会获得更多的社区权限	19
	PMO8 该社区为成员提供了合理的晋升机制	18
	PMO9 成员在社区中的优秀表现会获得大家的点赞或认可	16
协同性嵌入	PSY6 在该社区内只要你是金子就一定会发光	17
	PSY7 该社区很容易实现众包项目的供需对接	20
	PSY8 社区中的意见领袖对大家的参与行为有积极的引导作用	21
	PSY9 该社区成员之间的合作现象很常见	14

四 社群关系嵌入题项

根据对几个众包社区创客访谈的质性材料，通过扎根理论的归纳，我们发现众包社区成员之间基于共同兴趣、爱好和价值观加入某一众包社区或社群，并通过一段时间的相互熟悉，逐渐形成联系紧密的圈子，在该圈子内部，成员之间相互信任、相互认同并相互帮助，借鉴综合传统情境中关系嵌入的概念，并整合关系嵌入的内容维度和程度维度，我们将众包社区中的上述现象称之为社群关系嵌入，并将其划分为信任程度、互惠程度和认同程度三个维度。

类似虚拟工作嵌入测项的搜集，我们首先利用中国知网、Web of Science、EBSCO等中外数据库展开文献搜索。通过对既有文献的查阅，提取有关信任、互惠和认同的现有量表的题项，通过翻译—回译、场景修改、去同存异等环节，筛选提及率大于33%的题项得到如表4-7所示的12个题项。

然后，类似虚拟工作嵌入的题项搜集过程，在相关众包社区获得34份半结构化访谈资料，对相关访谈内容中的关键词和关键句进行了提炼，剔除了与表4-5语义重复的项目，又另外得到10项作为量表的新增项目，如表4-8所示。

表4-7　　　　　　　文献筛选的社群关系嵌入测项

维度	测项	提及频率（%）
信任程度	PTD1 该社区的成员是信守承诺的	95
	PTD2 该社区的成员是可以信赖的	95
	PTD3 该社区的成员不会故意做损害其他人的事情的	95
	PTD4 该社区的成员都是有一技之长的	82
互惠程度	PRD1 我相信如果我需要帮助时，社区中会有人愿意帮助我	90
	PRD2 如果有人需要我的帮助，我会主动提供帮助的	90
	PRD3 在该社区中，大家经常互相帮助	90
	PRD4 我经常会提供一些心得或信息，希望能帮助到大家	75
认同程度	PID1 我对该社区有一种积极的好感	85
	PID2 作为该社区中的一员，我感到很自豪	85
	PID3 我对社区中的成员感到亲密认同	75
	PID4 社区中成员之间比较团结	58

表4-8　　　　　　半结构化访谈的社群关系嵌入测项

维度	测项	陈述数量
信任程度	PTD5 在该社区参与众包项目没有什么风险	15
	PTD6 社区成员的素质比较高，会遵守社区规范的	21
	PTD7 在该社区，失信行为会受到惩罚的	19
互惠程度	PRD5 该社区内众包项目的交易是互利共赢的	19
	PRD6 该社区能够提供给大家想要的东西	17
	PRD7 该社区具有较强的互助氛围	21
认同程度	PID5 这个社区很靠谱，我愿意继续参与	19
	PID6 在这个社区中，大家的总体目标是一致的	15
	PID7 我很在意别人对这个众包社区的评价	16
	PID8 我认为该社区会越办越好	13

五 社群结构嵌入题项

结构嵌入衡量网络成员之间的关系分布情况，在对访谈资料进行分析时，通过扎根理论发现众包社区成员之间的关系分布满足开放性、多元性、凝聚性和互动频率高4个特性，结合网络结构嵌入的理论，最后总结为网络开放度、网络密度、网络异质性和网络凝聚性四个范畴。结构嵌入的奠基学者马克·格兰诺维特将结构嵌入性测量分为4个维度，即网络规模、网络密度、网络异质性与网络中心性，在虚拟环境中，由于网络规模的超大型特征，网络规模往往对创客的边际影响很小，而网络的开放性更能体现传统网络规模带来的优势，同时虚拟环境中一个社区往往表现为多个中心，因此用凝聚性更加契合虚拟环境下的社交网络。基于上述考虑，本书认为众包社区中的社群结构嵌入可分为网络开放度、网络密度、网络异质性和网络凝聚性四个维度。

类似虚拟工作嵌入测项的搜集，我们首先利用中国知网、Web of Science、EBSCO等中外数据库展开文献搜索。通过对既有文献的查阅，提取有关网络开放度、网络密度、多样性（异质性）、网络凝聚性中现有量表的题项，通过翻译—回译、场景修改、去同存异等环节，筛选提及率大于33%的题项得到如表4-9所示的15个题项。

表4-9　　　　　　文献筛选的社群结构嵌入测项

维度	测项	提及频率（%）
网络密度	PDE1 我和社区中其他成员之间联系紧密	62
	PDE2 我经常依靠社区其他成员获得很多信息	58
	PDE3 我对社区其他成员的熟悉程度比较高	65
	PDE4 我经常与其他成员相互分享情绪和感悟	47
网络开放度	POP1 该社区经常会有新成员加入	41
	POP2 该社区是一个无边界的组织，对新加入者会非常欢迎	39
	POP3 该社区中，除了创客之外，还有其他主体	75

续表

维度	测项	提及频率（%）
网络异质性	PHE1 社区中各个成员的专业背景差异很大	68
	PHE2 社区中各个成员的学历层次差异很大	68
	PHE3 社区中各个成员的年龄差异很大	68
	PHE4 社区中各个成员的地域差异很大	54
网络凝聚性	PAG1 在社区中我所在的圈子能够提供我很多资源	45
	PAG2 在社区中我所在的圈子成员之间关系密切	45
	PAG3 与圈子外的人相比，我们圈子成员之间经常沟通	45
	PAG4 我们圈子成员之间讨论内容广泛，沟通频繁	45

然后，类似虚拟工作嵌入的题项搜集过程，在相关众包社区获得 34 份半结构化访谈资料，对相关访谈内容中的关键词和关键句进行了提炼，剔除了与表 4-9 语义重复的项目，又另外得到 14 项作为量表的新增项目，如表 4-10 所示。

表 4-10　　半结构化访谈的社群结构嵌入测项

维度	测项	陈述数量
网络密度	PDE5 社区中很多成员之间都比较熟悉或了解	16
	PDE6 社区中成员之间的交流比较充分	14
	PDE7 社区中成员之间保持频繁的联系	18
网络开放度	POP4 该社区有一种健康的百家争鸣的氛围	20
	POP5 在该社区中总能学到新知识	16
	POP6 在该社区中大家谈论的内容范围非常广	16
网络异质性	PHE5 社区中成员之间的工作经历有很大差异	26
	PHE6 社区中成员之间专业技能有很大差异	26
	PHE7 社区中成员的所能调用的资源有很大差异	17
网络凝聚性	PAG5 在社区中存在明显的圈子现象	21
	PAG6 社区中有权威人士，大家在交流时都非常尊重他们	23
	PAG7 社区中的权威人士经常向大家提供有用的信息	23
	PAG8 社区中成员的想法或认知或受到权威人士观点的影响	20
	PAG9 社区中的权威人士是社区的中心人物	24

第二节 初始量表编制

完成项目的初步筛选后,研究者通常会使用项目提纯对题项进行精练、采用探索性因子分析等来保证每一个项目与项目总体概念有关,并使用区分效度分析的方法检验各个维度的相对独立性,然后形成初步的量表,下面的研究基本按此顺序开展工作。

一 虚拟工作嵌入初始量表

（一）预测试样本

根据表 4-1 和表 4-2 建立虚拟工作嵌入 3 维度 27 个测量条目的量表,并采用李克特 7 点量表填答,其中 1 代表"非常不同意",7 代表"非常同意",预测试采用网络渠道收集,整个调查采用匿名方式:研究者将问卷链接发送给相关众包社区的创客填写,同时采用滚雪球的方法收集样本。为防止重复填写,在问卷中设置了填写权限,共收回问卷 363 份,在剔除有明显填答规律和漏填的问卷后,共得到有效问卷 258 份,有效率为 71.1%。调查样本中,男性占 74.2%;年龄在 21—30 岁的占 65.7%,31—40 岁的占 22.7%;未婚者为 171 人,占 66.3%;学历大专及以下的占 22.1%,本科或硕士占 50.8%,博士占 27.1%;参与众包社区不足 1 年的占 60.9%,1—3 年的占 22.5%,3 年以上的占 16.6%。

（二）项目提纯

根据每个题项的临界比率值—CR 值,判断其是否具有独立的贡献,将未达到显著水平者删除。分析显示 PMA2、PMA7、PBE5、PBE6、PBE7、PSA4、PSA9 共 7 个题项的临界比率值未达到显著差异水平,即被试者在这些题项上的打分区分度不大,将他们删除后,剩余的 20 个测项均达到显著差异水平（$3.151 < T < 15.312$）,代表该 20 个测项构成的量表具有区分高低的鉴别能力,内在一致性较高。各项目与总分的相关系数也达到了 0.05 的显著水平,相关系数均高于 0.3 （$0.407 < r < 0.781$）,说明各题鉴别力都比较好,内在一致性高。

在因子分析之前，本章首先对各个测项的相关关系进行检查，如果其中一个测项与其他测项的相关系数的绝对值均小于 0.3，那么这个测项就可以被删除。低相关度表示该测量项目不是来自构念所在的内容域，会带来误差，并会降低信度。结果发现 PMA5、PBE1 两个测项与本维度其他测项的相关系数小于 0.3，予以删除。

上述测项的选择充分参考了先前学者的研究成果，经作者仔细推敲，并根据中国人的表达习惯对测项进行润色。随后，测项由 1 位管理学教授和 3 位管理学博士作筛选和修缮。最后，问卷发放前经过 10 名企业员工和 20 名研究生试填，多次修正语句，保证问卷具有较好的内容效度，未发现不合格的测项。

对剩余的 18 个测项，本章应用最常用的信度指标——Cronbach's α 评价量表的一致程度，根据普遍采用的标准，α 值应至少达到 0.7。本次虚拟工作嵌入的三个维度的 α 分布为 0.836、0.876、0.845，整个量表的 α 值为 0.817，均符合大于 0.7 的要求。此外，本章还计算了各个潜变量的组合信度，上述各个因子的 CR 值分别为 0.858、0.878、0.858，均达到了非常好或极佳的水平。由此，说明量表具有良好的内部一致性信度。

本章采用主成分分析法并进行正交旋转，在公因子判断上遵照特征值大于 1 的 Kaiser 准则和方差解释比例的 Scree 检验来确定公因子的数量。关于测项的归属原则，根据通用的标准，认为项目的因子载荷应该不小于 0.4。在共同度方面，本章也以不低于 0.4 为标准，在总的测量项目的方差解释率方面，本章依据不小于 60% 的标准。根据这些原则，对测项进行检验。其中，项目 PBE3、PSA2 的共同度未达到 0.4 的标准，项目 PMA3、PSA5 出现了多重负荷的情况。因此，将这 4 个项目删除。

对余下的 14 个题项进行探索性因子分析，KMO 值为 0.843，Bartlett's 球状检验的显著性水平为 0.000，表示本调查数据适合用作因子分析。随后，本章用 SPSS22.0 软件包对数据进行主成分分析和正交旋转，根据特征值大于 1 的标准，共提取了 3 个成分因子，累计方差解释率达到了 75.810%，因子负荷均大于 0.760（详见表 4-11），并且未见有多重负荷的现象,这些结果表明因子分析的结果是理想的。

表4-11 虚拟工作嵌入旋转后的因子成分分布

项目	成分		
	因子1	因子2	因子3
PBE2	0.283	0.802	0.244
PBE4	0.262	0.785	0.225
PBE8	0.234	0.810	0.288
PBE9	0.295	0.771	0.223
PBE10	0.260	0.779	0.226
PMA1	0.312	0.261	0.780
PMA4	0.192	0.321	0.776
PMA6	0.256	0.174	0.815
PMA8	0.277	0.283	0.760
PSA1	0.804	0.253	0.307
PSA3	0.776	0.221	0.226
PSA6	0.805	0.276	0.215
PSA7	0.782	0.294	0.260
PSA8	0.801	0.313	0.230

提取方法:主成分。
旋转法:具有 Kaiser 标准化的正交旋转法。
旋转在4次迭代后收敛。

如表4-11所示,因子1由PSA1、PSA3、PSA6、PSA7、PSA8识别,代表满足感;因子2由项目PBE2、PBE4、PBE8、PBE9、PBE10识别,根据前面的量表筛选和半结构化访谈,可知因子2正好是归属感;因子3由PMA1、PM4、PM6、PM8识别,代表匹配度。

依据平均方差抽取量(AVE)值的判断标准,如果AVE值的平方根大于两个维度间的相关系数,表示这两个概念之间具有较好的区别效度。如果该值大于0.50,表示指标变量可以有效地反映其潜在变量,该潜在变量便具有良好的信度和效度。

在表 4-12 中，对角线上的数字为虚拟工作嵌入每一个维度的 AVE 平方根值，其他数字为各维度之间的相关系数。可以看出，各潜在变量中最小的 $AVE = 0.792^2 = 0.627$，大于判别标准 0.50，此外，每一维度的 AVE 值的平方根都明显大于任何两个维度之间的相关系数，表明各维度具有较好的区分效度。

表 4-12　　　　　　　　虚拟工作嵌入各维度区分效度分析

	PBE	PMA	PSA
PBE	(0.792)		
PMA	0.616**	(0.793)	
PSA	0.639**	0.621**	(0.794)

注：( ) 内数字为 AVE 平方根，* 表示 $P<0.05$，** 表示 $P<0.01$，*** 表示 $P<0.001$，本章表格同理。

二　网络文化嵌入初始量表

（一）预测试样本

根据表 4-3 和表 4-4 建立网络文化嵌入 4 维度 34 个测量条目的量表，并采用李克特 7 点量表填答，其中 1 代表"非常不同意"，7 代表"非常同意"，类似虚拟工作嵌入的问卷发放方式，共收回问卷 381 份，在剔除有明显填答规律和漏填的问卷后，共得到有效问卷 249 份，有效率为 65.4%。调查样本中，男性占 74.3%；年龄在 21—30 岁的占 64.3%，31—40 岁的占 23.3%；未婚者为 158 人，占 63.5%；学历大专及以下的占 21.8%，本科或硕士占 51.4%，博士占 26.8%；参与众包社区不足 1 年的占 59.0%，1—3 年的占 23.7%，3 年以上的占 17.3%。

（二）项目提纯

分析每个题项的临界比率值——CR 值，显示 PTO6、PTO9、PIN1、PIN3、PIN11、PFR4 共 6 个题项的临界比率值 CR 未达到显著差异水平，即被试者在这些题项上的打分区分度不大，将他们删除后，剩余的 28 个测项均达到显著差异水平（$5.234<T<17.321$），代表该 28 个测项构成的量表具有区分高低的鉴别能力，内在一致性较高。各项

目与总分的相关也达到了 0.05 的显著水平，相关系数均高于 0.3（$0.367 < r < 0.657$），说明各题鉴别力都比较好，内在一致性高。

测量每个测项与其他测项的相关系数，结果发现 PIN6、PIN7、PFR2 三个测项与本维度其他测项的相关系数小于 0.3，予以删除。类似虚拟工作嵌入的方法，量表建构过程保证了问卷具有较好的内容效度，未发现不合格的测项。

对剩余的 25 个测项，本章应用最常用的信度指标——Cronbach's α 评价量表的一致程度，根据普遍采用的标准，α 值应至少达到 0.7。本次网络文化嵌入的 4 个维度的 α 分布为 0.836、0.876、0.861、0.845，整个量表的 α 值为 0.827，均符合大于 0.7 的要求。此外，本章还计算了各个潜变量的组合信度，上述各个因子的 CR 值分别为 0.858、0.878、0.858、0.884，均达到了非常好或极佳的水平。由此，说明量表具有良好的内部一致性信度。

类似前面的方法分析各测项在相关因子上的载荷，根据共同度不低于 0.4，总测量项目解释方差不低于 60% 的原则，项目 PTO1、PF5 的共同度未达到 0.4 的标准，项目 PTO2、PIN10、PFA4、PFA1 出现了多重负荷的情况。因此，将这 6 个项目删除。

对余下的 19 个题项进行探索性因子分析，KMO 值为 0.845，Bartlett's 球状检验的显著性水平为 0.000，表示本调查数据适合用作因子分析。随后，本章用 SPSS22.0 软件包对数据进行主成分分析和正交旋转，根据特征值大于 1 的标准，共提取了 4 个成分因子，累计方差解释率达到了 70.313%，因子负荷均大于 0.733（详见表 4-13），并且未见有多重负荷的现象，这些结果表明因子分析的结果是理想的。

表 4-13　　　　网络文化嵌入旋转后的因子成分分布

项目	成分			
	因子 1	因子 2	因子 3	因子 4
PTO3	0.202	0.201	0.749	0.155
PTO4	0.046	0.169	0.787	0.114

续表

项目	成分			
	因子1	因子2	因子3	因子4
PTO5	0.139	0.224	0.778	0.142
PTO7	0.135	0.114	0.743	0.249
PTO8	0.150	0.190	0.733	0.111
PFA1	0.106	0.752	0.203	0.279
PFA2	0.181	0.804	0.188	0.165
PFA3	0.131	0.810	0.161	0.108
PFA5	0.181	0.789	0.153	0.193
PFA6	0.186	0.767	0.253	0.099
PFR3	0.129	0.242	0.169	0.798
PFR6	0.236	0.204	0.174	0.799
PFR7	0.189	0.194	0.180	0.803
PFR8	0.149	0.103	0.189	0.806
PIN2	0.778	0.209	0.184	0.160
PIN4	0.797	0.089	0.120	0.157
PIN5	0.801	0.157	0.121	0.110
PIN8	0.800	0.123	0.079	0.102
PIN9	0.827	0.179	0.170	0.216

提取方法：主成分。
旋转法：具有 Kaiser 标准化的正交旋转法。
旋转在 5 次迭代后收敛。

如表 4-13 所示，因子 1 由 PIN2、PIN4、PIN5、PIN8、PIN9 识别，根据前面的量表筛选和半结构化访谈，可知因子 1 正好是互动性；因子 2 由 PFA1、PFA2、PFA3、PFA5、PFA6 识别，代表公平性；因子 3 由项目 PTO3、PTO4、PTO5、PTO7、PTO8 识别，代表包容性；因子 4 由 PFR3、PFR6、PFR7、PFR8 识别，代表自主性。

在表 4-14 中，对角线上的数字为网络文化嵌入每一个维度的 AVE 的平方根值，其他数字为各维度之间的相关系数。可以看出，各潜变量中最小的 AVE = 0.758^2 = 0.575，大于判别标准 0.50，此外，每一维度的 AVE 值的平方根都明显大于任何两个维度之间的相关系数，表明各维度具有较好的区分效度。

表 4 – 14　　　　　　　　网络文化嵌入各维度区分效度

	PTO	PFA	PFR	PIN
PTO	(0.758)			
PFA	0.492**	(0.784)		
PFR	0.455**	0.473**	(0.801)	
PIN	0.384**	0.419**	0.432**	(0.800)

三　社群治理嵌入初始量表

（一）预测试样本

根据表 4 – 5 和表 4 – 6 建立社群治理嵌入 3 维度 28 个测量条目的量表，并采用李克特 7 点量表填答，其中 1 代表"非常不同意"，7 代表"非常同意"，类似虚拟工作嵌入的问卷发放方式，共收回问卷 377 份，在剔除有明显填答规律和漏填的问卷后，共得到有效问卷 271 份，有效率为 70.8%。调查样本中，男性占 79.7%；年龄在 21—30 岁的占 67.9%，31—40 岁的占 22.9%；未婚者为 193 人，占 71.2%；学历大专及以下的占 19.5%，本科或硕士占 52.8%，博士占 27.7%；参与众包社区不足 1 年的占 62.6%，1—3 年的占 21.4%，3 年以上的占 16.0%。

（二）项目提纯

分析每个题项的临界比率值—CR 值，显示 PCA3、PCA6、PMO2、PMO9、PSY6 共 5 个题项的临界比率值 CR 未达到显著差异水平，将他们删除后，剩余的 23 个测项均达到显著差异水平（4.281 < T < 18.553）。各项目与总分的相关也达到了 0.05 的显著水平，相关系数均高于 0.3（0.371 < r < 0.587），说明各题鉴别力都比较好，内在一致性高。

测量每个测项与其他测项的相关系数，结果发现 PCA9、PCA10、

PMO6、PSY3、PSY9 共 5 个测项与本维度其他测项的相关系数小于 0.3，予以删除。类似虚拟工作嵌入的方法，量表建构过程保证了问卷具有较好的内容效度，未发现不合格的测项。

对剩余的 18 个测项，本章应用最常用的信度指标——Cronbach's α 评价量表的一致程度，根据普遍采用的标准，α 值应至少达到 0.7。本次社群治理嵌入的三个维度的 α 分布为 0.845、0.856、0.875，整个量表的 α 值为 0.839，均符合大于 0.7 的要求。此外，本章还计算了各个潜变量的组合信度，上述各个因子的 CR 值分别为 0.865、0.864、0.889，均达到了非常好或极佳的水平。由此，说明量表具有良好的内部一致性信度。

类似前面的方法分析各测项在相关因子上的载荷，发现项目 PCA7、PMO3 的共同度未达到 0.4 的标准，项目 PSY2、PSY7 出现了多重负荷的情况。因此，将这 4 个项目删除。

对余下的 14 个题项进行探索性因子分析，KMO 值为 0.845，Bartlett's 球状检验的显著性水平为 0.000，表示本调查数据适合用作因子分析。随后，本章用 SPSS22.0 软件包对数据进行主成分分析和正交旋转，根据特征值大于 1 的标准，共提取了 3 个成分因子，累计方差解释率达到了 74.224%，因子负荷均大于 0.688（详见表 4 - 15），并且未见有多重负荷的现象，这些结果表明因子分析的结果是理想的。

表 4 - 15　　　　社群治理嵌入旋转后的因子成分分布

项目	成分		
	因子 1	因子 2	因子 3
PSY1	0.125	0.263	0.747
PSY4	0.026	0.129	0.773
PSY5	0.247	0.102	0.719
PSY8	0.249	0.161	0.696
PMO1	0.235	0.771	0.065
PMO4	0.302	0.709	0.246

续表

项目	成分		
	因子1	因子2	因子3
PMO5	0.230	0.760	0.104
PMO7	0.086	0.688	0.170
PMO8	0.058	0.764	0.201
PCA1	0.767	0.121	0.173
PCA2	0.723	0.188	0.105
PCA4	0.737	0.130	0.185
PCA5	0.743	0.146	0.142
PCA8	0.755	0.236	0.096

提取方法：主成分。
旋转法：具有 Kaiser 标准化的正交旋转法。
旋转在 5 次迭代后收敛。

如表 4-15 所示，因子 1 由 PCA1、PCA2、PCA4、PCA5、PCA8 识别，根据前面的量表筛选和半结构化访谈，可知因子 1 正好是规范性嵌入；因子 2 由 PMO1、PMO4、PMO5、PMO7、PMO8 识别，代表激励性嵌入；因子 3 由项目 PSY1、PSY4、PSY5、PSY8 识别，代表协同性嵌入。

在表 4-16 中，对角线上的数字为社群治理嵌入每一个维度的 AVE 平方根值，其他数字为各维度之间的相关系数。可以看出，各潜变量中最小的 $AVE = 0.734^2 = 0.539$，大于判别标准 0.50，此外，每一维度的 AVE 值的平方根都明显大于任何两个维度之间的相关系数，表明各维度具有较好的区分效度。

表 4-16　　　　社群治理嵌入各维度区分效度分析

	PSY	PMO	PCA
PSY	(0.734)		
PMO	0.441**	(0.739)	
PCA	0.416**	0.462**	(0.745)

四 社群关系嵌入初始量表

(一) 预测试样本

根据表4-7和表4-8建立社群关系嵌入3维度22个测量条目的量表,并采用李克特7点量表填答,类似虚拟工作嵌入的问卷发放方式,共收回问卷352份,在剔除有明显填答规律和漏填的问卷后,共得到有效问卷267份,有效率为75.9%。调查样本中,男性占71.9%;年龄在21—30岁的占69.3%,31—40岁的占22.8%;未婚者为185人,占69.3%;学历大专及以下的占20.6%,本科或硕士占51.3%,博士占28.1%;参与众包社区不足1年的占64.0%,1—3年的占24.3%,3年以上的占11.7%。

(二) 项目提纯

分析每个题项的临界比率值—CR值,显示PTD4、PTD5、PRD6、PID4共4个题项的临界比率值CR未达到显著差异水平,将他们删除后,剩余的18个测项均达到显著差异水平($5.924 < T < 19.751$)。各项目与总分的相关也达到了0.05的显著水平,相关系数均高于0.3 ($0.325 < r < 0.563$),说明各题鉴别力都比较好,内在一致性高。

测量每个测项与其他测项的相关系数,结果发现PTD7、PRD1、PID3共3个测项与本维度其他测项的相关系数小于0.3,予以删除。类似虚拟工作嵌入的方法,量表建构过程保证了问卷具有较好的内容效度,未发现不合格的测项。

对剩余的15个测项,本章应用最常用的信度指标—Cronbach's α评价量表的一致程度,根据普遍采用的标准,α值应至少达到0.7。本次社群治理嵌入的三个维度的α分布为0.847、0.831、0.854,整个量表的α值为0.827,均符合大于0.7的要求。此外,本章还计算了各个潜变量的组合信度,上述各个因子的CR值分别为0.853、0.851、0.869,均达到了非常好或极佳的水平。由此,说明量表具有良好的内部一致性信度。

类似前面的方法分析各测项在相关因子上的载荷,发现项目PID5、PID6出现了多重负荷的情况。因此将这2个项目删除。

对余下的 13 个题项进行探索性因子分析，KMO 值为 0.845，Bartlett's 球状检验的显著性水平为 0.000，表示本调查数据适合用作因子分析。随后，本章用 SPSS22.0 软件包对数据进行主成分分析和正交旋转，根据特征值大于 1 的标准，共提取了 3 个成分因子，累计方差解释率达到了 70.334%，因子负荷均大于 0.769（详见表 4-17），并且未见有多重负荷的现象，这些结果表明因子分析的结果是理想的。

如表 4-17 所示，因子 1 由 PRD2、PRD3、PRD4、PRD5、PRD7 识别，代表互惠程度；因子 2 由 PID1、PID2、PID7、PID8 识别，代表认同程度；因子 3 由项目 PTD1、PTD2、PTD3、PTD6 识别，代表信任程度。

表 4-17　　社群关系嵌入旋转后的因子成分分布

项目	成分		
	因子 1	因子 2	因子 3
PTD1	0.143	0.240	0.769
PTD2	0.152	0.049	0.826
PTD3	0.055	0.129	0.783
PTD6	0.193	0.187	0.785
PID1	0.168	0.826	0.128
PID2	0.250	0.830	0.122
PID7	0.256	0.807	0.180
PID8	0.103	0.813	0.198
PRD2	0.800	0.162	0.231
PRD3	0.797	0.142	0.088
PRD4	0.814	0.107	0.109
PRD5	0.784	0.193	0.134
PRD7	0.782	0.258	0.094

提取方法：主成分。
旋转法：具有 Kaiser 标准化的正交旋转法。
旋转在 5 次迭代后收敛。

在表 4-18 中，对角线上的数字为社群关系嵌入每一个维度的 AVE 的平方根值，其他数字为各维度之间的相关系数。可以看出，各潜变量中最小的 $AVE = 0.791^2 = 0.626$，大于判别标准 0.50，此外，每一维度的 AVE 值的平方根都明显大于任何两个维度之间的相关系数，表明各维度具有较好的区分效度。

表 4-18　　　　　社群关系嵌入各维度区分效度分析

	PTD	PID	PRD
PTD	(0.791)		
PID	0.391**	(0.819)	
PRD	0.355**	0.448**	(0.795)

五　社群结构嵌入初始量表

（一）预测试样本

根据表 4-7 和表 4-8 建立社群关系嵌入 4 维度 29 个测量条目的量表，并采用李克特 7 点量表填答，类似虚拟工作嵌入的问卷发放方式，共收回问卷 341 份，在剔除有明显填答规律和漏填的问卷后，共得到有效问卷 239 份，有效率为 70.1%。调查样本中，男性占 72.8%；年龄在 21—30 岁的占 64.4%，31—40 岁的占 21.3%；未婚者为 191 人，占 79.9%；学历大专及以下的占 22.2%，本科或硕士占 54.8%，博士占 23.0%；参与众包社区不足 1 年的占 64.4%，1—3 年的占 24.7%，3 年以上的占 10.9%。

（二）项目提纯

分析每个题项的临界比率值—CR 值，显示 PDE2、PHE3、PHE4、PAG3、PAG6 共 5 个题项的临界比率值 CR 未达到显著差异水平，将他们删除后，剩余的 24 个测项均达到显著差异水平（4.234 < T < 13.544）。各项目与总分的相关也达到了 0.05 的显著水平，相关系数均高于 0.3（0.349 < r < 0.611），说明各题鉴别力都比较好，内在一致性高。

测量每个测项与其他测项的相关系数，结果发现 PDE4、PDE6、

POP2、PAG1、PAG7共5个测项与本维度其他测项的相关系数小于0.3，予以删除。类似虚拟工作嵌入的方法，量表建构过程保证了问卷具有较好的内容效度，未发现不合格的测项。

对剩余的19个测项，本章应用最常用的信度指标——Cronbach's α评价量表的一致程度，根据普遍采用的标准，α值应至少达到0.7。本次社群治理嵌入的三个维度的α分布为0.827、0.844、0.839、0.854，整个量表的α值为0.818，均符合大于0.7的要求。此外，本章还计算了各个潜变量的组合信度，上述各个因子的CR值分别为0.835、0.851、0.847、0.863，均达到了非常好或极佳的水平。由此，说明量表具有良好的内部一致性信度。

类似前面的方法分析各测项在相关因子上的载荷，未发现共同度未达到0.4的标准和多重负荷的情况。对19个题项进行探索性因子分析，KMO值为0.845，Bartlett's球状检验的显著性水平为0.000，表示本调查数据适合用作因子分析。随后，本章用SPSS22.0软件包对数据进行主成分分析和正交旋转，根据特征值大于1的标准，共提取了4个成分因子，累计方差解释率达到了70.914%，因子负荷均大于0.678（详见表4-19），并且未见有多重负荷的现象，这些结果表明因子分析的结果是理想的。

如表4-19所示，因子1由PHE1、PHE2、PHE5、PHE6、PHE7识别，代表网络异质性；因子2由POP1、POP3、POP4、POP5、POP6识别，代表网络开放度；因子3由PAG2、PAG4、PAG5、PAG8、PAG9识别，代表网络凝聚性；因子4由项目PDE1、PDE3、PDE5、PTD7识别，代表网络密度。

在表4-20中，对角线上的数字为社群结构嵌入每一个维度的AVE平方根值，其他数字为各维度之间的相关系数。可以看出，各潜变量中最小的$AVE = 0.724^2 = 0.524$，大于判别标准0.50，此外，每一维度的AVE值的平方根都明显大于任何两个维度之间的相关系数，表明各维度具有较好的区分效度。

表 4-19　　社群结构嵌入旋转后的因子成分分布

项目	成分			
	因子1	因子2	因子3	因子4
PDE1	0.215	0.188	0.283	0.769
PDE3	0.227	0.195	0.199	0.769
PDE5	0.183	0.190	0.297	0.716
PDE7	0.210	0.178	0.286	0.722
PAG2	0.117	0.161	0.756	0.225
PAG4	0.181	0.203	0.687	0.266
PAG5	0.171	0.176	0.760	0.179
PAG8	0.202	0.188	0.717	0.197
PAG9	0.108	0.169	0.696	0.186
POP1	0.147	0.714	0.109	0.288
POP3	0.169	0.793	0.172	0.154
POP4	0.152	0.718	0.290	0.027
POP5	0.228	0.780	0.175	0.141
POP6	0.180	0.750	0.173	0.201
PHE1	0.772	0.173	0.160	0.055
PHE2	0.817	0.121	0.242	0.161
PHE5	0.773	0.224	0.066	0.193
PHE6	0.678	0.198	0.191	0.350
PHE7	0.772	0.183	0.151	0.213

提取方法：主成分。
旋转法：具有 Kaiser 标准化的正交旋转法。
旋转在 6 次迭代后收敛。

表 4-20　　社群结构嵌入各维度区分效度

	PHE	POP	PAG	PDE
PHE	(0.764)			
POP	0.619**	(0.752)		
PAG	0.508**	0.513**	(0.724)	
PDE	0.548**	0.476**	0.495**	(0.744)

第三节 量表检验

一 虚拟工作嵌入量表检验

（一）量表与样本

虚拟工作嵌入的测量采用修正后的量表，共14个题项，如表4-21所示，量表采用李克特7点计分，借助调研公司在猪八戒网、一品威客网、小米社区、海尔HOPE平台给众包社区中的创客发放问卷，共回收1500份，有效问卷1267份，有效率为84.47%，被试中男性占76.7%；年龄主要集中在21—35岁，占90.4%；未婚者占59.9%；文化程度大多在大专以上，占93.4%；社区经历不足1年的占44.6%，3年以上占15.9%。

表4-21 虚拟工作嵌入测度修正量表

维度	测项
匹配度 VJMA	CMA1 在该社区参与众包项目能够施展我的技能和才华
	CMA2 …能够契合我的时间安排和工作方式
	CMA3 该社区的很多众包项目与我的兴趣很匹配
	CMA4 我感觉在该社区我更能实现我的价值
归属感 VJBE	CBE1 …该社区成员的价值观比较一致
	CBE2 …该社区的成员之间的关系很和谐
	CBE3 在该社区大家可以分享彼此的欢乐与烦恼
	CBE4 我与社区中很多成员有共同的话题
	CBE5 我有时候感觉这个社区就是一个家
满足感 VJSA	CSA1 在该社区我能获得与我的工作相称的报酬
	CSA2 我觉得在该社区参与众包项目对我以后会有帮助
	CSA3 在该社区我可以获得很多乐趣
	CSA4 参与该社区之后我发现我增长了不少知识
	CSA5 在该社区我收获了友谊

（二）因子结构

为了检验虚拟工作嵌入的因子结构，表 4-22 对比了三因子模型与其他备择模型的拟合优度。从表 4-22 可以看出相对于其他模型，三因子拟合优度最好，再次说明各变量间的区分效度良好，因此接受虚拟工作嵌入的三维度结构。

表 4-22　　　　　　　验证性因子分析

模型	χ^2/Df	RMSEA	SRMR	TLI	CFI
单因子模型	25.831	0.140	0.077	0.763	0.799
二因子模型[a]	13.226	0.098	0.055	0.883	0.902
二因子模型[b]	13.525	0.099	0.056	0.880	0.900
二因子模型[c]	16.512	0.111	0.061	0.852	0.876
三因子模型	1.219	0.013	0.014	0.998	0.998

注：单因子模型：VJMA + VJBE + VJSA；二因子模型[a]：VJMA + VJBE、VJSA；二因子模型[b]：VJMA + VJSA、VJBE；二因子模型[c]：VJMA、VJBE + VJSA；三因子模型：VJMA、VJBE、VJSA.

各潜变量的一致性信度、相关系数和 AVE 值见表 4-23。可见，虚拟工作嵌入内部三个维度的相关系数在 0.584—0.592 间，均属中高相关；各维度间的相关系数小于对应维度 AVE 的平方根，表明各维度之间具有良好的区分效度；另外，从 CFA 结果来看各维度都相互独立存在，并不因为以上相关关系的存在而需要合并。α 系数在 0.852—0.882 之间，组合信度在 0.848—0.872 之间，都在 0.70 以上，表明问卷具有较好的预测稳定性和结构可靠性。

表 4-23　　　　虚拟工作嵌入相关分析与信效度分析

	VJBE	VJMA	VJSA
VJBE	(0.757)		
VJMA	0.584	(0.763)	
VJSA	0.592	0.584	(0.759)

续表

	VJBE	VJMA	VJSA
均值	3.99	3.97	4.01
标准差	0.86	0.87	0.86
组合信度 CR	0.870	0.848	0.872
一致性 α	0.880	0.852	0.882

二 网络文化嵌入量表检验

(一) 量表与样本

网络文化嵌入的测量采用修正后的量表,共19个题项,如表4-24所示,量表采用李克特7点计分,借助调研公司在猪八戒网、海尔HOPE平台给众包社区中的创客发放问卷,共回收1500份,有效问卷1267份,样本特征如虚拟工作嵌入的样本特征。

表4-24　　网络文化嵌入测度修正量表

维度	测项
包容性 ICTO	CTO1 社区积极鼓励大家提出不同的想法和方案
	CTO2 社区对各创客提供的想法或方案进行评价时,主要基于该想法和方案本身,而非提出者是谁
	CTO3 成员们提供的有价值的想法都会被借鉴或讨论
	CTO4 社区提供的交流方式非常多元化
	CTO5 即便是不完善的想法和方案也不影响大家的参与
互动性 ICIN	CIN1…成员能够很方便地分享彼此的经验和感受
	CIN2 大家经常在社区就某一主题进行共同探讨
	CIN3 大家经常通过合作找到解决问题的途径
	CIN4 我在该社区中的发帖可以得到他人回复
	CIN5 社区组织的一些社会活动,大家能积极参加
公平性 ICFA	CFA1 对于我提交的大多方案而言,我的报酬是合理的
	CFA2 众包平台或发包方对我提交方案的评价是合理的
	CFA3 平台会关心我对方案评审的意见或建议
	CFA4 该网站在筛选方案时,相对来说是公开透明的
	CFA5 该社区较好地体现了公平竞争的精神

续表

维度	测项
自主性 ICFR	CFR1 在完成众包项目时我们自由决定具体进度
	CFR2 在社区中大家不用担心被打击或报复
	CFR3 对于参与的众包项目，我可以按照自己的想法试着完成
	CFR4 在该社区，要不要与他人合作，我可以自由决定

（二）因子结构

为了检验网络文化嵌入的因子结构，表4-25对比了四因子模型与其他备择模型的拟合优度。从表4-25可以看出相对于其他模型，四因子拟合优度最好，再次说明各变量间的区分效度良好，因此接受网络文化嵌入的四维度结构。

各潜变量的一致性信度、相关系数和AVE值见表4-26。可见，网络文化嵌入内部4个维度的相关系数在0.520—0.555，均属中高相关；各维度间的相关系数小于对应维度AVE的平方根，表明各维度之间具有良好的区分效度；另外，从CFA结果来看各维度都相互独立存在，并不因为以上相关关系的存在而需要合并。α系数在0.854—0.886，组合信度在0.853—0.878，都在0.70以上，表明问卷具有较好的预测稳定性和结构可靠性。

表4-25　　　　　　网络文化嵌入验证性因子分析

模型	χ^2/Df	RMSEA	SRMR	TLI	CFI
单因子模型	26.007	0.141	0.088	0.684	0.719
二因子模型[a]	17.967	0.116	0.073	0.758	0.811
二因子模型[b]	19.808	0.122	0.075	0.762	0.790
三因子模型[a]	9.128	0.080	0.051	0.897	0.910
三因子模型[b]	9.483	0.082	0.056	0.893	0.907
四因子模型	0.911	0.001	0.014	0.967	0.969

注：单因子模型：ICTO + ICIN + ICFA + ICFR；二因子模型[a]：ICTO + ICIN + ICFR、ICFA；二因子模型[b]：ICTO + ICFR、ICIN + ICFA；三因子模型[a]：ICTO + ICFR、ICIN、ICFA；三因子模型[b]：ICTO + ICFA、ICFR、ICIN；四因子模型：ICTO、ICIN、ICFA、ICFR.

表 4-26　　　　　网络文化嵌入相关分析与信效度分析

	ICTO	ICIN	ICFA	ICFR
ICTO	(0.733)			
ICIN	0.525**	(0.768)		
ICFA	0.535**	0.555**	(0.757)	
ICFR	0.520**	0.539**	0.533**	(0.778)
均值	3.96	4.04	3.97	4.00
标准差	0.83	0.89	0.87	0.90
组合信度 CR	0.853	0.878	0.870	0.860
一致性 α	0.854	0.886	0.886	0.877

三　社群治理嵌入量表检验

（一）量表与样本

社群治理嵌入的测量采用修正后的量表，共 14 个题项，如表 4-27 所示，量表采用李克特 7 点计分，借助调研公司在猪八戒网、海尔 HOPE 平台给众包社区中的创客发放问卷，共回收 1500 份，有效问卷 1267 份，样本特征如虚拟工作嵌入的样本特征。

表 4-27　　　　　社群治理嵌入测度修正量表

维度	测项
规范性嵌入 CGCA	CCA1 社区中的一些规范如声誉机制对社区运营起到了良好的作用
	CCA2 社区中很多规范已经成为大家墨守的惯例
	CCA3 社区中的一些不合理的行为会受到大家的集体抵制
	CCA4 社区中绝大多数成员是遵守社区的规章制度的
	CCA5 一些扰乱社区正常秩序的人很多会被清理出去
激励性嵌入 CGMO	CMO1 对社区良好运行的建议会被鼓励甚至得到奖励
	CMO2 积极参与众包创新会得到社区给予的相关荣誉
	CMO3 优秀的社区成员会得到一些额外的福利
	CMO4 积极参与社区活动会获得更多的社区权限
	CMO5 该社区为成员提供了合理的晋升机制

续表

维度	测项
协同性嵌入 CGSY	CSY1 该众包社区有很多的"微创意"交易
	CSY2 在该众包社区内容易发现很多商机
	CSY3 该社区的大众过滤机制非常有利于发掘优秀的方案或建议
	CSY4 社区中的意见领袖对大家的参与行为有积极的引导作用

（二）因子结构

为了检验社群治理的因子结构，表4-28对比了三因子模型与其他备择模型的拟合优度。从表4-28可以看出相对于其他模型，三因子拟合优度最好，再次说明各变量间的区分效度良好，因此接受社群治理嵌入的三维度结构。

表4-28　　　　　社群治理验证性因子分析

模型	χ^2/Df	RMSEA	SRMR	TLI	CFI
单因子模型	25.377	0.139	0.076	0.772	0.807
二因子模型[a]	15.579	0.107	0.059	0.864	0.886
二因子模型[b]	11.974	0.093	0.050	0.897	0.914
二因子模型[c]	15.224	0.106	0.061	0.867	0.889
三因子模型	1.311	0.016	0.016	0.997	0.998

注：单因子模型：CGCA + CGMO + CGSY；二因子模型[a]：CGCA + CGMO、CGSY；二因子模型[b]：CGCA、CGMO + CGSY；二因子模型[c]：CGCA + CGSY、CGMO；三因子模型：CGCA、CGMO、CGSY。

各潜变量的一致性信度、相关系数和AVE值的平方根见表4-29。可见，社群治理嵌入内部3个维度的相关系数在0.573—0.610之间，均属中高相关；各维度间的相关系数小于对应维度AVE的平方根，表明各维度之间具有良好的区分效度；另外，从CFA结果来看各维度都相互独立存在，并不因为以上相关关系的存在而需要合并。α系数在0.858—0.889，组合信度在0.851—0.877，都在0.70以上，表明问卷具有较好的预测稳定性和结构可靠性。

表 4-29　　　　　社群治理相关分析与信效度分析

	CGCA	CGMO	CGSY
CGCA	(0.767)		
CGMO	0.610**	(0.744)	
CGSY	0.573**	0.609**	(0.767)
均值	3.81	3.83	4.06
标准差	0.95	0.94	0.96
组合信度 CR	0.877	0.861	0.851
一致性 α	0.889	0.875	0.858

四　社群关系嵌入量表检验

（一）量表与样本

社群关系嵌入的测量采用修正后的量表，共 13 个题项，如表 4-30 所示，量表采用李克特 7 点计分，借助调研公司在猪八戒网、海尔 HOPE 平台等众包社区中的创客发放问卷，共回收 1500 份，有效问卷 1152 份，有效率为 76.80%，被试中男性占 71.3%；年龄主要集中在 21—35 岁，占 89.7%；未婚者占 63.4%；文化程度大多在大专以上，占 96.3%；社区经历不足 1 年的占 46.1%，3 年以上占 16.3%。

表 4-30　　　　　社群关系嵌入测度修正量表

维度	测项
信任程度 CRTD	CTD1 该社区的成员是信守承诺的
	CTD2 该社区的成员是可以信赖的
	CTD3 该社区的成员不会故意做损害其他人的事情的
	CTD4 社区成员的素质比较高，会遵守社区规范的
互惠程度 CRRD	CRD1 如果有人需要我的帮助，我会主动提供帮助的
	CRD2 在该社区中，大家经常互相帮助
	CRD3 我经常会提供一些心得或信息，希望能帮助到大家
	CRD4 该社区内众包项目的交易是互利共赢的
	CRD5 该社区具有较强的互助氛围

续表

维度	测项
认同程度 CRID	CID1 我对该社区有一种积极的好感
	CID2 作为该社区中的一员，我感到很自豪
	CID3 我很在意别人对这个众包社区的评价
	CID4 我认为该社区会越办越好

（二）因子结构

为了检验社群关系嵌入的因子结构，表4-31对比了三因子模型与其他备择模型的拟合优度。从表4-31可以看出相对于其他模型，三因子拟合优度最好，再次说明各变量间的区分效度良好，因此接受社群治理嵌入的三维度结构。

表4-31　　　　　社群关系嵌入验证性因子分析

模型	χ^2/Df	RMSEA	SRMR	TLI	CFI
单因子模型	95.018	0.182	0.104	0.737	0.755
二因子模型[a]	45.354	0.165	0.096	0.782	0.801
二因子模型[b]	41.025	0.134	0.091	0.791	0.821
二因子模型[c]	38.264	0.112	0.084	0.801	0.831
三因子模型	2.109	0.036	0.022	0.931	0.952

注：单因子模型：CRTD + CRRD + CRID；二因子模型[a]：CRTD + CRRD、CRID；二因子模型[b]：CRTD、CRRD + CRID；二因子模型[c]：CRTD + CRID、CRRD；三因子模型：CRTD、CRRD、CRID。

各潜变量的一致性信度、相关系数和AVE值见表4-32。可见，社群治理嵌入内部3个维度的相关系数在0.522—0.541之间，均属中高相关；各维度间的相关系数小于对应维度AVE的平方根，表明各维度之间具有良好的区分效度；另外，从CFA结果来看各维度都相互独立存在，并不因为以上相关关系的存在而需要合并。α系数在0.834—0.859，组合信度在0.845—0.865，都在0.70以上，表明问卷具有较好的预测稳定性和结构可靠性。

表4-32　　　　　　社群关系嵌入相关分析与信效度分析

	CRTD	CRRD	CRID
CRTD	(0.759)		
CRRD	0.541**	(0.749)	
CRID	0.539**	0.522**	(0.773)
均值	3.98	4.01	3.94
标准差	0.96	0.96	0.93
组合信度CR	0.845	0.865	0.856
一致性α	0.834	0.859	0.845

五　社群结构嵌入量表检验

（一）量表与样本

社群结构嵌入的测量采用修正后的量表，共19个题项，如表4-33所示，量表采用李克特7点计分，借助调研公司在猪八戒网、海尔HOPE平台等众包社区中的创客发放问卷，共回收1500份，有效问卷1152份，有效率为76.80%，样本统计特征如社群关系嵌入。

表4-33　　　　　　社群结构嵌入测度修正量表

维度	测项
网络密度CSDE	CDE1 我和社区中其他成员之间联系紧密
	CDE2 我对社区其他成员的熟悉程度比较高
	CDE3 社区中很多成员之间都比较熟悉或了解
	CDE4 社区中成员之间保持频繁的联系
网络开放度CSPO	COP1 该社区经常会有新成员加入
	COP2 该社区中，除了创客之外，还有其他主体
	COP3 该社区有一种健康的百家争鸣的氛围
	COP4 在该社区中总能学到新知识
	COP5 在该社区中大家谈论的内容范围非常广
网络异质性CSHE	CHE1 社区中各个成员的专业背景差异很大
	CHE2 社区中各个成员的学历层次差异很大

续表

维度	测项
网络异质性 CSHE	CHE3 社区中成员之间的工作经历有很大差异
	CHE4 社区中成员之间专业技能有很大差异
	CHE5 社区中成员的所能调用的资源有很大差异
网络凝聚性 CSAG	CAG1 在社区中我所在的圈子成员之间关系密切
	CAG2…我们圈子成员之间讨论内容广泛，沟通频繁
	CAG3 在社区中存在明显的圈子现象
	CAG4 社区中成员的想法或认知或受到权威人士观点的影响
	CAG5 社区中的权威人士是社区的中心人物

（二）因子结构

为了检验社群结构嵌入的因子结构，表4-34对比了四因子模型与其他备择模型的拟合优度。从表4-34可以看出相对于其他模型，四因子拟合优度最好，再次说明各变量间的区分效度良好，因此接受社群结构嵌入的4维度结构。

各潜变量的一致性信度、相关系数和AVE值见表4-35。可见，网络文化嵌入内部4个维度的相关系数在0.567—0.629，均属中高相关；各维度间的相关系数小于对应维度AVE的平方根，表明各维度之间具有良好的区分效度；另外，从CFA结果来看各维度都相互独立存在，并不因为以上相关关系的存在而需要合并。α系数在0.844—0.882，组合信度在0.827—0.854，都在0.70以上，表明问卷具有较好的预测稳定性和结构可靠性。

表4-34　　　　　　　验证性因子分析

模型	χ^2/Df	RMSEA	SRMR	TLI	CFI
单因子模型	16.836	0.112	0.068	0.784	0.808
二因子模型[a]	12.192	0.094	0.057	0.847	0.865
二因子模型[b]	13.232	0.098	0.059	0.833	0.852
三因子模型[a]	6.134	0.064	0.039	0.930	0.939

续表

模型	χ^2/Df	RMSEA	SRMR	TLI	CFI
三因子模型[b]	8.295	0.076	0.047	0.900	0.913
四因子模型	1.041	0.006	0.014	0.991	0.991

注：单因子模型：CSDE + CSPO + CSHE + CSAG；二因子模型[a]：CSDE + CSPO、CSHE + CSAG；二因子模型[b]：CSDE + CSAG、CSPO + CSHE；三因子模型[a]：CSDE + CSAG、CSPO、CSHE；三因子模型[b]：CSDE、CSAG、CSPO + CSHE；四因子模型：CSDE、CSPO、CSHE、CSAG.

表4-35　　社群结构嵌入相关分析与信效度分析

	CSDE	CSPO	CSHE	CSAG
CSDE	(0.738)			
CSPO	0.567**	(0.731)		
CSHE	0.588**	0.585**	(0.734)	
CSAG	0.582**	0.590**	0.629**	(0.778)
均值	4.14	3.99	4.10	4.13
标准差	0.97	0.94	0.95	0.89
组合信度 CR	0.827	0.852	0.854	0.837
一致性 α	0.844	0.867	0.882	0.859

本章小结

本章采用量表开发的规范流程设计了虚拟工作嵌入、网络文化嵌入、社群治理嵌入、社群关系嵌入、社群结构嵌入的测度量表。虚拟工作嵌入量表的开发过程中，首先借助文献文本分析和质性访谈资料得到3个维度37个初始题项，然后项目提纯的一系列步骤将其精简为14个题项，最后通过验证性因子分析发现14个题项就有较好的信效度，可以作为本次研究的测度量表；其余4个类型的嵌入的量表也遵循了相同的开发过程，最终得到网络文化嵌入4个维度19个题项的量表，社群治理嵌入3个维度14个题项的量表，社群关系嵌入3个维度13个题项的量表，社群结构嵌入4个维度19个题项的量表。

第五章 众包社区的虚拟工作嵌入与创客创新绩效

传统情境中的工作嵌入是指员工与其工作相关的情境之间所形成关系网络的密切程度，这种关系网络包括工作内外所有与员工工作有关的情境，如组织内的交流网络，组织外的社区生活等。Terence R. Mitchell 最早提出工作嵌入的概念，并将其应用到员工的离职行为研究中，认为员工与社区、组织环境的工作联结、工作匹配和工作牺牲度是影响员工离职决策的重要参考依据。虽然有关工作嵌入的研究主要集中在员工离职领域，但也有很多学者将工作嵌入拓展到涉及员工工作绩效的更大范围当中。虚拟工作嵌入是对传统工作嵌入的具体化和虚拟环境修正。根据本章的研究主旨，主要分析虚拟工作嵌入如何影响创客在众包社区中的创造力或创新绩效。

第一节 研究基础

一 创新激情

工作激情在组织与管理研究领域中是一个新兴话题，因其能很好地解释既往研究中其他变量无法透彻解读的现象，近十年来备受学者们关注。Drea Zigarmi，Kim Nimon 和 Dobie Houson 等[1]基于社会认知理论，从三个方面（情感、认知和意愿）将工作激情定义为"个体

---

[1] Drea Zigarmi et al., "A Preliminary Field Test of An Employee Work Passion Model", *Human Resource Development Quarterly*, Vol. 22, No. 2, June 2011.

对工作和组织的评价，具有持久、积极的情感和有意义的状态"。我国学者宋亚辉等[①]认为工作激情是个体对工作的强烈倾向或意愿，个体喜欢甚至热爱，认为这项工作很重要，并且愿意将时间和精力投入其中。

工作激情与过往探讨的工作动机、工作投入、工作满意度存在区别。首先，工作激情测量的是认知与情感成分，而不是工作投入或工作满意度。工作投入研究一般把员工投入分为高投入、不投入或极度不投入，不关注积极投入；员工的满意度也不测量员工究竟愿意做什么，但是工作激情测量认知、情感，也测量了个体积极投入工作的倾向，这就可以清晰地预测个体在组织环境下的行为表现过程。研究者认为工作投入可能是一种纯粹的认知成分，例如，银行投资家认为自身的职业可能对自己来说非常重要，但是他们可能根本不喜欢这种工作（没有工作激情）。另外，个体在一种活动中可能同时表现出内在动机与工作激情，但两者的不同之处是内在动机并没有表明一种行为活动可以内化成自我概念，也不会让个体意识到行为活动的重要性，但这并不能否认，内在动机可能是工作激情的一种成分。

当前，根据工作激情嵌入不同的情境又衍生出创新激情和创业激情等具体概念。创新激情是嵌入具体场景的工作激情，员工的创新激情可以理解为员工积极产生创造性想法，并主动寻求新方法、新技术和新流程，以实施创造性想法的心理情绪。创新激情分为强迫式创新激情与和谐式创新激情两个维度。强迫式创新激情来源于外部动机、压力而认同并接受创新的重要价值，被迫投入地开展创新活动；和谐式创新激情源于外部工作动机的自主内化过程，快乐而有意义地自主自愿开展创新活动。

关于工作激情的结果，在个体层面，工作激情被认为对个体的幸福感、职业倦怠、个体的卷入或沉浸体验、组织认同、个体创造力、

---

① 宋亚辉等：《工作激情影响员工创造性绩效的中介机制》，《浙江大学学报》（理学版）2015年第6期。

离职等变量有重要影响；在团队和组织层面，学者们认为工作激情会影响团队人际关系的维护、团队目标的设置，对组织创新绩效、组织财务绩效、新创企业绩效等变量均具有显著影响。

二 创客创新绩效

目前，众包竞赛下关于创客创新绩效的研究，主要有基于效用角度的创新绩效、基于中标角度的创新绩效、基于奖金的创新绩效和基于组织评价的创新绩效等方面。总体来说，可以归为两类，一类基于主观评价，另一类基于客观测度。

创新绩效的主观评价在国内外的研究大致可分为两个层次：个体层次和组织层次。个体层次的创新绩效常用创造力的概念表达，指的是个体产生的原创的、新颖的、对组织有潜在价值的产品、思想或程序；而组织层面的创新绩效则是指这些原创思想在组织层面的成功贯彻实施，常用创新的概念来描述。这里创客创新绩效是个体层面的创新绩效。发包方发布创意性任务主要是为了得到有创造性的想法和方案，创客提交的方案越新颖，则表明创客的创新绩效越高。由此，可以选择以组织评价的创新绩效指标为衡量标准，即发包方根据创客提交方案的创新性进行打分[1]；另外也可以基于创造力的测度指标来由创客对自己提交的结果进行打分评价。

在现有研究中对创客创新绩效的衡量方法主要可分为以下四类：

（1）创客提交解答方案的数量。创意方案提交的数量越多，创客的创新绩效越大；但是，数量多并不能保证创客提交的每一个创意方案都是有效的，有研究表明，其中32%的创客提交的方案无效[2]。

（2）创客的中标率，即创客参与任务中获得奖金的数量占其参与

---

[1] 卢新元等：《众包竞赛中接包方的创新绩效影响因素研究》，《管理学报》2018年第5期。
[2] David Gefen, Gavriel Gefen, Erran Carmel, "How Project Description Length and Expected Duration Affect Bidding and Project Success in Crowdsourcing Software Development", *Journal of Systems and Software*, Vol. 116, No. 6, June 2016.

任务总量的比率。一般情况下，如果一项任务需由众多创客同时完成，若创客提交的方案符合发起者的要求并得到认可，发起者更改方案状态为"审核通过"，即为中标。

（3）发起者获得的效用。根据提交的创意方案的质量的效用和发起者的成本计算获得。

（4）创客的任务完成率。企业发布众包竞赛任务往往是希望以较低的成本获得更多可供选择的创意和解答方案，从中选出最优方案，如果创客的完成率越高，可供发起者选择的范围就越广，获得最优方案的概率就越高，否则，获得最优解决方案的概率将会下降。

第二节 研究假设

一 虚拟工作嵌入与创客创新绩效

如前所述虚拟工作嵌入主要包括匹配、归属和满足三个维度，在众包社区中匹配维度主要代表众包任务与兴趣匹配、与能力匹配，成员之间价值观的匹配，这与传统情境下的人岗匹配、人与工作匹配、领导员工认知匹配有类似之处。传统情境中，根据人与环境匹配理论，个体因素和环境因素通过影响个体对人与环境匹配的主观感知，进行影响个体的行为结果，循此逻辑在众包社区中成员感知到的自身兴趣能力、价值观与社区任务、其他成员高度匹配时，自然会导致积极行为的出现。

Amar Dev Amar 和 Januj A Juneja[①] 的创造力组成模型提出，领域相关的专长、创造力技能和任务动机是影响创造力的三大要素，据此我们认为，当众包任务与成员的能力相匹配时其拥有的与任务相关的知识和技能越大、更能发挥其专长，当任务与成员的兴趣相匹配时其任务动机越强；同时成员与社区其他成员的价值观相匹配时也能够激

---

① Amar Dev Amar, Januj A Juneja, "A Descriptive Model of Innovation and Creativity in Organizations: A Synthesis of Research and Practice", *Knowledge Management Research & Practice*, Vol. 20, No. 6, November 2008.

发员工创新的内在动机,因此我们认为匹配度对创客创新绩效具有重要推动作用。

在众包社区中,归属维度主要指用户感知自己属于社区一员的强烈程度。众包社区作为联系用户与企业的媒介,用户对其归属感会影响社区成员的认知和行为。过往研究表明,用户对在线社区的归属感有助于企业形成更和谐的社区氛围,获得更多的用户信息和经验等资源[1],因此社区成员对在线社区的归属感可以促进成员更加积极地参与社区活动,分享知识与信息,进而提高其完成众包任务的创新程度。

另外,传统情境中的研究发现,当员工对组织有较高的归属感时,员工会将自己与公司的利益及命运紧紧联系在一起,所以在工作中会从公司的角度思考事情,积极主动,努力为公司做贡献。[2] 循此逻辑,当成员对众包社区具有较强的归属感时,会希望社区的发展越来越好,而众包社区的存续以及良性发展必然需要成员的不断创新,社区的归属感会激励员工提高创新动力,因此我们认为归属感对创客创新绩效具有重要推动作用。

在众包社区中,满足感是指社区为成员提供了物质、社会和心理需求的满足之后的一种心理状态。Edward L. Deci 和 Richard M. Ryan[3] 认为基本心理需求的满足代表了潜在的激励机制,能激发和引导人们的行为。基本心理需求是一种基本的倾向,对人类行为起决定性作用。基于自我决定理论,个体可以被吸引到需求满足可能发生的情境中,一旦他们的需求被满足了,他们将会感到精力充沛,积极地参与后续需要完成的活动中。实际上诸多实证研究也发

---

[1] Lisbeth Tonteri et al., "Antecedents of An Experienced Sense of Virtual Community", *Computers in Human Behavior*, Vol. 27, No. 6, November 2011.

[2] Steven L. Blader, Shefali Patil, Dominic J. Packer, "Organizational Identification and Workplace Behavior: More Than Meets The Eye", *Research in Organizational Behavior*, Vol. 37, No. 9, September 2017.

[3] Edward L. Deci, Richard M. Ryan, "The 'What' And 'Why' of Goal Pursuits: Human Needs and The Self-Determination of Behavior", *Psychological Inquiry*, Vol. 11, No. 4, April 2000.

现需求满足与高工作绩效显著正相关①，类似，在众包社区中，当成员感知到自己的物质、社会和心理等需求能够在社区得到满足时，便会增加其积极投入众包任务的动机，增加相应的资源和能力的投入，从而增加创新绩效，因此我们认为满足感对创客创新绩效具有重要推动作用。

综上，我们提出如下假设：
H1 众包社区的虚拟工作嵌入对创客创新绩效具有正向影响。
H1a：众包社区的匹配度对创客创新绩效具有正向影响；
H1b：众包社区的归属感对创客创新绩效具有正向影响；
H1c：众包社区的满足感对创客创新绩效具有正向影响。

二 创新激情的中介作用

在众包社区中，和谐式创新激情意味着员工之所以喜欢众包任务或众包项目是因为他的兴趣而乐意为之，而不是由于结果导向性的工作压力所致。他们积极投入众包项目，但是他们不会把参与众包看成是生活的全部，也不会让它与生活的其他部分发生冲突。相反，强迫式创新激情是工作或关系压力所致，即成员之所以积极参与众包竞标、参与众包创新是因为参与众包本身存在某种特定的压力，必须完成相应的绩效。这种压力可能源于自己某项自身需求，抑或是希望得到社区其他成员的认可和赞许，这些压力反过来又会促使员工不得不保持高度的工作热情以维持个人的声誉和自我价值。

关于工作激情的前因，在个体层面，现有研究发现工作激情受自尊、自主性自我认同、可控性感知、目标追求、成员间的传染等因素的影响。基于虚拟工作嵌入的匹配维度，当成员发现自己的兴趣、能力与众包项目匹配度较高时，由于员工的知识、技能、能力和众包项目的要求相称，因而会体验到更低的创新压力，会得心应手地出于自

---

① Marylène Gagné, Edward L. Deci, "Self-Determination Theory and Work Motivation", *Journal of Organizational Behavior*, Vol. 26, No. 4, April 2005.

己的兴趣、按照自己的方式完成众包项目，因此对完成众包项目的自主性和可控性感知将大大提高；当成员与社区中其他成员的价值观相互匹配时，根据人与环境的匹配理论，当个体与组织中的其他成员拥有相似性的特征，这种相似性特征能够促进个体合作，自然也会受到其他成员创新激情的感染。

基于虚拟工作的归属维度，当社区成员感知到自己属于社区大家庭的一员时，便会增加自己内部人身份的感知，自然会很在意社区其他成员对自己的看法，以及自己的行为对社区造成的影响，进而会对自我认同和自尊具有重要的预测作用。①

基于虚拟工作的满足感维度，当社区成员能从社区获得物质、社会和心理的满足时，根据自我决定理论的"环境—需求—动机"框架，成员便会增强积极投入众包任务的动机。相关研究指出工作激情更侧重于是一个动机性的变量，而且陶雅、李燕萍②的实证分析发现，基本心理需求的满足能够增加创业者和谐式和强迫式创新激情。综上分析，虚拟工作嵌入对创新激情的形成具有重要作用。

关于创新激情与员工的创新力、组织创新绩效的关系，很多学者已经通过实证分析予以证实，如杨仕元、卿涛、岳龙华③以26家高新技术企业和金融服务企业的764名知识型员工为研究样本实证研究发现，和谐型和强迫型创新激情及其交互作用均对员工创造力有显著正向影响；叶龙、耿燕各、郭名④通过对329名高速铁路司机研究发现和谐型工作激情在明星技能人才的"任务绩效—关系亲密程度"与其创造力的关系中起到中介作用。循此逻辑，当众包社区成员具有较高的创新激情时，便会增加对众包任务的竞标积极性，竞标后便会投入

---

① 许璟等：《组织支持感对组织认同的影响：内部人身份感知和自尊的中介作用》，《心理学探新》2017年第3期。

② 陶雅、李燕萍：《家庭嵌入视角下创业激情形成机理的跨域研究》，《管理学报》2018年第12期。

③ 杨仕元、卿涛、岳龙华：《从支持感到员工创造力：二元工作激情的联合调节作用》，《科技进步与对策》2018年第4期。

④ 叶龙、耿燕各、郭名：《明星技能人才创造力的影响机制：基于和谐型工作激情的中介作用》，《技术经济》2019年第8期。

更多的资源和精力，进而增加了其完成创新任务的可能性、提高了众包任务的创新水平。

因此我们提出如下假设：

H2 创新激情对虚拟工作嵌入与创客创新绩效的影响具有中介作用。

H2a：创新激情对匹配度与创客创新绩效的影响具有中介作用；

H2b：创新激情对归属感与创客创新绩效的影响具有中介作用；

H2c：创新激情对满足感与创客创新绩效的影响具有中介作用。

根据上述假设，得到如图5-1所示的理论模型。

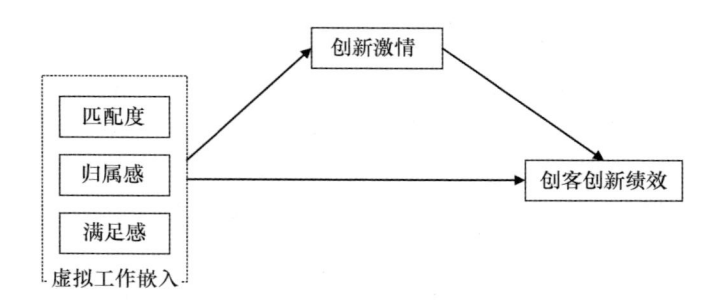

图5-1 虚拟工作嵌入与创客创新绩效

第三节 实证研究设计

一 问卷与变量

本章以小米众包社区、海尔HOPE平台、猪八戒网和一品威客网四个众包平台为研究背景，这4个平台的众包社区中参与人数较多，本次调查以网络问卷形式展开。首先，在问卷星网站设计本章的调查问卷，之后将生成的网络链接和问卷说明发表在相关社区，邀请相关社区成员填写，为了保证社区成员对众包社区比较熟悉，问卷开头设置了甄别题，即"请问您参与该社区是否超过2个月"，选择"否"的社区成员将终止作答。经过70天的数据收集，共获取1267

份有效问卷。

问卷的主要内容分为两个部分,第一部分是正式测量题项,第二部分是基本统计信息。其中,正式测量分"匹配度、归属感、满足感、创新激情、创新绩效(本章特指创客创新绩效)"等模块测量。测量采用李克特7级量表(除特殊说明外,1代表非常不同意,7代表非常同意)。其中匹配度、归属感和满足感采用我们自己开发的量表,共计14个题项;创新激情在Robert J. Vallerand 和 Nathalie Houlfort[1]的量表基础上进行了语境的修改,即把创新激情作为一个整体概念,不细分和谐激情和强迫激情,共5个题项,创新绩效的量表由卢新元等[2]提供量表的3个题项与 Hangzi Zhu,Katharina Djurjagina 和 Jens Leker[3] 提供量表中的2个题项共同构成。

二 数据描述统计分析

样本描述统计见表5-1。被调查样本中,男性占比76.7%,女性占比23.3%,这一比例与《中国互联网络发展状况统计报告2019》有所区别,男性比重较高是因为众包社区的工作性质导致。从年龄来看,被调查创客的年龄主要集中在25—30岁,占比51.3%,其次为30—35岁,占比为39.1%,其余占比9.6%,说明参与众包社区的创客多以青年人为主。学历方面,多在大专以上,共占比93.4%,其中本科占比最高为31.7%,其次是硕士占比25.3%,专科占比23.1%。从参与社区时间来看,社区经历不足1年的占44.6%,3年以上占15.9%。

---

[1] Robert J. Vallerand, Nathalie Houlfort, "Passion at Work: Toward a New Conceptualization", *Social Issues in Management*, Vol. 17, No. 3, March 2003.

[2] 卢新元等:《众包竞赛中接包方的创新绩效影响因素研究》,《管理学报》2018年第5期。

[3] Hangzi Zhu, Katharina Djurjagina, Jens Leker, "Innovative Behaviour Types and Their Influence on Individual Crowdsourcing Performances", *International Journal of Innovation Management*, Vol. 18, No. 6, June 2014.

表 5-1　　　　　　　　虚拟工作嵌入样本描述统计

类别		样本数	百分比（%）
性别	男	972	76.717
	女	295	23.283
年龄	25 岁以下	29	2.289
	25—30	650	51.302
	30—35	495	39.069
	35—40	77	6.077
	40 以上	16	1.263
社区参与时间	6 个月以下	153	12.076
	6 个月—1 年	412	32.518
	1—2 年	269	21.231
	2—3 年	232	18.311
	3 年以上	201	15.864
学历	大专以下	84	6.630
	大专	293	23.125
	本科	401	31.650
	硕士	321	25.335
	博士及以上	168	13.260

三　信度与效度分析

本章使用调查问卷数据，在假设检验前，需要进行量表的信效度检验，结果见表 5-2。使用 Cronbach's α 来评估内部一致性，本章中所有构念的 Cronbach's α 值都在 0.853 以上，超过了 0.6 的推荐值，说明每个构念的内部一致性较高。

本章共有 5 个核心变量，与其他备选模型相比，当我们采用 5 个维度进行验证性因子分析时模型的拟合效果最好（$\chi^2/df = 0.930$，CFI = 0.992，TLI = 0.989，SRMR = 0.024，RMSEA = 0.011）。如表 5-2 所示，所有构念的因子载荷都大于 0.748，说明收敛效度良好。所有构念的组合信度 CR 值均高于 0.853，AVE 均大于等于 0.590，说明所有构念的组合信度较高。同时表 5-3 报告了各个潜变量在变量的平均方差提取（AVE）及变量之间的相关系数，通过比较各个变量的 AVE 平方根与其他变量之间的相关系数，发现 AVE 平方根均大于该变量与其他变量的相关系数，说明各变量之间具有较好的区分效度。综上，本章使用的量表信效度表现良好，可以用来进行后续的假设检验。

表 5-2 验证性因子分析结果

构念	题项	载荷
匹配度 Cronbach's α = 0.853 CR = 0.853 AVE = 0.593	在该社区参与众包项目能够施展我的技能和才华	0.815
	能够契合我的时间安排和工作方式	0.735
	该社区的很多众包项目与我的兴趣很匹配	0.755
	我感觉在该社区我更能实现我的价值	0.772
归属感 Cronbach's α = 0.878 CR = 0.878 AVE = 0.590	该社区成员的价值观比较一致	0.784
	该社区的成员之间的关系很和谐	0.733
	在该社区大家可以分享彼此的欢乐与烦恼	0.797
	我与社区中很多成员有共同的话题	0.764
	我有时候觉这个社区就是一个家	0.762
满足感 Cronbach's α = 0.888 CR = 0.888 AVE = 0.614	在该社区我能获得与我的工作相称的报酬	0.801
	我觉得在该社区参与众包项目对我以后会有帮助	0.762
	在该社区我可以获得很多乐趣	0.770
	参与该社区之后我发现我增长了不少知识	0.790
	在该社区我收获了友谊	0.794
创新激情 Cronbach's α = 0.901 CR = 0.901 AVE = 0.646	参与众包式创新令人兴奋	0.775
	我把大量的时间和精力都投入了众包创新项目	0.800
	我喜欢我参与的众包创新项目	0.847
	参与众包创新项目对我来说非常重要	0.774
	参与众包创新项目是一件充满激情的事情	0.821
创新绩效 Cronbach's α = 0.890 CR = 0.891 AVE = 0.621	我的很多项目方案都是原创性的	0.765
	我的项目方案比较新颖满足任务要求	0.828
	我解决众包项目的视角比较新	0.748
	我参与的项目（提交的创意）比一般人多	0.807
	我在社区参与评论的次数比一般人多	0.788

表 5-3　　　　　　　　　潜变量相关性矩阵

变量	1	2	3	4	5
匹配度	(0.770)				
归属感	0.605**	(0.768)			
满足感	0.617**	0.623**	(0.784)		
创新激情	0.679**	0.638**	0.636**	(0.804)	
创新绩效	0.460**	0.441**	0.468**	0.596**	(0.788)
平均值	4.475	4.248	4.279	4.570	4.696
标准差	1.156	1.182	1.178	1.048	0.999

注：* 表示 $P<0.05$，** 表示 $P<0.01$，*** 表示 $P<0.001$，本章表格同理。

第四节　假设检验

一　总效应检验

把创客的性别 C1、年龄 C2、参与时间 C3 和学历 C4 作为控制变量，不考虑中介变量创新激情时，采用 SPSS 软件，以创新绩效为被解释变量，以虚拟工作嵌入的三个维度"匹配度、归属感和满足感"为解释变量进行回归分析得到如表 5-4 所示的结果。

从表 5-4 中模型 1 只有控制变量，模型 2 在此基础上增加 3 个解释变量，回归分析发现，匹配度（$\beta=0.123$，$P<0.001$）、归属感（$\beta=0.171$，$P<0.001$）和满足感（$\beta=0.180$，$P<0.001$）均对创客的创新绩效具有显著影响，即假设 H1a、H1b 和 H1c 均通过验证。

表 5-4　　　　　　　　　回归分析结果

变量	创新绩效		创新激情		
	模型 1	模型 2	模型 3	模型 4	模型 5
控制变量					
性别	-0.217***	-0.110*	-0.098*	-0.196***	-0.030
年龄	-0.085***	-0.077***	-0.069***	-0.031	-0.019

续表

变量	创新绩效			创新激情	
	模型1	模型2	模型3	模型4	模型5
参与时间	0.029*	0.009	0.006	0.037**	0.007
学历	0.104***	0.076***	0.065***	0.070***	0.026
解释变量					
匹配度		0.123***	0.030		0.225***
归属感		0.171***	0.040		0.314***
满足感		0.180***	0.094***		0.207***
中介变量					
创新激情			0.416***		
F	16.916	79.830	101.244	7.436	243.976
R^2	0.051	0.307	0.392	0.023	0.576
ΔR^2		0.256***	0.084***		0.553***

二 直接与中介效应分析

首先在模型2的基础上将创新激情增加为解释变量得到模型3，从模型3可知创新激情对创客创新绩效具有显著正向影响（β = 0.123，P < 0.001）；然后以创新激情为被解释变量，以虚拟工作嵌入为解释变量进行回归分析得到模型5，从模型5可以看出，虚拟工作嵌入三个维度对创新激情均具有显著正向影响（β = 0.225，P < 0.001；β = 0.314，P < 0.001；β = 0.207，P < 0.001）；结合模型3和模型5可以知道创新激情可以作为虚拟工作嵌入与创客创新绩效之间的中介变量，而且从模型3可以看出，增加中介变量创新激情后，匹配度和归属感之前的系数由模型2的显著大于零，变得不显著，满足感之前的系数由模型2的高度显著变为低度显著，并且数值下降（β由0.180下降为0.094）。因此初步断定假设H2a、H2b和H2c成立。

为了进一步分析虚拟工作嵌入对创客创新绩效的直接效应以及经由创新激情的中介效应，采用Mplus结构方程模型再次进行分析，得到的结构方程模型如表5-5所示，该模型的拟合优度指标为：χ^2/df = 1.176，RMSEA = 0.012，SRMR = 0.035，CFI = 0.997，TLI = 0.996。

从表 5-5 可以看出：创新激情在虚拟工作嵌入的三个维度与创新绩效的关系中均具有中介作用，即再次证明 H2a、H2b、H2c 均成立。

其中，创新激情在匹配度与创新绩效的关系中起到了完全中介的作用，整个中介效应为 0.263，利用 Bootstrap 方法模拟 2000 次的 95% 区间为 [0.208, 0.328]；创新激情同时在归属感与创新绩效的关系中起到了完全中介的作用，整个中介效应为 0.146，95% 的区间为 [0.100, 0.194]；在满足感与创新绩效的关系中，创新激情充当了部分中介作用，中介效应为 0.129，95% 的区间为 [0.080, 0.177]；除此之外，满足感对创新绩效还具有显著的直接效应为 0.110，95% 的区间为 [0.023, 0.200]。

表 5-5　　虚拟工作嵌入与创新绩效的结构方程分析结果

变量路径	路径系数	标准差	P 值	95% 区间 左端	95% 区间 右端
总效应					
匹配度→创新绩效	0.249	0.046	0.000	0.161	0.338
归属感→创新绩效	0.156	0.047	0.001	0.059	0.238
满足感→创新绩效	0.238	0.047	0.000	0.149	0.331
直接效应					
匹配度→创新绩效	-0.015	0.052	0.777	-0.118	0.089
归属感→创新绩效	0.009	0.045	0.838	-0.082	0.097
满足感→创新绩效	0.110	0.045	0.015	0.023	0.200
创新激情→创新绩效	0.590	0.049	0.000	0.500	0.688
匹配度→创新激情	0.446	0.034	0.000	0.379	0.518
归属感→创新激情	0.248	0.037	0.000	0.176	0.322
满足感→创新激情	0.218	0.038	0.000	0.139	0.289
间接效应					
匹配度→创新激情→创新绩效	0.263	0.031	0.000	0.208	0.328
归属感→创新激情→创新绩效	0.146	0.025	0.000	0.100	0.194
满足感→创新激情→创新绩效	0.129	0.025	0.000	0.080	0.177

第五节 结论与讨论

一 研究结论

本章得到如下结论:

(一)虚拟工作嵌入的三个维度,匹配度、归属感和满足感均对创客创新绩效具有显著正向影响。这说明在众包社区中,创客们所感知的自己与众包社区的匹配度、归属感和满足感越强,其参与众包项目的创新绩效越高。

(二)创新激情在匹配度、归属感与创客创新绩效的关系中具有完全中介作用。这说明创客们所感知的自身与社区的匹配度和归属感之所以能够提高其创新绩效,其原因是因为匹配度和归属感增加了创客的创新动机、激发了创客的创新激情。

(三)满足感一方面通过创新激情间接影响了创客创新绩效;另一方面还直接促进了创客创新绩效。这说明创客在众包社区获得的满足感一方面增加了其积极参与众包项目,提高创新激情进而有利于其提高创新绩效之外,还存在其他机理路径。

二 管理启示

增加员工与组织的匹配性、归属感和满足感能够激发员工的工作热情和工作动机,在传统环境中有很多案例可以予以佐证。本章研究发现即便对于虚拟的工作环境、松散的社区性组织,为创客成员提供兴趣匹配、情感归属和需求满足的环境也非常重要,因为这将使创客的创新行为嵌入这些优质的环境当中,而使其积极地投入到创新工作当中。本章的研究的主要启示在于:

(一)众包社区应该充分挖掘创客的兴趣爱好、技能偏好、心理需求、情感和社交需求,建立有针对性的社群组织,营造创客之家的氛围,从而通过虚拟工作嵌入黏住创客,并最大限度地激发其创新潜能。

(二)众包平台应该重视社群软环境建设,实现创客社群生活和众包项目创新的有效整合,不能仅仅把创客看作外来创新资源,不能仅仅把平台与创客看作雇佣与被雇佣的关系，应该视创客为合作对象，预先取之，必先予之，只有最大可能地满足创客的社群需求，才能调动其创新潜能，获取高质量的创新产出。

本章小结

本章以创新激情为中介变量剖析了众包社区的虚拟工作嵌入对创客创新绩效的影响机制。基于1267份创客样本数据，通过建立回归分析和结构方程模型发现，虚拟工作嵌入的匹配度和归属感两个维度主要通过创新激情的中介作用正向影响了创客创新绩效，虚拟工作的满足感对创客创新绩效的影响既有直接作用，也有间接影响，其中创新激情充当了部分中介作用。创新激情通常被认为个体层面中比较底层、更接近原子化的变量。本章的研究发现虚拟工作嵌入能够激发创新激情，说明虚拟工作嵌入也是一个更加偏向员工绩效的原因侧的变量，这与扎根理论的选择性编码结论具有一致性。

第六章 众包社区的网络文化嵌入与社区创新绩效

传统情境下,学者们研究发现某个地区良好的、独特的文化特征对当地产业发展、经济繁荣起到了不可替代的促进作用,例如硅谷的鼓励冒险、宽容失败的精神、第三意大利的合作精神,均都诱发和推动了这些地区产业集群的产生和发展。网络的快速发展对社会结构、社会关系产生了深刻影响,网络化生存、网络化生态的逐步形成促使网络文化也随之应运而生。在虚拟环境当中,网络文化或互联网文化也将对置身于其中的个体和虚拟组织的发展产生深远影响。关于网络文化的特征,学者们进行了百家争鸣式的探讨,但绝大多数学者认为包容性、互动性、公平性和自主性等是网络文化的优秀特征。本章将分析网络文化的四个优秀特征如何影响众包社区创新绩效。

第一节 理论基础

一 知识共享

当前,学术界对知识共享的理解并不完全相同,但均认为知识共享是知识沟通后进行消化并利用的一系列过程。其中,Kuen-Hung Tsai、Yi-Chuan Liao 和 Teresa Tiaojung Hsu[①]认为不同企业之间进行的

---

① Kuen-Hung Tsai, Yi-Chuan Liao, Teresa Tiaojung Hsu, "Does The Use of Knowledge Integration Mechanisms Enhance Product Innovativeness?", *Industrial Marketing Management*, Vol. 46, No. 4, April 2015.

信息交流，实现对知识的更新和利用，即为知识共享的过程；Mattia Bianchi 等[1]认为知识共享流经的三个环节是：知识的提供方对知识发起、传递媒介进行知识传送以及知识需求方接受知识；Hurnjin Cho 和 JungJoo Jahng[2]认为知识分享就是一个人际交往的过程，重点关注的是知识能够被有效地传递、接收并消化。也有学者基于不同的理论视角对知识共享概念进行进一步的界定，Karim Moustaghfir 和 Giovanni Schiuma[3]基于知识关系视角对知识共享进行定义，指出知识共享是一个社会过程，在这个过程当中，知识的发起者和知识的接受者进行双向沟通，双方均产生新的思考，从而将传递的知识转化成新的理解与应用，实现创新和竞争优势。

基于众包社区知识共享的影响因素角度，赵宇翔[4]将众包社区知识共享的影响因素归纳为3类：个体自身因素、技术因素和外部环境因素，并表明个体自身因素包括经济因素、性格因素、能力因素和利他因素等；Gee-Woo Bock，Young-Gul Kim 等[5]通过研究众包社区用户知识共享的动机发现，人们对虚拟社区成员的交往结果也会对知识共享产生影响；姜鑫等[6]总结了影响众包社区用户知识共享行为的因素，表明自我能力的感知、互惠性、认可性、对于结果的预期等是现阶段

---

[1] Mattia Bianchi et al.，"Organisational Modes For Open Innovation in The Bio-Pharmaceutical Industry: An Exploratory Analysis"，*Technovation*，Vol. 31，No. 1，January 2011.

[2] Hurnjin Cho，Jung Joo Jahng，"Factors Affecting The Performance of Voluntary Participants in The Knowledge Sharing Virtual Community"，*International Journal of Web Based Communities*，Vol. 10，No. 3，January 2014.

[3] Karim Moustaghfir，Giovanni Schiuma，"Knowledge，Learning，and Innovation: Research and Perspectives"，*Journal of Knowledge Management*，Vol. 17，No. 4，July 2013.

[4] 赵宇翔：《社会化媒体中用户生成内容的动因与激励设计研究》，博士学位论文，南京大学，2011年，第20页。

[5] Gee-Woo Bock，Young-Gul Kim，"Breaking The Myths Of Rewards: An Exploratory Study of Attitudes About Knowledge Sharing"，*Information Resources Management Journal*（IRMJ），Vol. 15，No. 2，February 2002.

[6] 姜鑫：《关系嵌入视角下众包社区用户的知识共享机制研究》，硕士学位论文，渤海大学，2017年，第16页。

讨论较多的重要影响因素；Daren C. Brabham①通过进一步研究发现，提高能力、成就感知是众多创客参与知识共享的重要原因；Junyun Liao，Minxue Huang 和 Bang ming Xiao②等通过进一步的实证研究表明，信息沟通、用户间的互动交流以及用户接受的教育均对社区认可度具有积极的影响，而社区认可度能够进一步影响到成员的贡献行为。

二 敬业度

近年来，西方国家的学者们对敬业度展开了多样化的研究和激烈的探讨。William A. Kahn③研究总结出敬业指的是员工积极主动地完成工作任务，可在情感、认知以及行为三个方面得到充分的体现。若员工敬业度较高，他便会主动将自己大量的精力倾注到工作之中，以充分体现个人价值；反之，则不会在乎工作任务能否及时高效地完成，不愿投入精力去完成自己的工作任务，甚至还有可能产生离职倾向。Wilmar B. Schaufeli 等④研究指出，敬业并非一种瞬间状态，而是一种持续不断、极富感染力的情感认知，其往往不会受到单一事项或个人行为的影响。此外，敬业还有以下三个特点：一是精力充沛，二是全神贯注，三是具有奉献精神。James K. Harter，Frank L. Schmidt 和 Theodore L. Hayes⑤认为，敬业度重点论述的是员工对工作的热情

---

① Daren C. Brabham, "Moving The Crowd at Threadless: Motivations For Participation in A Crowdsourcing Application", *Information, Communication & Society*, Vol. 13, No. 8, Aug. 2010.

② Junyun Liao, Minxue Huang, Bang ming Xiao, "Promoting Continual Member Participation in Firm-Hosted Online Brand Communities: An Organizational Socialization Approach", *Journal of Business Research*, Vol. 71, No. 4, February 2017.

③ William A. Kahn, "Psychological Conditions of Personal Engagement and Disengagement at Work", *Academy of Management Journal*, Vol. 33, No. 4, December 1990.

④ Wilmar B. Schaufeli et al., "The Measurement of Engagement and Burnout: A Two Sample Confirmatory Factor Analytic Approach", *Journal of Happiness Studies*, Vol. 3, No. 1, March 2002.

⑤ James K. Harter, Frank L. Schmidt, Theodore L. Hayes, "Business-Unit-Level Relationship Between Employee Satisfaction, Employee Engagement, and Business Outcomes: A Meta-Analysis", *Journal of Applied Psychology*, Vol. 87, No. 2, February 2002.

及其专注程度,是对员工工作态度的描述。

尽管学术界对敬业度的研究已开展多年,但对其维度的研究尚未达成一致,迄今为止,唯一的共识是该结构的维度不是单一的。William A. Kahn[①] 把敬业度划分为生理投入、情感投入和认知投入三个层面;Christina Maslach、Wilmar B. Schaufeli 和 Michael P. Leiter[②] 等认为敬业度是工作倦怠的对立面,应该分为精力充沛、工作投入、自我效能感三个维度;Saar Langelaan 等[③]研究表示,无论是敬业度还是工作倦怠,其维度均包括活力与快乐,可构成二维模型;Wilmar B. Schaufeli 团队指出敬业度包括活力、奉献和专注三个维度,是一种与工作相关的持久稳固和普遍深入的认知情感体验。相对而言,上述几种观点,Wilmar B. Schaufeli 团队的观点得到了更多支持,而且其开发的 UWES 量表又被普遍用于测量员工敬业度。

关于员工敬业度的影响因素,Douglas R. May、Richard L. Gilson 和 Lynn M. Harter[④] 建立的员工敬业度模型包括了影响员工敬业度的大量因素,如个体因素、人际关系因素、团队因素、团队间因素和组织因素,这些因素的共同作用以及个体对这些因素的感知程度决定了员工敬业的水平。关于敬业度与工作绩效的关系,James K. Harter、Frank L. Schmidt 和 Theodore L. Hayes 通过元分析指出,员工敬业度与企业经营绩效正相关,无论哪个行业,其规模和性质有多么不同,平均而言,员工敬业度为前 50% 的经营单位与后 50% 的单位相比有以下特点:(1) 客户服务质量提高 86%;(2) 员工保留率提高 70%;(3) 生产率提高 70%;(4) 利润率提高 44%;(5) 安全性提高 78%。

---

① William A. Kahn, "Psychological Conditions of Personal Engagement and Disengagement at Work", *Academy of Management Journal*, Vol. 33, No. 4, December 1990.

② Christina Maslach, Wilmar B. Schaufeli, Michael P. Leiter, "Job Burnout", *Annual Review of Psychology*, Vol. 52, No. 1, January 2003.

③ Saar Langelaan et al., "Burnout and Work Engagement: Do Individual Differences Make A Difference?", *Personality & Individual Differences*, Vol. 40, No. 3, February 2006.

④ Douglas R. May, Richard L. Gilson, Lynn M. Harter, "The Psychological Conditions of Meaningfulness, Safety and Availability and The Engagement of The Human Spirit at Work", *Journal of Occupational & Organizational Psychology*, Vol. 77, No. 1, January 2011.

三 众包社区创新绩效

众包活动是众包参与者、任务发布公司、众包平台合作互动的过程，众包社区创新绩效应该是能反映三者合作互动结果的概念。因此，众包社区创新绩效体现的是参与者、任务发布公司、众包平台合作互动的结果。在众包式创新模式中，主要体现为参与者的劳动成果。参与者的劳动成果并不单纯是参与者个人工作结果的体现，而是参与者网络三大行动方合作的结果。任务发布公司在参与者任务完成过程中与参与者的沟通、互动和评价，众包平台在参与者与任务发布公司之间发挥的协调作用、对参与者的评价，都凝结在参与者的劳动成果中，而参与者工作结果的成绩（即参与者在平台上的等级指标）有其他参与者、任务发布公司、众包平台对其工作结果的评价。因此，众包社区创新绩效体现为众包活动的结果，是参与者、任务发布公司、众包平台共同为完成众包任务付出劳动的凝结。

目前，关于众包社区创新绩效的测度尚没有达成一致，不同学者基于不同视角、针对不同的众包类型，提出了不同的绩效测度办法，如蒋岚、梅伟、沈强等[1]根据众包社区绩效的影响因素资源整合、运行管理、服务成效，建立了文献服务平台绩效考核指标体系；司莉等[2]构建了科学数据共享平台绩效评估指标体系，并选取 8 个共享平台进行绩效评估；Kah-Hin Chai 等[3]将平台绩效划分为两个维度，即相对平台成本效益和相对平台时间效率；林素芬[4]在中国众包平台对

---

[1] 蒋岚、梅伟、沈强等：《文献服务平台绩效考核体系的建立与应用研究》，《现代情报》2016 年第 8 期。

[2] 司莉等：《我国科学数据共享平台绩效评估实证研究》，《图书馆理论与实践》2014 年第 9 期。

[3] Kah-Hin Chai et al., "Understanding Competencies in Platform-Based Product Development: Antecedents and Outcomes", *Journal of Product Innovation Management*, Vol. 29, No. 3, May 2012.

[4] 林素芬：《基于众包参与者网络的众包绩效提升研究》，博士学位论文，华侨大学，2015 年，第 52 页。

参与者劳动结果统计的表述方式归纳和总结研究的基础上，结合众包实践特征和绩效研究文献，把众包绩效维度分成人气、众包成果数量、众包成果质量三个维度。

第二节　研究假设

一　网络文化嵌入与社区创新绩效

基于网络文化嵌入的包容性维度，借鉴包容性组织的研究，在团队层面，团队包容感对团队决策质量[①]、团队绩效[②]存在正向影响。在组织层面，包容性人力资源实践[③]对组织绩效存在正向影响。有关包容型领导的研究也发现，包容型领导通过容纳他人，以开放的心态接纳多元化的成员，包容与认可成员在专业知识、价值观以及信仰方面的差异[④]，从而可以提高团队创造力。在上述文献的研究基础上，本章认为由于众包社区高开放性特点，跨区域、跨领域和跨阶层的知识和信息资源在社区汇聚，当众包社区的文化包容性较强时，众包社区就可以融合不同知识为发包企业提供创新方案，基于开放式创新的角度，多元化的知识和资源融合可以提高创新绩效；另外当众包社区的包容性氛围较强时，就会鼓励接包方、创客之间相互沟通交流，通过不同知识的碰撞进而提高众包项目的创新性。综上，本章提出如下假设：

H1a：网络文化嵌入的包容性越强，众包社区的创新绩效越高。

基于网络文化嵌入的互动性维度，营销战略中的互动导向理论指

[①] 景保峰、周霞：《包容研究前沿述评与展望》，《外国经济与管理》2017年第12期。

[②] Wiebren Jansen et al.，"Inclusion：Conceptualization and Measurement"，*European Journal of Social Psychology*，Vol. 44，No. 4，June 2014.

[③] Stephan A. Boehm, Florian Kunze, Heike Bruch, "Spotlight on Age-Diversity Climate：The Impact of Age-Inclusive HR Practices on Firm-Level Outcomes"，*Personnel Psychology*，Vol. 67，No. 3，June 2014.

[④] 彭伟、金丹丹：《包容型领导对团队创造力影响机理研究：一个链式中介模型》，《科技进步与对策》2018年第19期。

出，互动导向强调企业与顾客个体互动，针对每个顾客进行信息收集、加工、整理和分析，企业在互动过程中能够提炼客户需求和偏好方面的知识，能够从顾客处获得创意，进而发现新机会、提高创新能力。Yen-Chun Chen，Po-ChienLi 和 Kenneth R. Evans 等[1]通过实证研究发现互动导向正向影响企业的探索和开发能力；赵莉、罗瑾琏和钟竞[2]的研究基于团队互动的视角，指出团队良好的建言氛围激发整个团队的发散性思维和创意思考，通过争辩和交流不同的问题解决方法和思路，并主动寻找在团队中实施创意方案的途径，提升团队创造力。互动性维度虽然与营销战略的互动导向不完全相同，其主要强调的是社区成员之间的互动、平台与成员之间的互动的整体文化氛围，但与互动导向类似，网络文化的互动性氛围使得众包社区对成员间的异质性信息进行加工、整理和分析，进而发现新机会，提高整个社区成员的整体创新能力。另外，有关社会互动的研究也指出组织之间的互动能够使组织间分享许多资源、知识或者学习经验，能够创造有利于新知识应用和开发的环境。在上述研究的基础上，本章提出如下假设：

H1b：网络文化嵌入的互动性越强，众包社区创新绩效越高。

基于网络文化嵌入的公平性维度，组织行为学中有与之类似的概念称为公平性氛围，很多学者探讨了公平性氛围对雇员的组织承诺、公民行为、团队绩效等个体或团队层面的变量的影响。张汉鹏等[3]的研究发现，产品研发团队公平氛围在团队层面改善了大家的关系，因而在资源分配、任务分配、目标制定更利于准确的信息传递，因此有利于团队创新绩效；研究还发现团队凝聚力充当了公平氛围与创新绩效的中介变量。按照学者们对公平性氛围结果研究的逻辑，

---

[1] Yen-Chun Chen, Po-ChienLi, Kenneth R. Evans, "Effects of Interaction and Entrepreneurial Orientation on Organizational Performance: Insights Into Market Driven and Market Driving", *Industrial Marketing Management*, Vol. 41, No. 6, August 2012.

[2] 赵莉、罗瑾琏、钟竞:《双元领导对团队创造力影响机制研究：基于团队互动的视角》，《科学学与科学技术管理》2017 年第 12 期。

[3] 张汉鹏等:《团队层面凝聚力对公平氛围——研发绩效关系的中介作用分析》，《研究与发展管理》2014 年第 4 期。

当众包社区的公平性较强时，社会成员间的关系更好，因此更愿意传递真实信息、真实知识，因此更能有效发挥开放式创新的优势；另外，根据公平启发理论，当众包社区的公平性较强时，即便社区成员之间相互不太了解，也会根据公平的感知决定是否合作，因此公平性有利于社区的凝聚力，进而有利于协作式众包创新。综上，本章提出如下假设：

H1c：网络文化嵌入的公平性越强，众包社区创新绩效越高。

基于网络文化嵌入的自主性维度，在组织行为中与之相近的概念有工作自主性和自我决定感的自主感（或自治感）维度，其中工作自主性是指一种工作包括自由度、独立性和灵活性的程度，自主感是指自己对自己行为的自由决定程度。网络文化嵌入的自主性维度则主要指网络文化鼓励自由、自主决定自己言行的程度，是一个环境性或氛围性的变量，虽然三者的应用背景、研究视角和变量层次存在差别，但核心思想具有一致性。关于工作自主性的实证研究表明从事自主性较强的工作时，会产生更强烈的对工作活动的兴奋感和对完成这些工作任务的兴趣，而这种兴奋感会促进创造力；Amar Dev Amar 和 Januj A Juneja[①] 的研究发现对于新想法和创造力来说，员工需要拥有决定如何分配工作时间以及如何进行工作的自主权。关于自我决定感的研究指出知识型员工、顾客具有更高的自主需求，自主感会增加员工的组织承诺[②]、增加顾客的融入[③]。遵循上述逻辑，网络文化的自主性维度倡导人的自由发展，在网络环境中人们可以自主地表达思想，从而使各种思想在网上碰撞、交流或融合，这对于提高人的认识效率、广度和深度都会产生积极影响，从而调动人的创造性，因此对于众包社区的创新绩效具有重要促进作用。本章

[①] Amar Dev Amar, Januj A Juneja, "A Descriptive Model of Innovation And Creativity In Organizations: A Synthesis of Research And Practice", *Knowledge Management Research & Practice*, Vol. 20, No. 6, November 2008.

[②] 赵慧娟、龙立荣：《基于多理论视角的个人—环境匹配、自我决定感与情感承诺研究》，《管理学报》2016年第6期。

[③] 樊帅、田志龙、张丽君：《虚拟企业社会责任共创心理需要对消费者态度的影响研究》，《管理学报》2019年第6期。

提出如下假设：

H1d：网络文化嵌入的自主性越强，众包社区创新绩效越高。

二 网络文化嵌入与创客创新绩效

网络文化是一种具有巨大包容性的多层次文化形态。在网络空间，所谓的"精英文化""大众文化""高雅文化"和"低俗文化"共处，在这种文化氛围中，任何人无论其观点是多么奇异，都不必受到压制而被迫保持沉默或一致，网络文化以开放包容的姿态吸纳多元文化使其互相兼容、彼此渗透。Evangelina Holvino，Bernardo M Ferdman 和 Deborah Merrill-Sands[1]认为在多元文化共存的组织中，包容意味着平等、工作和全员参与，从而使不同成员能够公平地获得决策机会和权利地位。以工作团队为例，诸多研究发现员工的团队包容感对角色内绩效[2]、技术性和社交性绩效[3]、工作绩效[4]存在正向影响，特别 Zhao Pan，Yaobin Lu 和 Sumeet Gupta[5]的研究发现，新进入者的在线社区包容感对参与意向具有积极影响。基于上述研究成果关于包容性与工作绩效的内在机理分析，在众包社区中，包容性文化嵌入程度越深，创客们越敢于发表不同意见，越敢于超常规地解决众包任务，因此，我们提出如下假设：

H2a：网络文化嵌入的包容性越强，创客创新绩效越高。

---

[1] Evangelina Holvino, Bernardo M Ferdman, Deborah Merrill-Sands, "Creating and Sustaining Diversity and Inclusion in Organizations: Strategies and Approaches", *The Psychology and Management of Workplace Diversity*, Vol. 1, No. 1, January 2004.

[2] Hurnjin Cho, Jung Joo Jahng, "Factors Affecting The Performance of Voluntary Participants in The Knowledge Sharing Virtual Community", *International Journal of Web Based Communities*, Vol. 10, No. 3, January 2014.

[3] 景保峰、周霞：《包容研究前沿述评与展望》，《外国经济与管理》2017 年第 12 期。

[4] Jone L. Pearce, Amy E. Rande, "Expectations of Organizational Mobility, Workplace Social Inclusion, and Employee Job Performance", *Journal of Organizational Behavior*, Vol. 25, No. 1, January 2004.

[5] Zhao Pan, Yaobin Lu, Sumeet Gupta, "How Heterogeneous Community Engage Newcomers? The Effect of Community Diversity on Newcomers' Perception of Inclusion: An Empirical Study In Social Media Service", *Computers in Human Behavior*, Vol. 39, No. 10, October 2014.

人的相互交往是人类生存和发展的必要条件。传统文化环境中人们的相互交往一般受制于社会地位、社会身份和社会角色等，相互的交流主要发生在权利、地位、职业等利益相近的社会阶层；在网络文化环境中实现了任何人群、任何时间、任何地点的"点对面"交往，虚拟全面融入现实，使交往方式发生了革命性的变化。袁平、刘艳彬、李兴森[1]研究发现企业的互动导向会激励顾客参与到企业的创新活动当中，从而提高了企业的创新绩效；贺爱忠、易婧莹[2]以虚拟品牌社区为例，发现社区成员与品牌间的类社会互动能够增加其内部身份的感知，从而愿意积极参与到价值共创当中；王莉、任浩[3]的研究认为在虚拟创新社区中，消费者在与其他消费者持续交流的过程中，消费者的想法经常会发生变化，会重新思考其他消费者提出的想法和建议，找到以往无法解决的问题的新思路。对于众包社区来说，如果网络文化嵌入的互动性越强，创客们之间的交流将会更加充分，部门知识和信息的融合也更充分，因此提出如下假设：

H2b：网络文化嵌入的互动性越强，创客创新绩效越高。

网络文化是"去中心"的双向交流的平等文化。网络文化的"去中心"在网络世界中打破原有文化结构，消解知识权威。网络文化的平等性为不同国家、不同民族的普通大众，尤其是为现实社会中由于种族、阶级和性别等原因而被遗忘的文化群体提供了一个阐述自我、张扬自我的阵地。组织公平一直是组织行为学领域的热点，组织的公正公平，直接影响到员工的工作满意度、组织承诺、工作绩效和组织公民行为等，对员工行为有较强的预测作用，姚艳虹、韩树强[4]

---

[1] 袁平、刘艳彬、李兴森：《互动导向、顾客参与创新与创新绩效的关系研究》，《科研管理》2015年第8期。

[2] 贺爱忠、易婧莹：《虚拟品牌社区类社会互动对价值共创互动行为的影响研究》，《软科学》2019年第9期。

[3] 王莉、任浩：《虚拟创新社区中消费者互动和群体创造力：知识共享的中介作用研究》，《科学学研究》2013年第5期。

[4] 姚艳虹、韩树强：《组织公平与人格特质对员工创新行为的交互影响研究》，《管理学报》2013年第5期。

认为组织公平正向调节了人格特质对员工创造力的影响，对于众包社区而言，如果社区的公平性文化氛围更浓，创客们对社区的认同感将更强，对积极参与众包项目的组织承诺也越强，对众包项目投入的时间和精力也就越多，因此提出如下假设：

H2c：网络文化嵌入的公平性越强，创客创新绩效越高。

在崇尚秩序、等级和权威的传统社群中，人们往往被动遵守少数社会精英制定的规则，主体行为不是出于自主自愿，而在网络环境中，任何人只要有共同兴趣、爱好和利益都可以遵从自我意识的支配加入到网络，人们的自主意识被不断唤醒，在网络空间中，人们的行为将更加自主，只要不危害他人和社会，人们可以自主选择自己的行为方式。在工作自主性的研究领域中，Christina Maslach，Wilmar B. Schaufeli 和 Michael P. Leiter[1] 研究发现员工被赋予的工作自主性是促进员工表达自我观点和态度的重要影响因素，当工作自主性提高时，员工的自我表达意愿也会增强；王端旭、赵轶[2]研究也发现工作自主性对员工的创造力具有重要的预测作用。在自我决定感的研究领域中，张旭、樊耘、颜静[3]的研究证实，个体的自主需求能够驱动员工形成组织承诺；在众包社区中，当鼓励自主性的文化嵌入程度越深时，创客们更能围绕众包项目各抒己见、从不同领域不同角度提供解决思路，而不用受到规则和制度的约束，因此提出如下假设：

H2d：网络文化嵌入的自主性越强，创客创新绩效越高。

三　知识共享的中介作用

知识共享是个体相互交换知识并共同创造新知识的过程，它涉

---

[1]　Christina Maslach, Wilmar B. Schaufeli, Michael P. Leiter, "Job Burnout", *Annual Review of Psychology*, Vol. 52, No. 1, January 2003.

[2]　王端旭、赵轶：《工作自主性、技能多样性与员工创造力：基于个性特征的调节效应模型》，《商业经济与管理》2011 年第 10 期。

[3]　张旭、樊耘、颜静：《基于心理联系视角的互联网时代背景下组织承诺发展探索》，《管理学报》2015 年第 9 期。

及知识拥有者和知识接收者两个方面。知识拥有者能将拥有的相关知识以某些形式传递或发送，而知识接收者则以某些形式去感受或者接收到所传达的知识。如前所述知识共享的影响因素除了个人因素和技术因素之外，环境因素十分重要，而网络文化就是非常重要的环境因素。

首先，针对网络文化的包容性维度，许梅枝、张向前[1]的研究也指出当团队成员感知到团队包容型氛围时，员工之间更易于建立相互信任和支持关系，更容易主动进行知识共享；钟熙、付晔和王甜[2]的研究也认为包容性的领导有利于员工内部身份的感知从而增加了员工之间的知识共享，由此可以判断网络文化的包容性越强，越有利于创客之间的知识共享。

其次，针对网络文化的互动性维度，杜鹏程等[3]的研究认为员工在社会互动中会增强与他人的社会联结，维系在社会网络中的成员会增多，进而促进相互之间的知识共享；王莉、任浩[4]的研究更是发现虚拟社区的消费者互动对知识共享的质量和数量均具有显著正向影响，与之同理，众包社区中创客感受到的互动性越强，也理应能促进相互之间的知识共享。

再次，针对网络文化的公平性维度，叶宝忠[5]研究认为制度公平可以有效促进初创小微型企业成员之间的知识共享；朱宾欣等[6]更是以众包社区为例发现解答者公平关切心理能降低实施共享知识激励机

---

[1] 许梅枝、张向前：《包容型氛围对员工创造力的跨层次影响研究：以知识共享为中介》，《科技进步与对策》2019年第5期。

[2] 钟熙、付晔、王甜：《包容性领导、内部人身份认知与员工知识共享——组织创新氛围的调节作用》，《研究与发展管理》2019年第3期。

[3] 杜鹏程等：《社会交互作用对员工创新行为的影响：一个有中介的调节》2018年第9期。

[4] 王莉、任浩：《虚拟创新社区中消费者互动和群体创造力：知识共享的中介作用研究》，《科学学研究》2013年第5期。

[5] 叶宝忠：《组织公平与信任对知识共享的影响研究》，《技术经济与管理研究》2014年第9期。

[6] 朱宾欣等：《考虑解答者公平关切的众包竞赛知识共享激励》，《系统管理学报》2020年第1期。

制的门槛,并提升发包方最优知识共享激励程度,由此可知众包社区的公平性文化嵌入有利于激励成员间的知识共享。

最后,针对网络文化的自主性维度,苏伟琳、林新奇①认为工作自主性对员工的知识共享有显著的正向影响;Hackman J. Richard 和 Greg R. Oldham②研究指出工作自主性越高,越能够帮助员工体会到自身所承担工作的意义和价值,从而产生更高水平上的内在动机,这也就会加深员工知识共享的意愿。基于类似逻辑,众包社区的自主性文化嵌入程度越高时,社区成员的工作动机、积极性也就越高,从而也愿意相互之间共享知识。

关于知识共享与创新绩效的关系是一个经典话题,已经有很多学者从不同侧面进行了研究,而且绝大多数研究均指出知识共享对创新绩效具有非常重要的促进作用,如龙勇、汪谷腾③认为模块化组织知识共享对创新绩效具有重要促进作用,并分析了知识共享的作用机制;郭韧、周飞和林春培④的研究指出知识共享氛围促进了员工的建言行为从而有利于组织的管理创新;于晓敏、李佳贞和单伟⑤更是通过元分析发现中国情境下知识共享与创新绩效显著相关,与国际同类研究的结论基本一致,因此我们有理由相信众包社区的知识共享同样有利于众包社区创新绩效。综上分析,我们提出如下假设:

H3a:知识共享中介了文化嵌入的包容性与众包社区创新绩效的关系;

---

① 苏伟琳、林新奇:《服务型领导如何影响员工知识共享行为?一个有调节的中介模型》,《财经论丛》2019 年第 10 期。

② Hackman J. Richard, Greg R. Oldham, "The Job Diagnostic Survey: An Instrument For The Diagnosis Of Jobs And The Evaluation Of Job Redesign Projects", *Affective Behavior*, Vol. 1, No. 5, May 1974.

③ 龙勇、汪谷腾:《模块化组织知识共享对创新绩效影响机制的实证研究》,《管理工程学报》2018 年第 3 期。

④ 郭韧、周飞、林春培:《组织知识共享氛围对管理创新的影响:基于员工自我效能的调节中介模型》,《科研管理》2018 年第 10 期。

⑤ 于晓敏、李佳贞、单伟:《中国情境下知识共享与创新绩效间关系的元分析》,《技术经济》2017 年第 3 期。

H3b：知识共享中介了文化嵌入的互动性与众包社区创新绩效的关系；

H3c：知识共享中介了文化嵌入的公平性与众包社区创新绩效的关系；

H3d：知识共享中介了文化嵌入的自主性与众包社区创新绩效的关系。

四 敬业度的中介作用

韬睿咨询公司的研究认为，在增强员工敬业度的因素方面，公司及其管理人员在激发和增强员工敬业度上所具备的能力和创造的条件是至关重要的，如果公司的管理人员能够和员工进行有效的沟通，解答员工心中的工作责任、绩效反馈、个体需要、部门的目标和绩效、企业目标和价值观、授权共六个重要问题，并且采取相应的管理措施，那么，员工的敬业度就会得到有效的提升。

网络文化作为一个环境因素，首先，基于包容性的视角，许梅枝、张向前[1]认为当团队包容型氛围强调和呈现的行为规范、理念与团队成员对尊重、宽容的心理需求高度一致时，高水平信任关系、自我效能感、积极的内在动机与组织公民行为就会出现；简浩贤等[2]的研究得到包容性领导会提高员工积极的心理感知和态度，从而提高员工的敬业度。由此可以推断网络文化的包容性越强时，越能提升员工的自我效能感等积极心理感知，进而回答了创客的绩效反馈这一问题，故而将会提升创客的敬业度。

其次，基于互动性的视角，传统情境的研究发现，员工在社会互动中会增强与他人的社会联结，与周围人员建立更好的人脉关系，而这种社会环境会减少不确定性和明确工作角色，帮助员工了解自己的不足和改进途径，从而增加他们对工作的控制感，对工作更加专注，

---

[1] 许梅枝、张向前：《包容型氛围对员工创造力的跨层次影响研究：以知识共享为中介》，《科技进步与对策》2019年第5期。

[2] 简浩贤等：《基于组织认同视角的包容性领导与员工敬业度关系研究》，《管理学报》2017年第11期。

拥有更高的敬业度。① 由此可以判断当网络文化的互动性嵌入越强时，创客们与社区其他成员的社会关系越融洽，越能获得有关众包任务的工作责任、绩效反馈和企业目标等信息，从而增加了对众包任务的控制度，进而会提升其敬业度。

再次，基于公平性的视角，传统情境中的研究发现，公平性感知会显著影响员工的工作绩效、满意度、组织承诺等；刘鑫、杨东涛②认为互动公平对员工的工作敬业度也具有显著正向影响；李亚伯、吴为③的研究还指出，新生代工人人际不仅对敬业度有正向直接影响，且还通过工具和谐、价值和谐与情感承诺的链式中介作用间接影响员工敬业度，因此我们有理由相信网络文化的公平性嵌入越强，创客对参与众包任务的敬业度也就越强。

最后，基于自主性视角，传统情境的研究指出当个体感知工作允许他们能够进行自主选择，他们会变得更加愿意工作，拥有较强的工作热情，特别是工作自主性满足了个体的自主性需求，激发了个体的内部工作动机，进而积极影响员工的敬业度，Madhura Bedarkar 和 Deepika Pandita④基于实证研究发现，敬业有助于改善员工绩效，并指出敬业标志着员工具有较高的组织承诺和工作卷入水平，能够理解工作情境，可以强化学习和取得绩效的意愿；付景涛⑤则从敬业度的三个维度论述了敬业度对员工创新绩效的影响：首先，专注可以通过持久性提升知识员工的创新绩效；其次，奉献可以通过自觉性的提升改善知识员工的创新绩效，活力则可以通过方法的得当性来提升员工

---

① 毛凯贤、李超平：《互动视角下道德领导与主动性人格影响新员工敬业度的作用机制》，《科学学与科学技术管理》2018 年第 12 期。
② 刘鑫、杨东涛：《工作自主性与员工敬业度：自我监控和分配公平的调节作用》，《商业经济与管理》2018 年第 4 期。
③ 李亚伯、吴为：《基于链式中介模型的新生代员工人际公平与敬业度分析》，《商业研究》2017 年第 3 期。
④ Madhura Bedarkar, Deepika Pandita, "A Study on The Drivers of Employee Engagement Impacting Employee Performance", *Procedia Social & Behavioral Sciences*, Vol. 133, No. 15, May 2014.
⑤ 付景涛：《职业嵌入对知识员工创新绩效的影响：敬业的中介作用》，《管理评论》2017 年第 7 期。

的创新绩效。本章认为对于众包社区来说，创客们几乎都是知识型员工，开展创新工作需要投入大量精力，需要反复地探索以及需要恰当的方法设计和研究方案，因此创客作为接包方其敬业度对提高创造力或创新绩效具有重要促进作用。

综上分析，我们提出如下假设：

H4a：敬业度跨层次中介了文化嵌入的包容性与创客创新绩效的关系；

H4b：敬业度跨层次中介了文化嵌入的互动性与创客创新绩效的关系；

H4c：敬业度跨层次中介了文化嵌入的公平性与创客创新绩效的关系；

H4d：敬业度跨层次中介了文化嵌入的自主性与创客创新绩效的关系。

五 创客创新绩效与社区创新绩效

在传统情境下，学者们通常将员工创造力作为团队创新的基础，但团队创新不是员工创造力的简单聚合；从现实来看，Google公司对180个团队调查发现，业绩最好的团队并不是全部由最优秀的员工组建。因此，尽管员工创造力是团队创新的基础，但二者之间存在更复杂的关系，员工创造力如何"聚沙成塔"转变为团队创新仍是一个值得探索的问题。刘明伟等[①]通过研究指出，员工创造力的平均水平正向影响团队创新，员工创造力差异性显著负向影响团队创新，那么在众包环境下，创客创新绩效如何影响整个社区创新绩效？

在众包社区中，当创客创新绩效平均水平较高时，整个社区势必出现一种类似"比、学、赶、帮、超"的氛围，在这种创新氛围下，首先，各众包创客受主观规范的压力，将不甘落后，积极参与到众包

---

① 刘明伟等：《聚沙成塔：员工创造力如何转化为团队创新》，《管理科学》2019年第3期。

创新竞赛当中,必将激活其固有的创新潜力,调动其可以整合的创新资源;其次,各众包创客之间可以相互学习他人的长处,不断提高自己的创新能力,从而更好地参与众包创新;最后,各创客之间为了提升自身创新绩效,为了竞标众包项目,将会出现创客之间的结盟与合作,从而催生了社群的合作创新,因此提出假设:

H5a:创客创新绩效的平均水平增加了整个众包社区创新绩效。

在传统情境下,团队内个体员工的创造力水平存在高低差异,因而可能对个体创造力转化为团队创新的过程产生影响。其中张崴[1]指出创造力存在差异的员工往往在背景和受教育程度等方面存在差异,而员工的能力、个性和受教育程度等背景差异可能对团队创新存在负面影响;刘伟国等[2]认为团队知识交换行为有助于促进团队创造力,员工创造力差异性越大,团队内部信息沟通越不顺畅,越不利于团队创新,即员工创新绩效存在差异不利于激发团队创造力。

在众包社区中,虽然创客之间的关系不像团队成员之间的关系那么紧密,但仍然存在一定的社会联系,因此创客创新绩效的差异仍旧会影响整个社区的创新水平。首先,当创客之间的创新绩效相差很大时,创客们会自然认为相互之间不是一个层次或水平的人,因此不利于相互之间的沟通和交流;其次,创客之间的创造绩效相差过大,会导致高创新绩效的创客在客观上"不能"和主观上"不愿"从其他成员那里获取知识和信息,低绩效的创客则由于知识落差较大,吸收能力较弱,很难从高绩效创客那里获得适宜的知识。因此提出如下假设:

H5b:创客的创新绩效的异质性降低了整个众包社区创新绩效。

综上分析,得到如图 6-1 所示的理论模型:

---

[1] 张崴:《研究型大学科研团队结构对团队创造力的影响》,博士学位论文,大连理工大学,2013 年,第 54 页。

[2] 刘伟国等:《领导创造力期望对团队创造力的影响》,《心理学报》2018 年第 6 期。

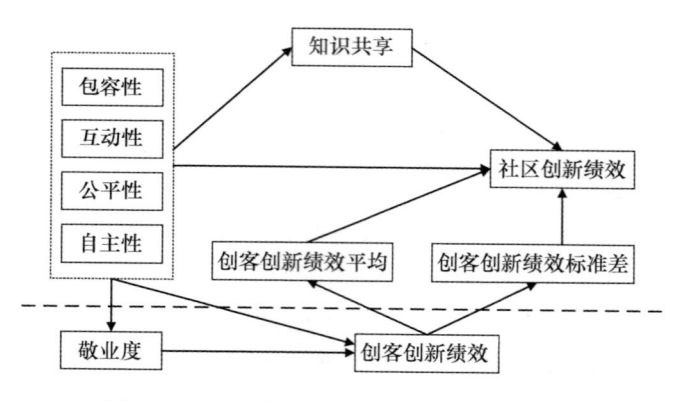

图 6-1 网络文化嵌入与众包社区创新绩效

第三节　实证研究设计

一　问卷与变量

与第五章相同，以小米众包社区、海尔 HOPE 平台、猪八戒网和一品威客网四个众包平台为研究背景，经过 70 天的数据收集，共获取 1267 份有效问卷。根据创客参与的众包平台和众包项目类型的不同，将 1267 份数据分为 45 个组，每组对应一个细分的众包社区，本次调查的 1267 个创客在每个细分社区的成员数量居于 20—33 之间。

问卷的主要内容分为两个部分，第一部分是正式测量题项，第二部分是基本统计信息。其中，正式测量分"包容性、互动性、公平性和自主性"，"创客创新绩效、社区创新绩效"，"知识共享、敬业度"等测量模块，测量采用李克特 7 级量表（除特殊说明外，1 代表非常不同意，7 代表非常同意）。其中"包容性、互动性、公平性和自主性"采用我们自己开发的量表，共计 19 个题项；创客创新绩效的量表由卢新元等[①]的 3 个题项与 Hangzi Zhu, Katharina Djurjagina

---

① 卢新元等：《众包竞赛中接包方的创新绩效影响因素研究》，《管理学报》2018 年第 5 期。

和 Jens Leker[①]的两个题项共同构成，众包社区创新绩效参考林素芬[②]的量表共包括人气、数量和质量三个维度涉及 11 个题项，知识共享借鉴王楠[③]等的量表分为显性知识共享和隐性知识共享两个维度，共计 8 个题项，敬业度测度参考 Alan M. Saks[④]的工作敬业度的量表，共有 5 个题项。引入创客性别（C1）、年龄（C2）、受教育程度（C3）、在本社区时间（C4）作为控制变量。样本的描述统计特征与第五章相同，从略。

二 信度与效度分析

本章使用调查问卷数据，在假设检验前，需要进行量表的信效度检验，结果见表 6-1。使用 Cronbach's α 来评估内部一致性，本章中所有构念的 Cronbach's α 值都在 0.846 以上，超过了 0.6 的推荐值，说明每个构念的内部一致性较高。

本章中共 8 个核心变量，与其他备选模型相比，当我们采用 8 个维度进行验证性因子分析时模型的拟合效果最好（$\chi^2/df = 2.017$，CFI = 0.971，TLI = 0.969，SRMR = 0.035，RMSEA = 0.028）。

如表 6-1 所示，所有构念的因子载荷都大于 0.679，说明收敛效度良好。各构念的组合信度 CR 值最小为 0.856，AVE 均大于等于 0.530，说明所有构念的组合信度较高。同时表 6-2 报告了各个潜变量在变量的平均方差提取（AVE）及变量之间的相关系数，通过比较各个变量的 AVE 平方根与其他变量之间的相关系数，发现 AVE 平方根均大于该变量和其他变量的相关系数，说明各变量之间具有较好的

[①] Hangzi Zhu, Katharina Djurjagina, Jens Leker, "Innovative Behaviour Types and Their Influence on Individual Crowdsourcing Performances", *International Journal of Innovation Management*, Vol. 18, No. 6, June 2014.

[②] 林素芬：《基于众包参与者网络的众包绩效提升研究》，博士学位论文，华侨大学，2015 年，第 52 页。

[③] 王楠、张士凯、赵雨柔：《在线社区中领先用户特征对知识共享水平的影响研究——社会资本的中介作用》，《管理评论》2019 年第 2 期。

[④] Alan M. Saks, "Antecedents and Consequences of Employee Engagement", *Journal of Managerial Psychology*, Vol. 21, No. 7, July 2006.

区分效度。综上，本章使用的量表信效度表现良好，可以用来进行后续的假设检验。

表 6 – 1　　　　　　　　　　验证性因子分析结果

构念	题项	载荷
包容性（COT） Cronbach's α = 0.859 CR = 0.860 AVE = 0.552	社区积极鼓励大家提出不同的想法和方案	0.757
	对……方案进行评价时，主要基于方案本身，……	0.727
	成员们提供的有价值的想法都会被借鉴或讨论	0.796
	社区提供的交流方式非常多元化	0.714
	即便是不完善的想法和方案也不影响大家的参与	0.717
互动性（CIN） Cronbach's α = 0.846 CR = 0.869 AVE = 0.570	……成员能够很方便地分享彼此的经验和感受	0.693
	大家经常和社区就某一主题进行共同探讨	0.750
	大家经常通过合作找到解决问题的途径	0.776
	我在该社区中的发帖可以得到他人回复	0.798
	社区组织的一些社会活动，大家能积极参加	0.754
公平性（CFA） Cronbach's α = 0.871 CR = 0.871 AVE = 0.576	对于我提交的大多方案而言，我的报酬是合理的	0.725
	众包平台或发包方对我提交方案的评价是合理的	0.739
	平台会关心我对方案评审的意见或建议	0.701
	该平台在筛选方案时，相对来说是公开透明的	0.826
	该社区较好地体现了公平竞争的精神	0.797
自主性（CFR） Cronbach's α = 0.855 CR = 0.856 AVE = 0.597	在完成众包项目时我们自由决定具体进度	0.822
	在社区中大家不用担心被打击或报复	0.764
	对于参与的众包项目，我可以按照自己的想法试着完成	0.741
	在该社区，要不要与他人合作，我可以自由决定	0.762
创客创新绩效（PEIP） Cronbach's α = 0.890 CR = 0.891 AVE = 0.621	我的很多项目方案都是原创性的	0.821
	我的项目方案比较新颖满足任务要求	0.765
	我解决众包项目的视角比较新	0.828
	我参与的项目（提交的创意）比一般人多	0.748
	我在社区参与评论的次数比一般人多	0.807

续表

构念	题项	载荷
敬业度（DE） Cronbach's α = 0.910 CR = 0.911 AVE = 0.671	我经常全身心地投入到众包项目中	0.803
	有时候，我为了完成众包项目都忘记了时间	0.836
	我平时精力很难集中，工作时也会考虑其他的事情	0.830
	众包项目占据了那一段我所有的时间，我完全沉浸其中了	0.833
	我在参与众包项目时会高度投入	0.792
社区创新绩效（COIP） Cronbach's α = 0.924 CR = 0.925 AVE = 0.530	很多企业或个人在社区发布众包项目	0.679
	社区的创客数量很多	0.784
	社区成员参与众包创新项目很活跃	0.806
	社区每天成交的众包项目数量很多	0.715
	该社区内我所知道的创客中标率平均来说都很高	0.698
	该社区内我所知道的创客报酬平均来说都很高	0.678
	该社区在国内是知名的众包社区	0.697
	该社区的管理水平较高	0.766
	该社区众包交易的诚信度较高	0.708
	很多著名企业在该社区发布创新任务	0.767
	该社区创客的平均水平较高	0.694
知识共享（SH） Cronbach's α = 0.919 CR = 0.919 AVE = 0.587	大家经常分享一些与社区相关的知识	0.754
	大家经常转发一些我认为比较有价值的知识	0.761
	大家经常在社区内分享一些文件或报告等	0.779
	大家经常在社区分享一些相关政策或市场知识	0.743
	大家经常在社区分享处理问题的方法	0.802
	大家经常在社区分享处理问题的诀窍	0.774
	大家经常在社区分享参与众包的经验	0.762
	大家经常对其他成员的众包项目提供建议	0.754

表 6-2　　　　　　　　　**潜变量相关性矩阵**

变量	1	2	3	4	5	6	7	8
包容性	(0.743)							
互动性	0.558**	(0.755)						
公平性	0.519**	0.578**	(0.759)					

续表

变量	1	2	3	4	5	6	7	8
自主性	0.479**	0.628**	0.527**	(0.773)				
创客创新绩效	0.388**	0.481**	0.471**	0.464**	(0.792)			
社区创新绩效	0.618**	0.702**	0.617**	0.587**	0.599**	(0.728)		
知识共享	0.563**	0.626**	0.558**	0.464**	0.393**	0.680**	(0.766)	
敬业度	0.454**	0.587**	0.591**	0.563**	0.593**	0.584**	0.475**	(0.819)
平均值	3.993	3.972	4.016	3.976	4.696	3.985	4.002	3.997
标准差	1.138	1.121	1.145	1.168	0.999	0.875	0.988	1.028

注：（ ）内数字为 AVE 平方根，* 表示 $P<0.1$，** 表示 $P<0.05$，*** 表示 $P<0.01$，本章表格同理。

三 统计方法选择

理论上网络文化嵌入（包容性、公平性、互动性和自主性）、知识共享和社区创新绩效是对社区环境的测度，为社区组织层次（第二层次）变量，而敬业度、创客创新绩效则是对创客个体的测度，为个体层次（第一层次）变量，需要进行跨层次回归分析；但样本数据均来自个体，即网络文化嵌入、知识共享和社区创新绩效为创客的主观感知，因此在选择采用基于个体层次的回归分析还是采用跨层次分析时，需要检验相关数据在不同社区间的差异性（组间差异）和同一社区内部的一致性（组内差异）。

如表 6-3 所示，六个变量的 Rwg 平均数均大于通常的标准 0.70，ICC（1）值均大于标准值 0.05，ICC（2）值均大于标准值 0.50，说明数据的组内一致性很高，即创客的主观感知围绕社区客观情况的变动范围不大，可以通过取平均值的方法将个体层面的数据聚合到社区层面。

表 6-3　**组织层变量 Rwg 平均值、ICC（1）、ICC（2）和 F 值**

	Rwg 平均值	ICC（1）	ICC（2）	F（44, 1222）
包容性	0.865	0.332	0.930	14.335
公平性	0.834	0.317	0.926	13.455
互动性	0.846	0.393	0.946	18.680

续表

	Rwg 平均值	ICC（1）	ICC（2）	F（44, 1222）
自主性	0.845	0.344	0.935	15.349
知识共享	0.897	0.278	0.913	11.483
社区创新绩效	0.933	0.373	0.941	17.051

方差分析显示，六个变量的组间均方和组内均方存在显著差异：包容性（$F=14.335$，$P<0.01$）、公平性（$F=13.455$，$P<0.01$）、互动性（$F=18.680$，$P<0.01$）、自主性（$F=15.349$，$P<0.01$）、知识共享（$F=11.483$，$P<0.01$）和社区创新绩效（$F=17.051$，$P<0.01$），说明不同社区间创客对网络文化嵌入、知识共享和社区创新绩效的感知存在比较显著的差异；此时如果直接采用个体层次的回归分析会导致回归系数的偏误，因此采用跨层次回归分析方法。

第四节　假设检验

一　总效应检验

通过建立零模型，得到创客创新绩效、敬业度的组内相关系数ICC（1）分布为0.151和0.324，均大于0.06，有必要进行多层次分析。

以创客创新绩效为被解释变量，以网络文化嵌入的四个维度为解释变量建立多层次分析模型，回归分析的路径系数如表6-4的模型1所示。由模型1可知，在不考虑中介变量"敬业度"的前提下，网络文化的包容性（$\beta=0.054$，$P<0.05$）、公平性（$\beta=0.171$，$P<0.01$）、互动性（$\beta=0.143$，$P<0.01$）和自主性（$\beta=0.154$，$P<0.01$）对创客创新绩效均具有显著正向影响，即假设H2a、H2b、H2c和H2d均得到了支持。

以社区创新绩效为被解释变量，以网络文化嵌入的四个维度为解释变量，进行社区层次的同层次回归分析，路径系数如表6-5的模型6所示。由模型6可知，网络文化的包容性（$\beta=0.165$，$P<$

0.01)、公平性（$\beta = 0.147$，$P < 0.01$）、互动性（$\beta = 0.255$，$P < 0.01$）和自主性（$\beta = 0.082$，$P < 0.01$）对创客创新绩效均具有显著正向影响，即假设 H1a、H1b、H1c 和 H1d 均得到了支持。

表 6-4　　创客创新绩效回归分析结果

变量	创客创新绩效				敬业度	
模型	模型0	模型1	模型2	模型3	模型4	模型5
第一层变量						
C_1	0.094	0.066	0.099	0.074	-0.044	-0.035
C_2	-0.002	-0.002	-0.002	-0.002	0.001	0.001
C_3	0.153**	0.133**	0.134**	0.130**	0.048*	0.021
C_4	-0.024*	-0.023*	-0.021**	-0.021**	-0.009	-0.009
ISE			0.531***	0.354***		
第二层变量						
包容性		0.054**		0.039*		0.042*
公平性		0.171***		0.078**		0.265***
互动性		0.143***		0.079**		0.214***
自主性		0.154***		0.076**		0.189***
CFI	0.086	0.941	0.192	0.998	0.047	0.762
RMSEA	0.266	0.046	0.328	0.001	0.278	0.116
组内方差	0.357	0.358	0.357	0.353	0.208	0.207
组间方差	0.063	0.007	0.016	0.005	0.219	0.002

另外在模型 6 的基础上，增加每个社区创客创新绩效的平均值和标准差作为解释变量，得到回归分析结果如表 6-5 的模型 7 所示，由模型 7 可知，创客创新绩效的平均值（$\beta = 0.341$，$P < 0.01$）与社区创新绩效具有正相关关系，创客创新绩效的标准差（$\beta = -0.097$，$P < 0.05$）与社区创新绩效具有负相关关系，即假设 H5a、H5b 得到了支持。

表 6-5　　　　　　　　　社区创新绩效回归分析结果

变量	社区创新绩效				知识共享	
模型	模型6	模型7	模型8	模型9	模型10	模型11
包容性	0.165***	0.114**		0.119***		0.204***
公平性	0.147***	0.101**		0.107***		0.181***
互动性	0.255***	0.193***		0.187***		0.302***
自主性	0.082**	0.054**		0.083**		-0.003
创客创新绩效平均值		0.341***			0.231**	
创客创新绩效标准差		-0.097**			-0.076**	
知识共享			0.569***	0.226***		
CFI	0.936	0.985	0.492	0.998	0.347	0.762
RMSEA	0.046	0.021	0.128	0.001	0.178	0.116

二　中介效应检验

首先，以敬业度为被解释变量，以包容性、公平性、互动性和自主性为解释变量，得到跨层次回归分析的路径系数如表6-4的模型5所示，可以看出网络文化的公平性（$\beta = 0.265$，$P < 0.01$）、互动性（$\beta = 0.214$，$P < 0.01$）和自主性（$\beta = 0.189$，$P < 0.01$）对创客敬业度均具有显著正向影响，包容性对创客敬业度的影响显著性 $P > 0.05$。接着，以创客创新绩效为被解释变量，以敬业度为中介变量，进行个体层的回归分析，路径系数如表6-4的模型2所示，模型显示敬业度对创客创新绩效具有显著的正向影响（$\beta = 0.309$，$P < 0.01$），初步说明敬业度可以作为备选中介变量。最后，以创客创新绩效为被解释变量，以敬业度为中介变量、以网络文化嵌入的四个维度为解释变量进行跨层次回归分析，得到模型3所示的结果。模型显示当考虑中介变量敬业度时，网络文化嵌入的四个维度对创客创新绩效的路径系数及其显著性均有不同程度的下降。

Mplus求解的中介效应如表6-6中M2所示，敬业度对公平性与创客创新绩效的中介效应点估计为0.094（$P < 0.01$），95%的置信区间为[0.072, 0.115]，充分说明敬业度中介了公平性与创客创新绩

效的关系，即假设 H4b 得到支持；类似如 M3 和 M4 所示，敬业度也中介了互动性、自主性与创客创新绩效的关系，即假设 H4c 和 H4d 也得到支持，从 M1 可知，敬业度对包容性与创客创新绩效的中介效应不明显，H4a 暂不予以支持。

表6-6　　　　　　　结构方程总体模型参数估计

关系路径	Estimate	S.E.	C.R（t）	P值	Lower 2.5%	Upper 2.5%
层内路径						
C1→PEIP	0.047	0.069	0.678	0.498	-0.088	0.181
C2→PEIP	-0.003	0.003	-1.114	0.265	-0.009	0.002
C3→PEIP	0.116	0.032	3.588	0.000	0.053	0.180
C4→PEIP	-0.024	0.011	-2.102	0.036	-0.046	-0.002
B1：DE→PEIP	0.354	0.026	13.486	0.000	0.303	0.406
跨层路径						
B2：CTO→DE	0.042	0.022	1.913	0.056	-0.001	0.085
B3：CFA→DE	0.265	0.024	11.200	0.000	0.218	0.311
B4：CIN→DE	0.214	0.026	8.304	0.000	0.164	0.265
B5：CFR→DE	0.189	0.023	8.137	0.000	0.143	0.234
B6：CTO→PEIP	0.039	0.022	1.828	0.068	-0.003	0.082
B7：CFA→PEIP	0.078	0.023	3.388	0.001	0.033	0.122
B8：CIN→PEIP	0.079	0.026	3.067	0.002	0.028	0.129
B9：CFR→PEIP	0.076	0.023	3.381	0.001	0.032	0.120
跨层次中介效应						
M1：CTO→DE→PEIP	0.015	0.008	1.886	0.059	-0.001	0.030
M2：CFA→DE→PEIP	0.094	0.011	8.472	0.000	0.072	0.115
M3：CIN→DE→PEIP	0.076	0.011	7.002	0.000	0.055	0.097
M4：CFR→DE→PEIP	0.067	0.009	7.098	0.000	0.048	0.085
拟合优度	χ^2/Df	RMSEA	SRMR	TLI	CFI	
	0.6865	0.000	0.017	0.999	0.999	

类似对敬业度的中介效应分析，下面分析知识共享在网络文化嵌入与社区创新绩效间的中介效应。

第六章 众包社区的网络文化嵌入与社区创新绩效

首先，以知识共享为被解释变量，以包容性、公平性、互动性和自主性为解释变量，得到同层次回归分析的路径系数如表6-5的模型11所示，可以看出除了自主性以外，网络文化的包容性（$\beta = 0.204$，$P < 0.01$）、公平性（$\beta = 0.181$，$P < 0.01$）和互动性（$\beta = 0.302$，$P < 0.01$）均对社区知识共享具有显著正向影响。接着，以社区创新绩效为被解释变量，以知识共享为中介变量，进行社区层的回归分析，路径系数如表6-5的模型8所示，模型显示知识共享对社区创新绩效具有显著的正向影响（$\beta = 0.569$，$P < 0.01$），初步说明知识共享可以作为备选中介变量。最后，以社区创新绩效为被解释变量、以知识共享为中介变量、以网络文化嵌入的四个维度为解释变量进行回归分析，得到模型9所示的结果。模型显示当考虑中介变量知识共享时，网络文化嵌入的四个维度对创客创新绩效的路径系数均有不同程度的下降。

Mplus求解的中介效应如表6-7中$\Omega 1$所示，知识共享对包容性与社区创新绩效的中介效应点估计为0.044（$P < 0.01$），95%的置信区间为[0.033，0.056]，充分说明知识共享中介了包容性与社区创新绩效的关系，即假设H3a得到支持；类似如$\Omega 2$和$\Omega 3$所示，知识共享也中介了公平性和互动性与社区创新绩效的关系，即假设H3b和H3c也得到支持；从$\Omega 4$可知，知识共享对自主性与社区创新绩效的中介效应不明显，H3d暂不予以支持。

表6-7　　　　　　　　**结构方程总体模型参数估计**

关系路径	Estimate	S.E.	C.R（t）	P值	Lower 2.5%	Upper 2.5%
直接路径						
$\Gamma 1$：CTO→SH	0.204	0.021	9.153	0.000	0.162	0.246
$\Gamma 2$：CFA→SH	0.181	0.022	8.258	0.000	0.138	0.223
$\Gamma 3$：CIN→SH	0.302	0.025	12.074	0.000	0.253	0.352
$\Gamma 4$：CFR→SH	-0.003	0.022	-0.122	0.903	-0.059	0.040
$\Gamma 5$：CTO→COIP	0.109	0.014	7.595	0.000	0.081	0.137

续表

关系路径	Estimate	S.E.	C.R (t)	P值	Lower 2.5%	Upper 2.5%
Γ6：CFA→COIP	0.072	0.015	4.666	0.000	0.041	0.102
Γ7：CIN→COIP	0.156	0.017	9.206	0.000	0.123	0.190
Γ8：CFR→COIP	0.053	0.014	3.701	0.000	0.025	0.081
Γ9：SH→COIP	0.218	0.018	11.828	0.000	0.182	0.254
Γ10：PEIP 平均→COIP	0.213	0.016	12.980	0.000	0.181	0.245
Γ10：PEIP 标准差→COIP	-0.073	0.016	-4.561	0.000	-0.104	0.043
中介效应						
Ω1：CTO→SH→COIP	0.044	0.006	7.445	0.000	0.033	0.056
Ω2：CFA→SH→COIP	0.039	0.006	6.756	0.000	0.028	0.051
Ω3：CIN→SH→COIP	0.066	0.008	8.329	0.000	0.050	0.081
Ω4：CFR→SH→COIP	-0.001	0.005	-0.122	0.903	-0.010	0.009
拟合优度	χ^2/Df	RMSEA	SRMR	TLI	CFI	
	1.396	0.018	0.004	0.998	0.999	

综上，假设检验表明，除了假设 H3d 和假设 H4a 以外，其余假设均得到了支持。

第五节 结论与讨论

一 研究结论

本章得到如下结论：

（一）网络文化嵌入的四个维度对社区创新绩效均具有显著正向影响。这说明对于众包社区来说，网络文化的包容性越强越有利于社区整体创新绩效的提升，网络文化的公平性越强越有利于社区创新绩效，社区嵌入的网络文化的互动性和自主性程度越深，越有利于增加社区创新绩效。

（二）网络文化嵌入的四个维度对创客创新绩效均具有显著正向影响。说明当众包社区营造一种良好的网络文化氛围时，如果创客对社区的包容性、公平性、互动性和自主性非常满意时,将会有利于提升创客个体的创新绩效。

(三)知识共享中介了包容性、公平性和互动性对社区创新绩效的影响。说明社区文化的包容性、公平性和互动性之所以能够提升社区创新绩效,部分原因在于这些良好的社区文化促进了创客之间的知识交流和共享。

(四)创客敬业度中介了公平性、互动性和自主性对创客创新绩效的影响。说明社区文化的公平性、互动性和自主性之所以能够提升创客创新绩效,部分原因在于这些良好的社区文化提升了创客之间的敬业度进而有利于创客绩效的提升。

二 管理启示

网络文化是以网络为媒介,以文化为内核,在网络开放的虚拟时空中多元文化信息的自由实现,并影响和改变着现实社会的行为方式和思维方式。网络文化是人类理性发展的产物,也是人类理性的佐证,它充分证明了人的理性能力,特别是超越的创造力;反过来,网络文化为人的理性发展提供了更广阔的空间,人在网络文化中的交往和创造等网络实践活动,势必发展和提升人的理性能力。

网络文化也是人造文化,人有能力创造一种新型文明,就有能力控制这种新型文明,因此在众包社区的建设中要营造一种充满正能量的网络文化,营造一种解放思想、鼓励创新的网络,网络社群建设要区别于传统社区,要先进于传统社区。从提高众包社区创新绩效的角度考虑:(1)首先社区建设要有包容性的理念,允许不同观点、不成熟观点、非主流观点的存在,这正是线下组织缺乏、线上组织优于线下组织的重要特征;(2)社区要增加成员间的互动性,一个活跃的社群是众包平台成功的重要前提,也是当前社交电商追求的目标,因此社区建设者要通过激励、引领、烘托等手段增加社区成员间的互动交流;(3)社区要保证众包交易的公平,要注意激励手段的公平,要注意社区规则的公平,要注意社区活动的公平,很多创客拿出时间和资源参与线上空间正是看中了虚拟社区的去中心化,公平性特征,因此切莫把虚拟空间建成固化的等级社会；（4）社区建设要保证创客在社区活动的自由、自主，允许创客在相对自由的时间、相对自由的空间、相对自主的方式完成众包任务；人们先天追求自主，在世俗社会由于受到种种规则的约束，往往出现循规蹈矩，而创新需要突破，因此在虚拟空间中，必须要最大限度地保障创客的自主性。

本章小结

本章分别以创客层面的中介变量创客敬业度和社区层面的中介变量社区知识共享解析了网络文化嵌入对创客创新绩效和对社区创新绩效的影响机制，并讨论了创客创新绩效对社区创新绩效的影响。通过建立跨层次分析模型发现：网络文化嵌入的四个维度无论对创客创新绩效还是对社区创新绩效均存在显著的正向影响，其中创客敬业度跨层中介了网络文化的公平性、互动性和自主性对创客创新绩效的影响；社区知识共享同层中介了网络文化的包容性、公平性和互动性对社区创新绩效的影响；创客创新绩效的平均水平与社区创新绩效正相关；创客创新绩效的标准差与社区创新绩效负相关。

第七章 众包社区的社群治理嵌入与社区创新绩效

作为抑制机会主义行为及优化网络关系的重要手段，创新网络治理一直是众多技术创新网络演进学者关注的焦点问题。在传统的创新网络运营当中，网络治理一直是确保网络有效、稳定运行的重要保障。在虚拟情境下，虽然我们强调社区建设要秉承包容、互动、公平和自主的精神，但并不是说虚拟社区建设不需要外部治理，实践证明毫无治理的虚拟社区也会走向衰败。那么，众包社区的网络治理手段对众包社区创新绩效有无影响，其影响路径是什么样的，本章采用机会主义和创客就绪度来剖析社群治理嵌入的创新优势。

第一节 理论基础

一 机会主义行为

机会主义作为交易成本理论的行为假设之一，是影响交易伙伴关系质量的关键因素[1]。Oliver E. Williamson[2]将其定义为"不道德地追求自我私利"，其表现形式有隐瞒或歪曲事实，虚假承诺，夸大自己的困难，故意回避或逃避合约义务等。Oliver E. Williamson 强调机会主义行为的根本原因在于主体的自利倾向，这种倾向决定了人们会在交易中借

---

[1] Bohyeon Kang, Rupinder P. Jindal, "Opportunism in Buyer-Seller Relationships: Some Unexplored Antecedents", *Journal of Business Research*, Vol. 68, No. 3, March 2015.

[2] Oliver E. Williamson, "Markets and Hierarchies", *American Economic Review*, Vol. 63, No. 1, January1975.

助欺诈等手段扩大自身利益。现有研究指出，机会主义行为分为多种类型：按违背合同的程度可分为公然的机会主义和合法的机会主义；按发生时间可分为事前机会主义和事后机会主义；按动机可分为积极的机会主义与被动的机会主义。Kenneth H. Wathne 和 Jan B. Heide[1]将机会主义行为进一步细分为有意逃脱或回避责任或义务、缺乏灵活性或抗拒新环境、违反契约条款或突破规范以及被迫重新谈判4种表现形式。

关于如何遏制机会主义，现有文献大多研究企业间机会主义行为的治理。Baofeng Huo，Barbara B. Flynn 和 Xiande Zhao[2]基于交易成本理论指出，减轻机会主义风险的一种方法是建立保护特定资产投资的正式合同，包括奖励和/或惩罚措施，以便有效地分享信息；吴单[3]则认为，关系规范在一定程度上弥补了基于严苛管制正式控制的缺陷，能够有效抑制机会主义行为的发生；周海军、杨忠[4]指出关系契约对机会主义行为的治理中存在着信任的调节机制；Baofeng Huo，Zhiqiang Wang 和 YuTian[5]基于组织行为学视角分别从程序公平和分配公平探索公平和交流对供应链机会主义行为的抑制机制；Kenneth H. Wathne 和 Jan B. Heide[6]分析了监督、选择、激励和社会化机制在企业间关系治理中的作用；李正锋、叶金福[7]主张结合正式的监督、选

---

[1] Kenneth H. Wathne, Jan B. Heide, "Opportunism in Interfirm Relationships: Forms, Outcomes, and Solutions", *Journal of Marketing*, Vol. 64, No. 4, April 2000.

[2] Baofeng Huo, Barbara B. Flynn, Xiande Zhao, "Supply Chain Power Configurations and Their Relationship with Performance", *Journal of Supply Chain Management*, Vol. 53, No. 2, February 2017.

[3] 吴单：《分销商机会主义的影响因素》，硕士学位论文，广东商学院，2012年，第45页。

[4] 周海军、杨忠：《供应链企业间机会主义行为及关系契约治理研究：基于抵押物模型的实证分析》，《南京社会科学》2014年第1期。

[5] Baofeng Huo, Zhiqiang Wang, YuTian, "The Impact of Justice on Collaborative and Opportunistic Behaviors in Supply Chain Relationships", *International Journal of Production Economics*, Vol. 177, No. 7, July 2016.

[6] Kenneth H. Wathne, Jan B. Heide, "Opportunism in Interfirm Relationships: Forms, Outcomes, and Solutions", *Journal of Marketing*, Vol. 64, No. 4, April 2000.

[7] 李正锋、叶金福：《企业合作研发中的机会主义行为及其治理机制设计》，《世界科技研究与发展》2014年第1期。

择和非正式的信任、声誉等机制治理合作研发企业间的关系；Martin Phenix Nunlee[①]证实了声誉和沟通等非正式机制在采购商和供应商的渠道关系治理中的作用；Eric T. G. Wang[②]证实了声誉机制、专用性资产投入在治理软件外包关系中的作用；苏中锋[③]证实了契约控制和信任控制都可以减少合作研发中的机会主义行为。在虚拟环境中关于机会主义治理的研究相对较少，刘汉民、张晓庆[④]认为监督机制、声誉机制和沟通机制可以有效遏制网购中卖方的机会主义。

二 创客就绪度

目前有关就绪方面的研究主要集中在企业的 e 就绪和价值共创领域的顾客就绪，两者对本章的研究均具有重要借鉴意义。e 就绪是指企业为成功实施电子化战略和计划而对相关各方面的优化水平，它决定了企业是否适合开展电子商务，这种基础性支撑条件对于传统企业显得尤为重要；朱镇、赵晶[⑤]对相关文献进行梳理后，认为 e 就绪主要包括资源就绪和认知就绪两种类型。资源就绪包含战略参与、伙伴依赖、IS 整合障碍三个维度，认知就绪则包含战略执行力和运作执行力两个维度。顾客就绪度是指顾客已经做好准备的状态或情形，它描绘的是个体某种行为的准备状态。顾客的就绪度越高，其某种行为的准备状态越充分，该行为发生的可能性也就越高。换言之，当顾客的角色清晰性很高、动机很强烈、能力很强时，顾客的准备状态就越充分，某种行为发生的倾向越大。Matthew L. Meuter, Mary Jo Bitner 和

---

① Martin Phenix Nunlee, "The Control of Intra-Channel Opportunism Through the Use of Inter-Channel Communication", *Industrial Marketing Management*, Vol. 34, No. 5, May 2005.

② Eric T. G. Wang, "Transaction Attributes and Software Outsourcing Success: An Empirical Investigation of Transaction Cost Theory", *Information Systems Journal*, Vol. 12, No. 2, February 2002.

③ 苏中锋：《合作研发的控制机制与机会主义行为》，《科学学研究》2019 年第 1 期。

④ 刘汉民、张晓庆：《网络零售平台治理机制对卖家机会主义行为的影响：以感知不确定性为调节变量》，《商业经济与管理》2017 年第 4 期。

⑤ 朱镇、赵晶：《e 就绪对传统企业电子商务吸收的影响：组织执行的中介作用》，《南开管理评论》2013 年第 2 期。

Amy L. Ostrom 等①认为顾客就绪度包含角色清晰性、动机、能力三个维度。"角色清晰性"是指用户对某种行为或流程中自己应该扮演的角色的清晰、知晓和熟悉程度，是对自身所需要扮演角色的理解和认识；"动机"是指驱动某种行为的内在张力，一般是由个体想要满足某种利益或需要的欲望程度所决定的；"能力"则是指用户处理或完成某项任务或行为所需要的知识、技巧、信心或其他资源。一般而言，当个体角色清晰度越高、能力和知识储备越充分、内在动机和外在动机越强烈，那么用户实施某种行为的准备状态和水平越高，个体发生和进行某种行为的可能性越大。②

借鉴 e 就绪和顾客就绪度的研究，本章提出创客就绪度的概念，用以表示创客积极参与众包项目、融入众包社区的状态或情形。类似其他领域的研究，创客就绪度既可以作为一个单维度的整体概念，也可以从多个方面进行细分，本章初步认为可以从角色清晰性、工作意愿和注意力强度三个维度进行衡量。

第二节 研究假设

一 社群治理嵌入与社区创新绩效

基于社群治理的规范性嵌入维度，已有研究发现众包平台的信誉保障机制、信誉交易管理机制等规范化管理因素能有效促进接包方成功解决众包任务③；Matthias Hirth，Tobias Hossfeld 和 Phuoc Tran-Gia④

---

① Matthew L. Meuter, Mary Jo Bitner, Amy L. Ostrom, Stephen W. Brown, "Choosing Among Alternative Service Delivery Modes: An Investigation of Customer Trial of Self-Service Technologies", *Journal of Marketing*, Vol. 69, No. 2, February 2005.

② 张晓娟、周学春：《社区治理策略、用户就绪和知识贡献研究：以百度百科虚拟社区为例》，《管理评论》2016 年第 9 期。

③ 孙茜等：《创新众包平台对接包方中标率的影响机制研究》，《科学学研究》2016 年第 2 期。

④ Matthias Hirth, Tobias Hossfeld, Phuoc Tran-Gia, "Cost-Optimal Validation Mechanisms and Cheat-Detection For Crowdsourcing Platforms", *Fifth International Conference On Innovative Mobile And Internet Services In Ubiquitous Computing*, IEEE, June 2011.

研究基于众包平台的运作模式提出了两种欺诈检测机制，可以有效控制接包方的恶意欺骗行为，提高接包方的整体中标率；张晓娟、周学春认为在虚拟社区建立共同的行为规范、规则和法规，可以使得社区内各项事务有章可循、有规可依，有助于尽早发现并制止破坏社区秩序的行为，从而保证社区成员更加规范和公平地进行信息分享和知识共享行为；秦敏、梁溯[①]认为规范性管理机制有利于营造相对公平的社区环境，有助于消除社区成员参与知识贡献的顾虑，增加其投入社区活动的热情；顾美玲、迟铭、韩洁平[②]的研究指出监督和规范治理机制可以保障社区活动围绕新创意、新想法等话题有效开展。因此本章提出如下假设：

H1a：社群治理的规范性嵌入程度与社区创新绩效正相关。

在众包社区中的激励机制随处可见，学者们将众包激励分为经济激励、娱乐激励和社会激励三方面，其中经济激励是通过物质利益促使创客们参加众包式创新，娱乐激励可以通过众包活动获得心理满足感、自尊和个人技能发展在内的激励，社会激励则在动态的环境中促使接包方持续做出贡献和价值共创。涂艳、孙宝文、张莹[③]认为社区用户参与众包项目的内在动机主要包括个人兴趣和成就感等内在需求，而外在动机则包括现金奖励、名誉和认可等外在利益；Wael Jabr 等[④]研究表明，合理的激励机制有利于调动社区用户的积极性，更加主动地提出新产品创意，回应其他用户的问题；另外还有多项研究指出，当社区没有实施激励机制时，社区内的非合作用户的均衡选择是不贡献内容，若平台不能提供充足、有趣、有价值的内容，其服务能

---

① 秦敏、梁溯：《在线产品创新社区用户识别机制与用户贡献行为研究：基于亲社会行为理论视角》，《南开管理评论》2015 年第 3 期。

② 顾美玲、迟铭、韩洁平：《开放式创新社区治理机制对用户知识贡献行为的影响：虚拟社区感知的中介效应》，《科技进步与对策》2019 年第 20 期。

③ 涂艳、孙宝文、张莹：《基于社会媒体的企业众包创新接包主体行为研究：基于众包网站调查的实证分析》，《经济管理》2015 年第 7 期。

④ Wael Jabr et al., "Leveraging Philanthropic Behavior For Customer Support: The Case of User Support Forums", *MIS Quarterly*, Vol. 38, No. 1, February 2014.

力受到影响，用户就很可能转向其他平台。Huang Y，P. V. Singh 和 T. Mukhopadhyay①针对众包平台的研究也指出，当奖励的涨幅提升时，解决方案的数量和质量都有所提升；孙茜等②指出国外众包平台如 Kaggle 的排名机制已经起到有效的激励用户参与和改变用户行为的作用。因此提出如下假设：

H1b：社群治理的激励性嵌入程度与社区创新绩效正相关。

基于社群治理的协同性嵌入维度，在现有的众包社区中通常采用的协同推荐、个性化推荐制度就是一些具体的措施。Kaixiang Mo，Erheng Zhong 和 Qiang Yang③研究发现任务推荐系统能够提高接包方的中标率；David Geiger 和 Martin Schader④发现众包系统中的个性化推荐机制通过对任务和接包方个人兴趣与技能的匹配，可以实现更优的资源配置；顾美玲、迟铭、韩洁平⑤认为协同和激励机制有助于在社区中营造和谐、信任、鼓励创新的文化氛围，进行激发在线用户进行知识交流和创意分享的意愿；Yi Liu，Yadong Luo 和 Ting Liu⑥认为协同机制可以促进社区内合作交流，共同处理遇到的问题，提高信息交流速度以及知识分享效益；白鸥、魏江、斯碧霞⑦认为协同性治理加强了社区的凝聚性，创造了联合行文的基础，有利于促进合作和问

---

① Huang Y, P. V. Singh, T. Mukhopadhyay, "Crowdsourcing Contests: A Dynamic Structural Model of The Impact of Incentive Structure on Solution Qualityquality", *Proceedings of the 33rd international conference on information system*, Orlando, January 2012.

② 孙茜等：《创新众包平台对接包方中标率的影响机制研究》，《科学学研究》2016 年第 2 期。

③ Kaixiang Mo, Erheng Zhong, Qiang Yang, "Cross-Task Crowdsourcing", *Proceedings of the 19th ACM SIGKDD International Conference on Knowledge Discovery and Data Mining*, August 2013.

④ David Geiger, Martin Schader, "Personalized Task Recommendation in Crowdsourcing Information Systems—Current State of The Art", *Decision Support Systems*, Vol. 65, No. 9, September 2014.

⑤ 顾美玲、迟铭、韩洁平：《开放式创新社区治理机制对用户知识贡献行为的影响：虚拟社区感知的中介效应》，《科技进步与对策》2019 年第 20 期。

⑥ Yi Liu, Yadong Luo, Ting Liu, "Governing Buyer-Supplier Relationships Through Transactional and Relational Mechanisms: Evidence From China", *Journal of Operations Management*, Vol. 27, No. 4, April 2009.

⑦ 白鸥、魏江、斯碧霞：《关系还是契约：服务创新网络治理和知识获取困境》，《科学学研究》2015 年第 9 期。

题的解决。特别地针对众包社区的协同机制，王姝、陈劲、梁靓[①]认为资源协同维度中微创意交易、客户信息利用和个体潜能挖掘等因素对协同效果产生正向影响；运营协同维度中网站业务渠道、云端云联技术和双边市场盈利等因素对协同效果产生正向影响；价值协同维度中众包口碑过滤、众包价值传播和共享价值驱动等因素对协同效果产生正向影响。基于以上分析，本章提出如下假设：

H1c：社群治理的协同性嵌入程度与社区创新绩效正相关。

二 机会主义的中介作用

在众包社区中，通过制定共同的行为规范，能够尽早发现并制止破坏社区秩序的行为，降低成员的社会风险，尤其是一些监管措施会让被监控者产生一定的社会压力，这种压力迫使参与者遵从社区平台的行为规范，减少不诚实和机会主义。除了监管措施之外，学者们指出声誉、沟通、信任和团结等非正式的规范化机制也可以有效抑制机会主义，其中关于声誉机制的研究比较充分，如 Eric T. G. Wang[②]认为声誉是交易者通过从事诚信行为而获得的一种过去的、不可逆的资产，一旦受到损害很难恢复，因此声誉机制可以有效抑制交易中的机会主义；Stephen J. Carson，Anoop Madhok 和 Tao Wu[③]对组织间关系的研究，以声誉市场的有效性及交易伙伴声誉信息的可观测性和重要性来测量声誉机制，且认为声誉机制可以通过社会制裁来抑制机会主义。对于众包社区来说，随着规范性治理的嵌入程度越来越深，很多行为规则将日渐成为一种惯例，这些惯例提供了执行标准，减少了信息的不对称，方便监督和测量，从而有利于解决机会主义问题。

[①] 王姝、陈劲、梁靓：《网络众包模式的协同自组织创新效应分析》，《科研管理》2014年第4期。

[②] Eric T. G. Wang, "Transaction Attributes and Software Outsourcing Success: An Empirical Investigation of Transaction Cost Theory", *Information Systems Journal*, Vol. 12, No. 2, February 2002.

[③] Stephen J. Carson, Anoop Madhok, Tao Wu, "Uncertainty, Opportunism, and Governance: The Effects of Volatility and Ambiguity on Formal and Relational Contracting", *Academy of Management Journal*, Vol. 49, No. 5, May 2006.

关于机会主义与创新绩效的关系，学者们在不同领域基于不同角度进行了丰富的研究。张华、顾新、王涛[①]以开放式创新中的机会主义为例，将机会主义总结为违背、强制让步、逃避职责与拒绝适应等类型，认为这些机会主义导致了创新投入搭便车、创新道德风险、损失协同创新等现象从而不利于整体创新绩效的提升；盛亚、王节祥[②]认为显性和隐性机会主义行为将对CoPS创新绩效产生不利影响，正如联盟成员机会主义会对联盟绩效产生不利影响；孟庆良、徐信辉[③]认为由于创新任务复杂多样、用户参与自由自愿等特征，众包创新实践中很容易出现机会主义，这些机会主义对创客参与众包意愿、对整个众包社区的创新绩效都具有极大的消极影响。综上分析，提出如下假设：

H2：机会主义在规范性嵌入程度与社区创新绩效之间具有中介作用。

三 创客就绪度的中介作用

在众包社区，通过一些制度性的监管措施、非制度性的关系性规范措施而形成的规范性治理体系对相关行为的奖惩，会使得社区成员更加清楚社区的规范、要求和准则等，因此社区成员会对自身的角色更加清晰，更加明白自己应该扮演什么角色，能够扮演什么角色；同时这些规范性措施有利于营造一个和谐、公平的社区环境，有助于规范社区成员之间的行为和交往模式，使得成员参与众包的工作意愿更加强烈，因此社区的规范性治理越强，越有利于创客的就绪度。

创客之所以加入众包社区并积极参与众包项目，归根结底缘于其

[①] 张华、顾新、王涛：《开放式创新的机会主义风险及其治理机制》，《科学管理研究》2019年第5期。

[②] 盛亚、王节祥：《利益相关者权利非对称、机会主义行为与CoPS创新风险生成》，《科研管理》2013年第3期。

[③] 孟庆良、徐信辉：《知识获取视角下用户持续参与众包创新的动态控制策略》，《运筹与管理》2018年第8期。

内在或在的动机，社区的激励性治理体系使得创客们积极贡献知识、与其他成员开展合作后更能满足自身物质、社会和心理的需求，因此其参与众包项目的主观意愿就非常强，如 Haichao Zheng，Dahui Li 和 Wenhua Hou① 的研究指出众包竞赛的参与者非常享受解决问题的过程，并且愿意接受众包问题的挑战。根据注意力基础观，创新者的注意力有限，对创新任务配置的注意力资源越多，越有利于创新绩效的提升，Edward E. Lawler Ⅲ② 也指出权利、信息、知识与奖励都会影响员工对工作的身心投入程度，因此在众包社区中，有效的激励手段将会使接包方的注意力强度更大。综上，社区的激励性治理越强，越有利于创客的就绪度。

从众包社区的协同性治理角度来说，用户和社区、用户之间的沟通互动机制使得创客会感受到更强的社区认同感和社区接受感，因此有助于创客形成积极正面的情绪体验，有助于创客对社区信息的吸收和了解，导致对自己的角色定位更清晰③；同时在协同机制的作用下，作为社区一员，作为社区和谐的受益者，个体会产生互惠和反馈的心理，个体会觉得有义务贡献和分享自己的知识和才能，参与众包的工作意愿更加强烈。因此社区的协同性治理嵌入程度越大，越有利于创客的就绪度。

根据创客就绪度的界定，无论从一个整体性的构念还是从三个维度出发，创客的就绪度都代表了创客积极参与众包创新的主客观状态。可以预见，社区创客的平均就绪度越高，越有利于社区的创新绩效，这从类似的研究也可以获得间接支持，如黄敏学、周学春④研究发现顾客的就绪度越高，越有利于顾客参与企业创新；Filipe Coelho

---

① Haichao Zheng, Dahui Li, Wenhua Hou, "Task Design, Motivation, and Participation in Crowdsourcing Contests", *International Journal of Electronic Commerce*, Vol. 15, No. 4, June 2011.

② Edward E. Lawler Ⅲ, "Choosing An Involvement Strategy", *Academy of Management Perspectives*, Vol. 2, No. 3, August 1988.

③ 张晓娟、周学春：《社区治理策略、用户就绪和知识贡献研究：以百度百科虚拟社区为例》，《管理评论》2016 年第 9 期。

④ 黄敏学、周学春：《顾客教育、就绪和参与研究：以基金为例》，《管理科学》2012 年第 5 期。

和 Mário Augusto[①]指出高创造力角色认同的个体，更容易由衷地参与到创造进程中，一旦创新角色清晰后，个体在面临困难、可能的失败和挫折时也会展示出异于常人的韧劲和坚持；商燕劼、庞庆华、李晓峰[②]指出知识共享意愿对员工的创造力具有显著正向影响；易华[③]通过实证分析得出创新意愿中介了创业导向与员工创造力之间的关系；吴建祖、肖书锋[④]认为创新注意力配置对创新绩效具有重要影响。

综上分析，本章提出如下三个分假设：

H3a：创客就绪度在规范性嵌入程度与众包社区创新绩效之间具有中介作用；

H3b：创客就绪度在激励性嵌入程度与众包社区创新绩效之间具有中介作用；

H3c：创客就绪度在协同性嵌入程度与众包社区创新绩效之间具有中介作用。

根据上述假设，得到如图 7-1 所示的理论模型。

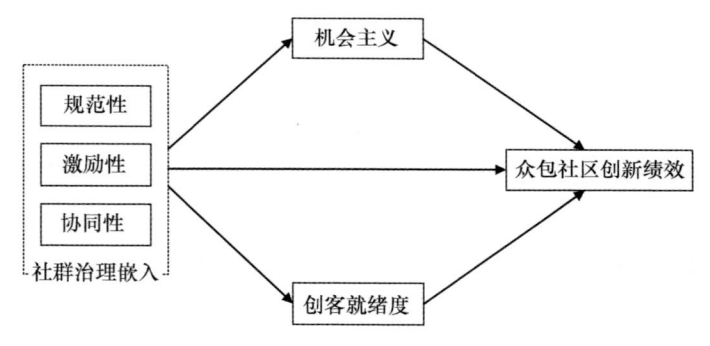

图 7-1 社群治理嵌入与众包社区创新绩效

[①] Filipe Coelho, Mário Augusto, "Job Characteristics and The Creativity of Frontline Service Employees", *Journal of Service Research*, Vol. 13, No. 4, May 2010.

[②] 商燕劼、庞庆华、李晓峰：《创新激情、知识分享意愿对员工创造力的影响：心理安全感的调节作用》，《技术经济》2019 年第 3 期。

[③] 易华：《创业导向有助于激发员工创新行为吗——创新意愿的中介作用》，《财经理论与实践》2018 年第 1 期。

[④] 吴建祖、肖书锋：《创新注意力转移、研发投入跳跃与企业绩效：来自中国 A 股上市公司的经验证据》，《南开管理评论》2016 年第 2 期。

第三节 实证研究设计

一 问卷与变量

与第五章相同,以小米众包社区、海尔 HOPE 平台、猪八戒网和一品威客网四个众包平台为研究背景,共获取 1267 份有效问卷。

问卷中除了基本统计信息外,本章主要的变量测量采用了李克特 7 级量表(除特殊说明外,1 代表非常不同意,7 代表非常同意)。其中社群网络治理的三个维度"规范性、激励性和协同性"采用我们自己开发的量表,共计 14 个题项;众包社区创新绩效参考林素芬[①]的量表包括人气、数量和质量三个维度涉及 11 个题项;机会主义的测度借鉴苏中锋[②]的量表共计 4 个题项;创客就绪度的测度借鉴张晓娟、周学春[③]的问卷从角色清晰性、工作意愿和注意力强度三个维度共 10 个题项进行测量。在后续研究中,为了突出研究主旨,除了将社群网络治理作为三个维度之外,其余的变量均作为整个构念进行测度,多维度构念采用二阶因子分析进行处理。

根据创客参与的众包平台的不同,将 1267 份数据分为 4 个组,以组别为控制变量,C1(是否小米社区)、C2(是否海尔社区)、C3(是否猪八戒社区)。

二 信度与效度分析

在假设检验前,对量表的信效度检验,结果见表 7-1,使用 Cronbach's α 来评估内部一致性。本章中所有构念的 Cronbach's α 值都在 0.846 以上,超过了 0.6 的推荐值,说明每个构念的内部一致性较高。

---

① 林素芬:《基于众包参与者网络的众包绩效提升研究》,博士学位论文,华侨大学,2015 年,第 52 页。
② 苏中锋:《合作研发的控制机制与机会主义行为》,《科学学研究》2019 年第 1 期。
③ 张晓娟、周学春:《社区治理策略、用户就绪和知识贡献研究:以百度百科虚拟社区为例》,《管理评论》2016 年第 9 期。

表 7-1　　　　　　　　　　验证性因子分析结果

构念	题项	载荷
规范性（CGCA） Cronbach's α = 0.891 CR = 0.891 AVE = 0.620	社区中的一些规范如声誉机制对社区运营起到了良好的作用	0.812
	社区中很多规范已经成为大家墨守的惯例	0.789
	社区中的一些不合理的行为会受到大家的集体抵制	0.779
	社区中绝大多数成员是遵守社区的规章制度的	0.771
	一些扰乱社区正常秩序的人很多会被清理出去	0.785
激励性（CGMO） Cronbach's α = 0.880 CR = 0.880 AVE = 0.595	对社区良好运行的建议会被鼓励甚至得到奖励	0.735
	积极参与众包创新会得到社区给予的相关荣誉	0.793
	优秀的社区成员会得到一些额外的福利	0.768
	积极参与社区活动会获得更多的社区权限	0.760
	该社区为成员提供了合理的晋升机制	0.800
协同性（CGSY） Cronbach's α = 0.891 CR = 0.890 AVE = 0.619	该众包社区有很多的"微创意"交易	0.794
	在该众包社区内容易发现很多商机	0.760
	该社区的大众过滤机制非常有利于发掘优秀的方案或建议	0.814
	社区中的意见领袖对大家的参与行为有积极的引导作用	0.771
机会主义（OPP） Cronbach's α = 0.876 CR = 0.876 AVE = 0.639	社区内成员不会有人故意伤害大家的利益（反）	0.819
	社区内成员大多都非常遵守社区规范（反）	0.792
	社区内成员不大会玩弄手腕获得非法收益（反）	0.792
	社区内成员不会扭曲事实来推卸责任或获得额外收益（反）	0.794
社区创新绩效（COIP） Cronbach's α = 0.924 CR = 0.925 AVE = 0.530	很多企业或个人在社区发布众包项目	0.679
	社区的创客数量很多	0.784
	社区成员参与众包创新项目很活跃	0.806
	社区每天成交的众包项目数量很多	0.715
	该社区内我所知道的创客中标率平均来说都很高	0.698
	该社区内我所知道的创客报酬平均来说都很高	0.678
	该社区在国内是知名的众包社区	0.697
	该社区的管理水平较高	0.766
	该社区众包交易的诚信度较高	0.708
	很多著名企业在该社区发布创新任务	0.767
	该社区创客的平均水平较高	0.694

续表

构念	题项	载荷
创客就绪度（READ） Cronbach's α = 0.938 CR = 0.938 AVE = 0.601	我较为了解在社区中自己所应扮演的角色和功能	0.781
	在社区中，我知道如何参与众包项目竞标	0.780
	在社区中，如何与其他创客协同创新，我都较清楚	0.775
	我非常愿意参与社区的众包项目	0.750
	我在社区中比较主动和活跃	0.771
	我很愿意与其他创客分享知识、交流经验	0.776
	我希望我在社区能够帮到有需求的个人或企业	0.782
	我经常关注社区中发布的新消息	0.792
	我经常关注社区中众包项目交易	0.777
	我经常关注与众包项目相关的资料	0.769

本章中共 6 个核心变量，与其他备选模型相比，当我们采用 6 个维度进行验证性因子分析时模型的拟合效果最好（$\chi^2/df = 1.109$，CFI = 0.998，TLI = 0.998，SRMR = 0.016，RMSEA = 0.009）。如表 7-1 所示，所有构念的因子载荷都大于 0.678，说明收敛效度良好。各构念的组合信度 CR 值最小为 0.876，AVE 均大于等于 0.530，说明所有构念的组合信度较高。同时表 7-2 报告了各个潜变量在变量的平均方差提取（AVE）及变量之间的相关系数，通过比较各个变量的 AVE 平方根与其他变量之间的相关系数，发现 AVE 平方根均大于该变量和其他变量的相关系数，说明各变量之间具有较好的区分效度。综上，本章使用的量表信效度表现良好，可以用来进行后续的假设检验。

表 7-2 潜变量相关性矩阵

变量	1	2	3	4	5	6
规范性	(0.787)					
激励性	0.642**	(0.771)				
协同性	0.634**	0.613**	(0.787)			

续表

变量	1	2	3	4	5	6
机会主义	0.616*	0.523**	0.498**	(0.775)		
创客就绪度	0.660**	0.707**	0.677**	0.511**	(0.792)	
社区创新绩效	0.599**	0.585**	0.597**	0.516**	0.644**	(0.728)
平均值	4.001	3.989	3.997	3.976	3.990	3.985
标准差	1.175	1.173	1.190	1.052	1.012	0.875

注：( ) 内数字为 AVE 平方根，* 表示 $P<0.05$，** 表示 $P<0.01$，*** 表示 $P<0.001$，本章表格同理。

第四节　假设检验

一　总效应检验

不考虑中介变量机会主义和创客就绪度时，采用 SPSS 软件，以社区创新绩效为被解释变量，以社群治理嵌入的三个维度"规范性、激励性和协同性"为解释变量进行回归分析得到如表 7-3 所示的结果。

表 7-3　　　　　　　　　回归分析结果

变量	社区创新绩效			机会主义		创客就绪度	
	模型1	模型2	模型3	模型4	模型5	模型6	模型7
控制变量							
C1	0.117***	0.010*	0.008*	-0.084***	-0.001	0.096***	0.003
C2	-0.074***	-0.066***	-0.058***	-0.032	-0.005	-0.020	-0.007
C3	0.039*	0.010	0.007	-0.021**	-0.006	0.038**	0.011
解释变量							
规范性		0.201***	0.110***		-0.367***		0.185***
激励性		0.185***	0.089***		-0.152***		0.306***
协同性		0.208***	0.134***		-0.101***		0.243***
中介变量							
机会主义			-0.119***				

续表

变量	社区创新绩效			机会主义		创客就绪度	
	模型1	模型2	模型3	模型4	模型5	模型6	模型7
创客就绪度			0.255***				
R^2	0.051	0.468	0.507	0.023	0.414	0.036	0.621
ΔR^2		0.417***	0.041***		0.391***		0.585***

从表7-3中模型1只有控制变量，模型2在此基础上增加三个解释变量。回归分析发现，规范性（$\beta = 0.201$，$P < 0.001$）、激励性（$\beta = 0.185$，$P < 0.001$）和协同性（$\beta = 0.208$，$P < 0.001$）均对众包社区创新绩效具有显著影响，即假设H1a、H1b和H1c均通过验证。

二　直接与中介效应分析

首先，在模型2的基础上将机会主义、创客就绪度增加为解释变量得到模型3，从模型3可知机会主义、创客就绪度对社区创新绩效具有显著影响（$\beta = -0.119$，$P < 0.001$；$\beta = 0.255$，$P < 0.001$）；然后，分别以机会主义和创客就绪度为被解释变量，以社群治理嵌入为解释变量进行回归分析得到模型5和模型7，从模型5可以看出，社群治理三个维度对机会主义均具有显著负向影响（$\beta = -0.367$，$P < 0.001$；$\beta = -0.152$，$P < 0.001$；$\beta = -0.101$，$P < 0.001$）；从模型7可以看出，规范性、激励性和协同性对创客就绪度均具有显著正向影响（$\beta = 0.185$，$P < 0.001$；$\beta = 0.306$，$P < 0.001$；$\beta = 0.243$，$P < 0.001$）；结合模型3和模型5、模型7判断，机会主义、创客就绪度可以作为社群治理嵌入与社区创新绩效之间的中介变量，而且从模型3可以看出，增加两个中介变量之后，社群治理嵌入的三个维度前的系数都有不同程度的降低，因此初步断定假设H2、H3a、H3b和H3c成立。

为了进一步分析社群治理嵌入对社区创新绩效的直接效应以及经由机会主义和创客就绪度的中介效应，采用Mplus结构方程模型再次进行分析，如表7-4所示，该模型的拟合优度指标为：$\chi^2/df = 2.875$，$RMSEA = 0.040$，$SRMR = 0.055$，$CFI = 0.958$，$TLI = 0.955$。

表7-4 社群治理嵌入与社区创新绩效的结构方程分析结果

变量路径	路径系数	标准差	P值	95%区间 左端	95%区间 右端
总效应					
规范性→社区创新绩效	0.219	0.034	0.000	0.204	0.367
激励性→社区创新绩效	0.177	0.032	0.000	0.151	0.301
协同性→社区创新绩效	0.294	0.040	0.000	0.217	0.376
直接效应					
规范性→社区创新绩效	0.100	0.038	0.009	0.025	0.175
激励性→社区创新绩效	0.085	0.035	0.017	0.015	0.154
协同性→社区创新绩效	0.158	0.033	0.000	0.094	0.223
机会主义→社区创新绩效	-0.128	-0.032	0.000	-0.190	-0.066
创客就绪度→社区创新绩效	0.260	0.042	0.000	0.178	0.342
规范性→机会主义	-0.607	-0.028	0.000	-0.661	-0.552
规范性→创客就绪度	0.160	0.031	0.000	0.100	0.220
规范性→创客就绪度	0.357	0.032	0.000	0.294	0.421
规范性→创客就绪度	0.271	0.030	0.000	0.212	0.330
间接效应					
规范性→机会主义→创新绩效	0.078	0.019	0.000	0.040	0.116
规范性→创客就绪度→创新绩效	0.041	0.010	0.000	0.021	0.062
激励性→创客就绪度→创新绩效	0.093	0.017	0.000	0.060	0.126
协同性→创客就绪度→创新绩效	0.070	0.013	0.000	0.044	0.097

从表7-4可以看出：机会主义在规范性与社区创新绩效之间的关系中具有中介效应，即假设H2成立；创客就绪度在社区治理嵌入的三个维度与社区创新绩效的关系中均具有中介作用，即再次证明H3a/H3b/H3c均成立。另外还可以看出机会主义和创客就绪度的中介作用均为部分中介，说明社群治理嵌入还通过其他路径影响社区的创新绩效，有待进一步挖掘。

第五节 结论与讨论

一 研究结论

本章得到如下结论：

1. 社群治理嵌入的三个维度规范性、激励性和协同性均对社区创新绩效具有显著正向影响。

这说明在众包社区中，社区的网络治理越有效，规范性、激励性和协同性越强，越有利于整个社区的创新绩效。

2. 创客就绪度在规范性、激励性和协同性与社区创新绩效的关系具有部分中介作用。

这说明社群治理之所以能够提升整个社区的创新绩效，有一部分原因是源于网络治理增加了创客参与众包项目的就绪度，除此之外还存在其他原因。

3. 社区机会主义在规范性与社区创新绩效之间具有部分中介功能。

正如预期那样，众包社区的规范性治理有利于降低社区成员的机会主义，增加大家遵守社区规范的程度，进而有利于提升整个社区的创新绩效。同时规范性不仅仅体现在降低机会主义，或增加创客就绪度，其对社区创新绩效的影响还存在其他作用路径。

二 管理启示

在信息技术日新月异的今天，基于互联网的开放式创新平台将帮助企业打破边界，利用大众智慧提升组织创新绩效并保持竞争优势。合理的社区治理机制是影响众包式创新成果产出的关键。鉴于此，本章基于社群治理视角提出提升众包社区创新绩效的对策建议如下：

1. 通过规范性治理手段完善约束式治理机制，消除创客知识贡献的顾虑；一方面，管理者应注重对社区环境的监督和管理，可以在创客注册时就对社区规范、创意或设计的知识产权归属、纠纷处理制度等进行说明，以净化社区环境，消除在线创客在进行知识贡献时的顾虑。另一方面，社区管理者在设计约束式治理机制时，应确保其能够有效提升创客对本社区的成员感、沉浸感和影响力感知水平。例如，社区平台对创客行为实施有效监督，对违规行为进行严肃处理，从而减少社区成员的机会主义行为，使创客愿意将自己的想法或创意进行分享，同时坚信可以从其他创客那里学到新知识，不断提升对该社区的成员感和影响力感知水平，也愿意在该社区投入更多精力，从而不断地为社区贡献新知识。

2. 通过激励性和协同性治理手段优化促进式治理机制，提升创客参与知识创新的就绪度。首先，社区管理者应制定完善的激励体系，让创客感到在社区分享创意和想法是一件有趣又有意义的事情，从而提升创客社区感知水平，激发创客参与创新的热情。其次，实现创意管理规范化和透明化，对创客创意和想法及时反馈，让创客感觉到自己的知识贡献行为是被重视和尊重的。最后，营造良好的协同创新氛围，协同是社区发展的隐性动力场，是维持社区持续发展的保障。社区管理者应积极鼓励社区成员相互交流，通过定期举办创新主题竞赛等不断挖掘既具有产品创新能力又忠实于企业的创客，吸引其加入众包平台，提高社区中优质创客的比例，使社区源源不断地产生优秀的创意和想法。

本章小结

本章以机会主义和创客就绪度为中介变量分析了社群治理嵌入对众包社区创新绩效的影响机制。以 4 个众包平台的 1267 份数据为统计样本，采用回归分析和结构方程模型进行实证分析发现社群治理嵌入的三个维度均对众包社区创新绩效的提升有重要的促进作用。现实经验发现众包社区或者其他虚拟社区中，机会主义一直是阻碍社区健康成长的绊脚石，而创客是否以最佳的姿态投入到众包项目创新活动当中，则对众包式创新的质量至关重要。本章的研究认为社群治理的规范性可以有效防范社区成员的机会主义，激励性和协同性则是确保创客充分就绪的重要治理手段。

第八章 众包社区的社群关系嵌入与社区创新绩效

当今,随着互联网通过虚拟链接技术颠覆了传统社会人与人的聚合方式和规则,人际关系嵌入情境正经历从过去真实"社会"向基于互联网及相关技术的"网络社区"转变。在传统情境中,众多学者研究发现网络关系的嵌入特征对创新网络的绩效有重要的影响,目前比较被广泛接受的观点是,网络关系嵌入总体上有利于创新网络绩效的提升,但过度的关系嵌入会导致创新主题被关系束缚,进而阻碍了创新产出。那么在虚拟空间中,社群关系嵌入对社区创新绩效有何影响,是否存在过度嵌入的情境,本章以虚拟社区承诺和创意领地行为作为中介变量探索社区关系嵌入对众包社区创新的影响。

第一节 相关概念

一 虚拟社区承诺

组织承诺是刻画个体与组织间关系的经典概念,其所包含的情感、规范和持续承诺的三因素模型[1]揭示了个体依附组织的3种心理状态。然而,随着传统工业时代逐渐向互联网时代转变,个体与组织

---

[1] Natalie J. Allen, John P. Meyer, "Affective, Continuance, and Normative Commitment To The Organization: an Examination of Construct Validity", *Journal of vocational behavior*, Vol. 49, No. 3, December 1996.

间关系开始呈现出平等性特征。尽管在现实中个体还是从属于某一组织，但个体却拥有了更多的工作机会和职业选择，甚至组织反过来更加依赖个体的创新和创造能力。由此，张旭、樊耘、颜静[1]认为，在互联网背景下组织承诺已经难以反映个体与组织间关系的时代特征和本质属性，因此从心理联系角度探求组织承诺的发展，深化对个体与组织间关系的理解。

组织承诺是站在组织利益角度对个体与组织间联系的一种描述；而心理联系是从个体角度出发的，应包含平等性的联系状态，能够更为客观和本质地反映个体与组织间的关系。在组织承诺的研究中，Natalie J. Allen，John P. Meyer 将情感承诺定义为个体对组织的情感依附、认同和卷入；将持续承诺定义为基于个人认知的离开组织的成本及其对个体行为的约束；将规范承诺定义为与留在组织有关的责任感知。张旭、樊耘、颜静[2]将心理联系定义为在个体与心理对象的交互作用中产生的，对与该对象相关的态度和行为起影响作用的、具有不同性质的抽象联结感，其中情感性心理联系是以心理联系对象的状态会引发个体的情感反应为特征的抽象联结感，责任性心理联系是以个体有主动维护和改进心理联系状态的行为倾向为表现形式的抽象联结感，工具性心理联系是个体为维护自身利益和实现自身某种目标而与心理联系对象建立的抽象联结感。

关于组织承诺和心理联系的关系，张旭、樊耘、颜静[3]指出：首先，情感承诺的本质属性是情感性心理联系，规范承诺的本质属性是责任性心理联系，持续承诺的本质属性在被扩展后，是工具性心理联系；其次，情感性心理联系去掉了情感承诺所强调的认同和卷入，将原有的地位不平等的情感依附推进为个体对组织状态的情感反应；责

---

[1] 张旭、樊耘、颜静：《基于心理联系视角的互联网时代背景下组织承诺发展探索》，《管理学报》2015年第9期。
[2] 张旭、樊耘、颜静：《基于心理联系视角的互联网时代背景下组织承诺发展探索》，《管理学报》2015年第9期。
[3] 张旭、樊耘、颜静：《基于心理联系视角的互联网时代背景下组织承诺发展探索》，《管理学报》2015年第9期。

任性心理联系将规范承诺之前所强调的"应该留在组织中",推进为以"主动维护"为代表的保守性责任,并增加了以"改进组织状态"为代表的积极性责任;工具性心理联系将持续承诺强调的对成本的感知,推进为个体对个人利益的维护以代表消极的工具性含义,并增加了实现某种追求和目标以代表积极的工具性含义。

与组织承诺相比,心理联系有如下优势:首先,心理联系与组织认同和留职等概念的理论关系更加清晰;其次,心理联系不受文化背景对解释概念内涵的影响,最后,心理联系不受所研究对象对于概念内涵的影响。

综上分析,本章认为心理联系是在互联网情境下对传统组织承诺的一次修正,具有非常重要的理论和现实意义;但是在组织承诺已经成为学术界默认构念的前提下,如果再提出心理联系的构念,会导致两者之间的区分效度不大的现象出现,作为一种折中的办法,可以开发基于心理联系的组织承诺量表。对于本章的研究来说,由于原本就限制在众包社区中,因此基于心理联系的理念将现有的组织承诺进行修正引入虚拟社区直接称之为虚拟社区承诺,一方面集成了组织承诺的理论体系,另一方面虚拟社区的情境可以有效保证心理联系替代组织承诺的诸多优势;基于这一考虑,将虚拟社区承诺的三个维度命名为社区情感性承诺、社区责任性承诺和社区工具性承诺。

二 创意领地行为

20 世纪初期,Burt William Henry[1]在观察动物行为方式的研究中最早提出领地行为的概念。Julian J. Edney[2]将领地行为引入人类学方面的研究,从而开始了人类对物理空间的领地行为研究。领地行为概念被引入组织管理研究领域,一方面得益于学界对心理所有权研究的

---

[1] Burt William Henry, "Territoriality and Home Range Concepts as Applied to Mammals", *Journal of Mammalogy*, Vol. 24, No. 3, August 1943.

[2] Julian J. Edney, "Territoriality and Control: A Field Experiment", *Journal of Personality & Social Psychology*, Vol. 31, No. 6, June 1975.

不断深入,特别是对前因变量和路径机制的突破性解释;另一方面受益于 Graham Brown 等学者的积极推动。Graham Brown[①]将领地行为定义为"个体对某个对象感受到心理占有时的行为表达";国内学者彭贺[②]提出领地行为是指个体或者群体从事的与领地相关的各种活动,其目的是主张、宣誓、维系、巩固、保护以及夸大对其领地的控制权,个体通过领地行为传递该对象物归其"所有"的信息,进而确立自己与他人的领地划界,维系对领地的占有感;Ikujiro Nonaka 和 Vesa Peltokorpi[③]认为当知识是私人物品时,相应地就是个体的知识产权,知识员工常常会将其知识当作为其带来收益的私人物品。

关于领地行为的前因变量,主要有心理所有权和员工背叛预期。Graham Brown,和 Markus Baer 等[④]首次实证验证了心理所有权与领地行为的正向关系,并且发现低信任环境能够提升二者关系;基于伙伴守卫理论,Heidi K. Gardner, N. Anand 和 Timothy Morris[⑤]指出,为应对下级员工背叛欺骗可能带来的后果,管理者会采取具有预期性防卫性质的领地行为。针对领地行为的影响效果,研究大多集中在其与关系冲突、知识隐藏、创造力等个体层面变量的关系,其中 He Peng[⑥]研究发现,员工的领地意识使得知识隐藏行为更为明显,不利于知识分享与传播;姜荣萍和何亦名[⑦]也证实了知识心理所有权能够显著正向影响领地行为,进而导致较高的知识隐藏;基于自我建构理论,刘

---

① Graham Brown, "Claiming A Corner At Work: Measuring Employee Territoriality in Their Workspaces", *Journal of Environmental Psychology*, Vol. 29, No. 1, January 2009.
② 彭贺:《领地行为研究综述:组织行为学的新兴领域》,《经济管理》2012 年第 1 期。
③ Ikujiro Nonaka, Vesa Peltokorpi, "Objectivity and Subjectivity in Knowledge Management: A Review of 20 Top Articles", *Knowledge & Process Management*, Vol. 13, No. 2, February 2006.
④ Graham Brown, Markus Baer, "Protecting The Turf: The Effect of Territorial Marking on Others' Creativity", *Journal of Applied Psychology*, Vol. 100, No. 6, June 2015.
⑤ Heidi K. Gardner, N. Anand, Timothy Morris, "Chartering New Territory: Diversification, Legitimacy, and Practice Area Creation in Professional Service Firms", *Journal of organizational behavior*, Vol. 29, No. 8, November 2008.
⑥ He Peng, "Why and When Do People Hide Knowledge?", *Journal of Knowledge Management*, Vol. 17, No. 3, May 2013.
⑦ 姜荣萍、何亦名:《知识心理所有权对知识隐藏的影响机制研究——基于智力型组织的实证调研》,《科技进步与对策》2014 年第 14 期。

军等①发现对内领地行为与对外领地行为均有损团队绩效，且两者能够交互负面影响团队绩效；通过整合组织领地行为与自我概念，Graham Brown 和 Markus Baer 讨论了控制导向型标记对他人反馈的创造性的负面影响。

鉴于众包社区具有获取大量优质知识、创意的优越性，很多企业众包社区和第三方众包社区纷纷如雨后春笋般出现，以鼓励网民大众的广泛参与、知识分享和创意提供。但由于与其他有形资源相比，知识与创意等无形资源的所有权状态更为模棱两可，一旦被他人所知就很难确认归属，因此，众包个体很可能会实施创意领地行为，比如：拒绝共享独有、私密的知识或创意，或习惯性地在知识共享时"搭便车"，从而导致众包社区创意产生和实施发展缓慢；肖薇等②将众包社区的创意领地行为界定为创客个体为建立、标识、维持或重构自己的创新想法所采取的各种领地行为，并将研究范围聚焦于虚拟众包社区内部成员对其他成员的领地行为，属于内领地行为的范畴。在解释众包社区创意领地行为影响机制方面，学者们也刚刚开始从互联网技术嵌入、信用机制、平台监管、社会网络等视角尝试探究，但理论研究对于众包社区创意领地行为的关注仍明显不足。

第二节　研究假设

一　社群关系嵌入与社区创新绩效

关于传统环境中的关系嵌入与创新绩效的研究一直是创新管理的研究热点之一，已有诸多研究证实了关系嵌入对创新绩效存在正向促进作用。关于虚拟环境中的关系嵌入与创新绩效的关系，林南③认为，

---

① 刘军等：《当协作要求遇上"山头主义"：领地行为与任务相依性对团队绩效的影响研究》，《华南师范大学学报》（社会科学版）2016 年第 5 期。
② 肖薇等：《众包社区创意领地行为影响机制研究》，《商业经济与管理》2019 年第 4 期。
③ 林南：《社会资本：争鸣的范式和实证的检验》，《香港社会学报》2001 年第 2 期。

传统社区中的关系资本对于知识共享的影响机制同样可能在虚拟社区成员的知识共享行为中发生,因而虚拟环境的关系嵌入对创新绩效同样具有促进作用;董津津、陈关聚①认为社区意识通过关系嵌入性的间接效应对创新绩效产生正向影响;Kuan-Yu Chen,Ching-Wen Chang 和 Cheng-Hua Wang②认为社区成员间的社会关系可视为一种资源交换过程,信任、互惠期望驱使社区成员花费时间和精力在社区中讨论、交换、分享信息、资源及创意想法,从而有利于促进社区创新绩效;刘海鑫、刘人境③认为虚拟社区网络汇集、传导和扩散信息、资源等功能将促进社区参与者资源交互与共享,为社区技术困难、创新瓶颈等的突破提供可持续性资源供给,从而有利于提升虚拟社区创新绩效。

从关系嵌入的信任程度来说,Chao-Min Chiu,Meng-HsiangHsu,Eric T. G. Wang④指出作为一套被虚拟社区成员广范接受和遵循的价值观、规范和原则,信任能够增进知识分享,进而提升虚拟社区创新绩效;李林、谢莉莉、何建洪⑤以知乎网为例,认为成员间的信任对相互之间知识共享的质量有显著正向影响。从关系嵌入的互惠程度来说,Eric T. G. Wang⑥以旅游虚拟社区为研究对象,结果表明工具性动机、效能以及预期互惠是驱使成员参与社区的主要动机;Kuan-Yu

---

① 董津津、陈关聚:《创新网络嵌入性、社区意识对企业创新绩效的影响》,《科技进步与对策》2019 年第 10 期。

② Kuan-Yu Chen,Ching-Wen Chang,Cheng-Hua Wang,"Frontline Employees' Passion and Emotional Exhaustion: The Mediating Role of Emotional Labor Strategies",*International Journal of Hospitality Management*,Vol. 76,No. A,January 2019.

③ 刘海鑫、刘人境:《企业虚拟社区个体知识贡献行为影响因素研究》,《科研管理》2014 年第 6 期。

④ Chao-Min Chiu,Meng-HsiangHsu,Eric T. G. Wang,"Understanding Knowledge Sharing in Virtual Communities: an Integration of Social Capital and Social Cognitive Theories",*Decision Support Systems*,Vol. 42,No. 3,March 2006.

⑤ 李林、谢莉莉、何建洪:《社会资本影响社交网络知识共享效果的实证研究:以"知乎"为例》,《科技进步与对策》2017 年第 15 期。

⑥ Eric T. G. Wang,"Transaction Attributes and Software Outsourcing Success: An Empirical Investigation of Transaction Cost Theory",*Information Systems Journal*,Vol. 12,No. 2,February 2002.

Chen，Ching-Wen Chang 和 Cheng-Hua Wang[①]的结果表明，在线社区内部成员间的互惠规范能够显著影响共享信息的数量，从而有利于社区创新绩效；陈星等[②]以健康问答社区为例，发现用户彼此愿意建立起长久的互惠关系，而互惠关系会导致成员之间有更高的知识分享意图。从关系嵌入的认同程度来说，刘丽群、宋咏梅[③]基于社会学视角认为虚拟社区学习和交流基础是成员的相似性和团体认同感；赵建彬[④]认为成员之间通过一段时间互动后形成一定的关系嵌入使得成员之间慢慢地相互了解、熟悉，最后产生社区认同，进而影响他们的社区公民行为。

肖薇等[⑤]认为众包社区嵌入性反映的是社区成员专属社会网络的形成、协调和维护，每个众包创客成员拥有的创意资源在与社区其他成员的关系构建、互动、交流中逐渐嵌入该社会网络，根据上述研究成果我们认为无论从关系嵌入的整体角度还是从各维度来说，社群关系嵌入均有利于社区的创新绩效，特别是在众包社区中，成员之间的联系都是弱连接，因此不大可能出现过度嵌入的情况，因此本章提出如下假设：

H1 众包社区网络嵌入对社区创新绩效具有显著正向影响。

H1a：众包社区网络成员间的信任程度对社区创新绩效具有显著正向影响；

H1b：众包社区网络成员间的互惠程度对社区创新绩效具有显著正向影响；

[①] Kuan-Yu Chen, Ching-Wen Chang, Cheng-Hua Wang, "Frontline Employees' Passion and Emotional Exhaustion: The Mediating Role of Emotional Labor Strategies", *International Journal of Hospitality Management*, Vol. 76, No. A, January 2019.

[②] 陈星等：《健康问答社区中知识分享意愿的影响因素研究》，《现代情报》2017年第4期。

[③] 刘丽群、宋咏梅：《虚拟社区中知识交流的行为动机及影响因素研究》，《新闻与传播研究》2007年第1期。

[④] 赵建彬：《品牌社群网络关系对社群绩效的影响：心理反应机制研究》，博士学位论文，华中科技大学，2015年，第20页。

[⑤] 肖薇等：《众包社区创意领地行为影响机制研究》，《商业经济与管理》2019年第4期。

H1c：众包社区网络成员间的认同程度对社区创新绩效具有显著正向影响。

二 虚拟社区承诺的中介作用

关于关系嵌入对组织承诺的影响，传统情境下不同学者在不同领域进行了分析。首先，基于信任的角度，现有研究表明信任是员工组织承诺的重要来源，对组织承诺起着促进作用[1]，如果员工感到组织或领导是可信的，那么他们对组织的承诺就会提高；孙秀霞、朱方伟和宋昊阳[2]针对项目管理的情境，发现经理的认知信任对组织承诺的三个维度均具有显著的正向影响；姚山季、王永贵[3]以顾客参与企业创新为情境，发现信任会导致承诺水平的提升。其次，基于互惠的角度，张延涛[4]以供应链为情境，发现供应商与制造商的互惠对供应商承诺具有显著的促进作用；刘凤军、李辉[5]以企业履行社会责任为例，认为企业与消费者的互惠会影响消费者对企业的计算承诺和情感承诺。再次，基于认同的角度，Michael G. Pratt，Kevin W. Rockmann和Jeffrey B. Kaufmann[6]认为组织认同有助于员工产生对组织积极的心理感受，有效提高组织凝聚力、促进组织健康发展，逐步提高对组织成员身份的认同，继而产生更高的工作满意度，增强员工的情感承诺；马向阳等[7]以虚拟品牌社区为对象，发现社区认同对品牌承诺具

---

[1] Lars Fuglsang, Søren Jagd, "Making Sense of Institutional Trust in Organizations: Bridging Institutional Context and Trust", *Organization*, Vol. 22, No. 1, January 2018.

[2] 孙秀霞、朱方伟、宋昊阳：《感知信任与项目绩效：组织承诺的中介作用》，《管理评论》2016年第12期。

[3] 姚山季、王永贵：《企业—顾客关系影响顾客参与新产品开发的多路径模型》，《经济管理》2010年第11期。

[4] 张延涛：《供应商适应行为影响因素的作用机理研究》，《管理评论》2017年第2期。

[5] 刘凤军、李辉：《社会责任背景下企业联想对品牌态度的内化机制研究：基于互惠与认同视角下的理论构建及实证》，《中国软科学》2014年第3期。

[6] Michael G. Pratt, Kevin W. Rockmann, Jeffrey B. Kaufmann, "Constructing Professional Identity: The Role of Work and Identity Learning Cycles in the Customization of Identity Among Medical Residents", *Academy of Management Journal*, Vol. 49, No. 2, April 2006.

[7] 马向阳等：《虚拟品牌社区成员的感知、态度和参与行为研究》，《管理评论》2017年第7期。

有促进作用。最后，从关系嵌入的整体角度，也有很多学者认为关系嵌入对组织承诺具有重要的预测作用，如吴照云、邢小明[1]就认为关系资本对组织承诺有显著影响，Jeffrey Q. Barden 和 Will Mitchell[2] 发现领导关系嵌入对组织承诺具有重要促进作用。由于虚拟社区承诺的心理联系视角来自传统情境的组织承诺的核心内容，因此根据上述研究成果的逻辑，我们有理由相信众包社区的网络关系嵌入也很有可能促进虚拟社区承诺。

关于组织承诺对创新绩效的影响，在传统情境下有很多研究均指出组织承诺对组织的创新绩效有显著正向影响。根据虚拟社区承诺的定义，在众包社区中，当创客的虚拟社区承诺较强时，必然与社区成员有较强的情感性联系、对社区的维护有较强的责任性联系、对积极完成众包项目有积极追求的工具性联系，这些心理联系必然导致了创新要素的聚集、创新过程的积极推进，因此有利于社区创新绩效。

综上分析，我们提出如下假设：

H2 虚拟社区承诺在众包社区网络嵌入与社区创新绩效之间具有中介作用。

H2a：虚拟社区承诺在众包社区成员间的信任与社区创新绩效之间具有中介作用；

H2b：虚拟社区承诺在众包社区成员间的互惠与社区创新绩效之间具有中介作用；

H2c：虚拟社区承诺在众包社区成员间的认同与社区创新绩效之间具有中介作用。

三 创意领地行为的中介作用

如前所述，个体对某一对象的心理所有权越强，就越有可能采取

---

[1] 吴照云、邢小明：《新员工主动社会化行为与组织承诺关系研究——以社会资本为中介变量》，《经济管理》2010 年第 7 期。

[2] Jeffrey Q. Barden, Will Mitchell, "Disentangling The Influences of Leaders' Relational Embeddedness on Interorganizational Exchange", *Academy of Management Journal*, Vol. 50, No. 6, December 2007.

针对该对象的领地行为。除了心理所有权，Sonia Salari, Barbara B. Brown 和 Jacqueline Eaton[①]研究发现对周围环境的控制权、个性要素、组织层面的组织文化等要素也与领地行为高度相关，如宋一晓、曹洲涛[②]基于社会交换的视角，认为良好的员工—组织关系是促进员工知识共享意愿与行为最终发生的重要影响因素，它能够减少知识领地行为的发生；张佳良、范雪灵和刘军[③]的研究认为集体主义文化、圈子、人情和面子等都会减少领地行为的发生；实际上 Graham Brown 的研究也指出，一旦成员将领地视为由组织集体共同分享，就会大大减少其采取领地行为的可能性。根据社群关系嵌入的定义可知，关系嵌入的核心思想就是描述成员之间的集体性、圈子性的认知，因此势必会降低创意领地行为。

特别地，基于关系嵌入的各个维度来看，Daniel Z. Levin 和 Rob Cross[④]认为信任会拉近团队成员之间的情感距离，提升团队成员间进行知识分享的意愿，因此信任会降低成员间的创意领地行为，尤其李自杰、李毅、郑艺[⑤]在承认存在个体知识所有权的基础上，实证发现，信任行为对于打破知识领地行为有促进作用，由此可以推断众包社区成员间的相互信任程度也必将降低成员的创意领地行为；Matthew Rabin[⑥]曾引入"互惠性利他偏好"，强调了人们愿意牺牲自己的领地来帮助那些对自己友好的人，在此基础上，Graham Brown 的研究指出

---

① Sonia Salari, Barbara B. Brown, Jacqueline Eaton, "Conflicts, Friendship Cliques and Territorial Displays in Senior Center Environments", *Journal of Aging Studies*, Vol. 20, No. 3, March 2006.

② 宋一晓、曹洲涛:《员工—组织关系视角下知识领地行为研究》,《科技进步与对策》2015 年第 3 期。

③ 张佳良、范雪灵、刘军:《组织领地行为的新探索：基于个体主义与集体主义文化对比视角》,《外国经济与管理》2018 年第 6 期。

④ Daniel Z. Levin, Rob Cross, "The Strength of Weak Ties You Can Trust: The Mediating Role of Trust in Effective Knowledge Transfer", *Management Science*, Vol. 50, No. 11, November 2004.

⑤ 李自杰、李毅、郑艺:《信任对知识获取的影响机制》,《管理世界》2010 年第 8 期。

⑥ Matthew Rabin, "Psychology and Economics", *Journal of Economic Literature*, Vol. 36, No. 1, January 1998.

第八章 众包社区的社群关系嵌入与社区创新绩效

互惠和关系结构是激励知识共享、破除知识领地行为的关键因素，循此逻辑，我们认为众包社区中成员间的互惠行为和互惠感知会破除成员的创意领地行为；Aimee Kane[①]指出当员工高度认同自己团队的成员身份后，会更加积极评价自己团队中的其他成员，会更加愿意配合团队中的知识迁移，杨馥菁[②]的研究认为如果个体对团队的认同越高，则个体对他人的价值观、行为理念和利益上的认同也就越高，从而可以削弱人们之间的领地意识和领地行为。类似可以推断，当创客对众包社区具有高认同度时，他也会高度认同其他成员的行为，从而愿意放弃自己的创意领地，实现社区的创意共享。

关于创意领地行为对众包社区创新绩效的负向影响，肖薇等[③]已经进行了比较详细的说明，同时在传统情境下的研究也可以提供间接佐证，如杨馥菁认为领地行为不利于员工创造力的提升，李鲜苗、徐振亭[④]认为成员的领地行为对团队创新绩效有显著负向影响。综上分析，本章提出如下假设：

H3 创意领地行为在众包社区网络嵌入与社区创新绩效之间具有中介作用。

H3a：创意领地行为在众包社区成员间的信任与社区创新绩效之间具有中介作用；

H3b：创意领地行为在众包社区成员间的互惠与社区创新绩效之间具有中介作用；

H3c：创意领地行为在众包社区成员间的认同与社区创新绩效之间具有中介作用。

---

① Aimee Kane，"Unlocking Knowledge Transfer Potential: Knowledge Demonstrability and Superordinate Social Identity"，*Organization Science*，Vol. 21，No. 3，June 2010.

② 杨馥菁：《领地行为对员工创造力的影响研究》，硕士学位论文，广西大学，2019年，第16页。

③ 肖薇等：《众包社区创意领地行为影响机制研究》，《商业经济与管理》2019年第4期。

④ 李鲜苗、徐振亭：《领地行为对知识创新的影响路径》，《科技进步与对策》2017年第8期。

四 虚拟社区承诺、创意领地行为的链式中介

根据上面的分析，一方面，虚拟社区网络嵌入有利于创客形成虚拟社区承诺，进而促进社区的创新绩效；另一方面，虚拟社区网络嵌入减少了创客们的创意领地行为由此也会促进创新绩效。那么，虚拟社区承诺与创意领地行为之间什么关系，哪个因素对创新绩效的影响更加直接呢？根据虚拟社区承诺和创意领地行为的概念以及对现有研究成果的梳理，本章认为虚拟社区承诺是影响创意领地行为的一个重要因素，相对而言创意领地行为与创新绩效的关系更加直接，这是因为：首先，虚拟社区承诺是一个认知性、意愿性的变量，而创意领地行为是一个行为性的变量；其次，虚拟社区承诺代表的是成员对社区的情感性、规范性和工具性心理联系，这种强调团队的心理认知将会导致很多积极的组织行为，而放弃创意领地行为便是其中一种；最后，相关的研究也提供了间接佐证，如宋亚非、师展、冯殊伦[①]的研究发现企业一线员工的组织承诺有利于成员间的知识共享，熊浍、夏火松[②]以微博社区为例，发现基于需求、情感与责任感的组织承诺对成员的知识共享有积极的促进作用。因此，本章提出如下假设：

H4 虚拟社区承诺和创意领地行为在众包社群关系嵌入与社区创新绩效之间起着链式中介作用，即众包社群关系嵌入由于增加了成员的虚拟社区承诺，因此降低了成员的创意领地行为，从而有利于整个社区的创新绩效。

H4a：虚拟社区承诺和创意领地行为在众包社区成员间的信任与社区创新绩效之间起着链式中介作用；

H4b：虚拟社区承诺和创意领地行为在众包社区成员间的互惠与社区创新绩效之间起着链式中介作用；

H4b：虚拟社区承诺和创意领地行为在众包社区成员间的认同与

---

① 宋亚非、师展、冯殊伦：《组织承诺、知识共享和个体创新行为的关系研究》，《财经问题研究》2014年第12期。

② 熊浍、夏火松：《组织承诺对微博社区成员知识共享行为的影响研究》，《情报杂志》2014年第1期。

社区创新绩效之间起着链式中介作用。

综合上述假设，得到如图8-1所示的理论模型。

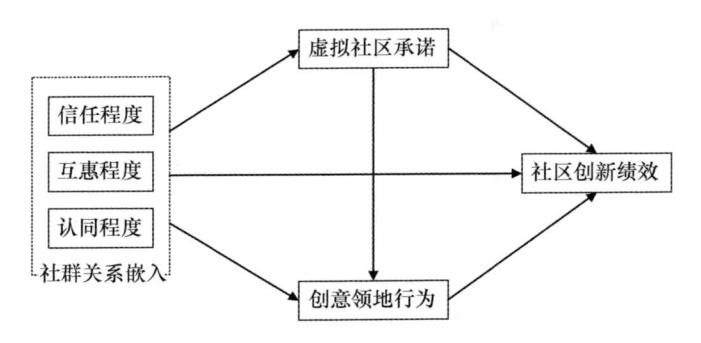

图8-1　社群关系嵌入与众包社区创新绩效

第三节　研究设计

一　问卷与变量

本章以小米众包社区、海尔HOPE平台、猪八戒网和一品威客网4个众包平台为研究背景，这4个平台的众包社区中参与人数较多，本次调查以网络问卷形式展开。首先在问卷星网站设计本章的调查问卷，然后将生成的网络链接和问卷说明发表在相关社区，邀请相关社区成员填写。为了保证社区成员对众包社区比较熟悉，问卷开头设置了甄别题，即"请问您参与该社区是否超过2个月"，选择"否"的社区成员将终止作答。经过50天的数据收集，共获取1152份有效问卷。

问卷的主要内容分为两个部分，第一部分是正式测量题项，第二部分是基本统计信息。其中，正式测量分"信任、互惠、认同、虚拟社区承诺、创意领地行为和社区创新绩效"等模块。测量采用李克特7级量表（除特殊说明外，1代表非常不同意，7代表非常同意）。其中信任、互惠和认同采用我们自己开发的量表，共计13个题项；虚拟社区承诺的测量在 Patrick J. Bateman、Peter H. Gray 和 Brian S. Butler[①]的基础上按照张旭、樊耘、颜静[②]的思路进行修改共涉及社区情感性承诺、社区责任性承诺和社区工具性承诺 3 个维度 12 个题项；创意领地行为采用肖薇等[③]的量表，共有 4 个题项。

根据创客参与的众包平台的不同，将 1152 份数据分为 4 个组，以组别为控制变量，C1（是否为小米社区）、C2（是否为海尔社区）、C3（是否为猪八戒社区）。

二 数据描述统计分析

样本描述统计见表 8-1，被调查样本中，男性占比 71.3%，女性占比 28.7%，这一比例与《中国互联网络发展状况统计报告 2019》有所区别，男性比重较高是因为众包社区的工作性质导致。从年龄来看，被调查创客的年龄主要集中在 25—30 岁，占比 50.8%，其次为 30—35 岁，占比为 38.9%，其余占比 10.3%，说明参与众包社区的创客多以青年人为主。学历方面，多数在大专以上，共占比 93.4%，其中本科占比最高，为 32.6%，硕士占比 28.3%，专科占比 21.9%。从参与社区时间来看，社区经历不足 1 年的占 46.1%，3 年以上占 16.3%。

表 8-1　　　　　社群关系嵌入样本描述统计

类别		样本数	百分比（%）
性别	男	821	71.267
	女	331	28.733

[①] Patrick J. Bateman, Peter H. Gray, Brian S. Butler, "Research Note: The Impact of Community Commitment on Participation in Online Communities", *Information Systems Research*, Vol. 22, No. 4, December 2011.

[②] 张旭、樊耘、颜静：《基于心理联系视角的互联网时代背景下组织承诺发展探索》，《管理学报》2015 年第 9 期。

[③] 肖薇等：《众包社区创意领地行为影响机制研究》，《商业经济与管理》2019 年第 4 期。

续表

类别		样本数	百分比（%）
年龄	25 岁以下	31	2.691
	25—30	585	50.781
	30—35	448	38.889
	35—40	74	6.423
	40 以上	14	1.215
社区参与时间	6 个月以下	138	11.979
	6 个月—1 年	393	34.115
	1—2 年	227	19.705
	2—3 年	206	17.882
	3 年以上	188	16.319
学历	大专以下	76	6.597
	大专	252	21.875
	本科	376	32.639
	硕士	326	28.298
	博士及以上	122	10.590

三 信度与效度分析

对量表的信效度检验结果见表 8 - 2，使用 Cronbach's α 来评估内部一致性，本章中所有构念的 Cronbach's α 值都在 0.826 以上，超过了 0.6 的推荐值，说明每个构念的内部一致性较高。

本章共有 6 个核心变量，与其他备选模型相比，当采用 6 个维度进行验证性因子分析时模型的拟合效果最好（$\chi^2/df = 1.041$，$CFI = 0.990$，$TLI = 0.990$，$SRMR = 0.026$，$RMSEA = 0.016$）。如表 8 - 2 所示，所有构念的因子载荷都大于 0.635，说明收敛效度良好；所有构念的组合信度 CR 值均高于 0.827，AVE 均大于等于 0.490，说明所有构念的组合信度较高。同时表 8 - 3 报告了各个潜变量在变量的平均方差提取（AVE）及变量之间的相关系数，通过比较各个变量的 AVE 平方根与其他变量之间的相关系数，发现 AVE 平方根均大于该变量和其他变量的相关系数，说明各变量之间具有较好的区分效度。

综上，本章使用的量表信效度表现良好，可用来进行后续的假设检验。

表 8-2　　　　　　　　　　　验证性因子分析结果

构念	题项	载荷
信任程度（CRTD） Cronbach's α = 0.826 CR = 0.827 AVE = 0.544	该社区的成员是信守承诺的	0.769
	该社区的成员是可以信赖的	0.721
	该社区的成员不会故意做损害其他人的事情的	0.709
	社区成员的素质比较高，会遵守社区规范的	0.750
互惠程度（CRRD） Cronbach's α = 0.869 CR = 0.869 AVE = 0.571	如果有人需要我的帮助，我会主动提供帮助的	0.763
	在该社区中，大家经常互相帮助	0.748
	我经常会提供一些心得或信息，希望能帮助到大家	0.724
	该社区内众包项目的交易是互利共赢的	0.756
	该社区具有较强分互助氛围	0.786
社区创新绩效（COIP） Cronbach's α = 0.913 CR = 0.913 AVE = 0.490	很多企业或个人在社区发布众包项目	0.702
	社区的创客数量很多	0.660
	社区成员参与众包创新项目很活跃	0.711
	社区每天成交的众包项目数量很多	0.635
	该社区内我所知道的创客中标率平均来说都很高	0.694
	该社区内我所知道的创客报酬平均来说都很高	0.742
	该社区在国内是知名的众包社区	0.728
	该社区的管理水平较高	0.675
	该社区众包交易的诚信度较高	0.671
	很多著名企业在该社区发布创新任务	0.757
	该社区创客的平均水平较高	0.715
认同程度（CRID） Cronbach's α = 0.830 CR = 0.830 AVE = 0.550	我对该社区有一种积极的好感	0.717
	作为该社区中的一员，我感到很自豪	0.786
	我很在意别人对这个众包社区的评价	0.731
	我认为该社区会越办越好	0.731

续表

构念	题项	载荷
虚拟社区承诺（VCC） Cronbach's α = 0.938 CR = 0.938 AVE = 0.557	我喜欢同别人讨论我参加的众包社区	0.683
	我觉得该众包社区的问题就像自己的问题	0.746
	我对该众包社区有一种较强的心理依恋	0.770
	参与该众包社区的活动对我来说很重要	0.731
	离开该众包社区对我来说转换成本很高	0.750
	离开该众包社区去其他社区不是一个好选择	0.760
	不愿意离开该众包社区的重要原因之一就是别的社区并没有更好	0.755
	离开该众包社区对我来说会失去很多社交关系	0.802
	如果让我离开该社区到别的社区我会感到内疚	0.706
	我对该众包社区心存感激	0.733
	我觉得我应该为该社区做出自己的贡献	0.789
	我觉得我是该社区忠实的成员	0.725
创意领地行为（CTB） Cronbach's α = 0.847 CR = 0.848 AVE = 0.582	我对我的创意私人占有程度很高	0.776
	我觉得我需要保护自己的创意不被社区其他成员知道	0.751
	我不会主动与其他社区成员分享我的创意	0.773
	当其他社区成员询问时，我不会透露我的创意	0.751

表8－3　　　　　　　　　　潜变量相关性矩阵

变量	1	2	3	4	5	6
信任程度	(0.738)					
互惠程度	0.507**	(0.756)				
认同程度	0.521**	0.517**	(0.742)			
社区承诺	0.459**	0.510**	0.525**	(0.746)		
领地行为	0.465**	0.565***	0.511**	0.511**	(0.763)	
创新绩效	0.443**	0.458**	0.458**	0.536**	0.487**	(0.700)
平均值	4.259	4.300	4.297	4.200	4.276	4.238
标准差	1.126	1.152	1.136	1.078	1.072	1.059

注：（　）内数字为 AVE 平方根，* 表示 $P<0.05$，** 表示 $P<0.01$，*** 表示 $P<0.001$，本章的表格同理。

第四节 假设检验

一 总效应检验

不考虑中介变量虚拟社区承诺和创意领地行为时,采用 SPSS 软件,以社区创新绩效为被解释变量,以社区网络关系的三个维度"信任程度、互惠程度和认同程度"为解释变量进行回归分析得到如表 8-4 所示的结果。

表 8-4　　网络关系嵌入与社区创新绩效回归分析结果

变量	社区创新绩效			虚拟社区承诺		创意领地行为		
	模型1	模型2	模型3	模型4	模型5	模型6	模型7	模型8
控制变量								
C1	0.126***	0.081*	0.013*	0.094***	0.013*	-0.093***	-0.042*	-0.031*
C2	-0.063**	-0.042**	-0.012**	-0.012	-0.004	0.040*	-0.010	0.005
C3	0.047*	0.023	0.005	0.036**	0.009	-0.035**	0.008	0.002
解释变量								
信任程度		0.146***	0.093***		0.136***		-0.137***	-0.107***
互惠程度		0.164***	0.066***		0.216		-0.305***	-0.258***
认同程度		0.163***	0.072**		0.242***		-0.211***	-0.158***
中介变量								
虚拟社区承诺			0.250***					-0.217***
创意领地行为			-0.144***					
R^2	0.059	0.303	0.383	0.063	0.370	0.049	0.400	0.426
ΔR^2		0.244***	0.082***		0.307***		0.351***	0.026***

表 8-4 中模型 1 只有控制变量,模型 2 在此基础上增加三个解释变量,回归分析发现,信任程度($\beta = 0.146$,$P < 0.001$)、互惠程度($\beta = 0.164$,$P < 0.001$)和认同程度($\beta = 0.163$,$P < 0.001$)均对众

包社区创新绩效具有显著影响，即假设 H1a、H1b 和 H1c 均通过验证。

二 直接与中介效应分析

首先，在模型 2 的基础上将虚拟社区承诺、创意领地行为增加为解释变量得到模型 3，从模型 3 可知虚拟社区承诺（β = 0.250，P < 0.001）、创意领地行为（β = -0.144，P < 0.001）对社区创新绩效具有显著影响。

然后，分别以虚拟社区承诺和创意领地行为为被解释变量，以社区网络关系为解释变量进行回归分析得到模型 5 和模型 7，从模型 5 可以看出，社区网络关系三个维度对虚拟社区承诺均具有显著正向影响（β = 0.136，P < 0.001；β = 0.216，P < 0.001；β = 0.242，P < 0.001）；从模型 7 可以看出信任程度、互惠程度和认同程度对创意领地行为均具有显著负向影响（β = -0.137，P < 0.001；β = -0.305，P < 0.001；β = -0.211，P < 0.001）；结合模型 3 和模型 5、模型 7 判断，虚拟社区承诺、创意领地行为可以作为社区网络关系与社区创新绩效之间的中介变量，而且从模型 3 可以看出，增加两个中介变量之后，社区网络关系的三个维度前的系数或显著性都有不同程度的降低，因此初步断定假设 H2a、H2b、H2c、H3a、H3b 和 H3c 成立。

为了进一步分析社区网络关系对社区创新绩效的直接效应以及经由虚拟社区承诺和创意领地行为的中介效应，采用 Mplus 结构方程模型再次进行分析，得到的结构方程模型如表 8-5 所示，该模型的拟合优度指标为：$\chi^2/df = 1.041$，RMSEA = 0.016，SRMR = 0.026，CFI = 0.998，TLI = 0.997。

表 8-5 社区网络关系与社区创新绩效的结构方程分析结果

变量路径	路径系数	标准差	P 值	95% 区间	
				左端	右端
总效应					
信任程度→社区创新绩效	0.216	0.041	0.000	0.130	0.291

续表

变量路径	路径系数	标准差	P值	95%区间	
				左端	右端
互惠程度→社区创新绩效	0.233	0.037	0.000	0.159	0.305
认同程度→社区创新绩效	0.247	0.041	0.000	0.167	0.334
直接效应					
信任程度→社区创新绩效	0.144	0.040	0.000	0.063	0.220
互惠程度→社区创新绩效	0.069	0.040	0.083	-0.004	0.145
认同程度→社区创新绩效	0.095	0.041	0.021	0.016	0.172
虚拟社区承诺→社区创新绩效	0.293	0.033	0.000	0.230	0.362
创意领地行为→社区创新绩效	-0.202	0.040	0.000	-0.281	-0.125
信任程度→虚拟社区承诺	0.147	0.039	0.000	0.068	0.220
互惠程度→虚拟社区承诺	0.275	0.037	0.000	0.206	0.351
认同程度→虚拟社区承诺	0.334	0.040	0.000	0.256	0.412
信任程度→创意领地行为	-0.115	0.037	0.002	-0.186	-0.037
互惠程度→创意领地行为	-0.359	0.036	0.000	-0.428	-0.285
认同程度→创意领地行为	-0.206	0.043	0.000	-0.289	-0.124
虚拟社区承诺→创意领地行为	0.186	0.032	0.000	0.122	0.249
间接效应					
信任程度→虚拟社区承诺→社区创新绩效	0.043	0.012	0.001	0.021	0.069
互惠程度→虚拟社区承诺→社区创新绩效	0.081	0.014	0.000	0.057	0.113
认同程度→虚拟社区承诺→社区创新绩效	0.098	0.016	0.000	0.068	0.131
信任程度→创意领地行为→社区创新绩效	0.023	0.009	0.010	0.008	0.043
互惠程度→创意领地行为→社区创新绩效	0.073	0.016	0.000	0.042	0.106
认同程度→创意领地行为→社区创新绩效	0.042	0.012	0.001	0.022	0.071
链式中介					
信任程度→……→社区创新绩效	0.006	0.002	0.012	0.002	0.011
互惠程度→……→社区创新绩效	0.010	0.003	0.001	0.006	0.018
认同程度→……→社区创新绩效	0.013	0.004	0.001	0.007	0.021

从表 8-5 可以看出：虚拟社区承诺在社区网络关系的三个维度与社区创新绩效之间的关系均具有中介效应，即假设 H2a、H2b 和 H2c 成立；创意领地行为在社群关系嵌入的三个维度与社区创新绩效的关系中也均具有中介作用，即再次证明 H3a、H3b 和 H3c 均成立。

另外还可以看出在考虑两个中介变量时，互惠程度对社区创新绩效不再具有直接效应，说明虚拟社区承诺和创意领地行为两个中介变量完全中介了互惠程度与社区创新绩效的关系。

三　链式中介效应分析

首先检验信任程度到社区创新绩效的作用路径，我们比较了假设模型、完全中介竞争模型和 3 个部分中介竞争模型。

如表 8-6 所示，样本数据与假设模型拟合最佳，但也可以看出除了完全中介模型之外，其余模型均通过了拟合优度的临界值，如果从模型简单角度考虑，部分中介模型 I 最具简单性。可以看出无论选择部分中介模型 I 还是假设模型，变量路径：信任程度→虚拟社区承诺→创意领地行为→社区创新绩效均成立，即假设 H4a 恒成立。

接着检验互惠程度到社区创新绩效的作用路径，我们比较了假设模型、部分中介竞争模型和 3 个完全中介竞争模型。

表 8-6　　信任程度与社区创新绩效的关系模型比较

模型	描述	χ^2/df	RMSEA	CFI	TLI	SRMR
假设模型	VCC→CTB, CRTD→COIP (含交叉路径)	1.105	0.009	0.998	0.998	0.016
完全中介模型	CRTD→VCC→CTB→COIP	1.780	0.025	0.984	0.982	0.078
部分中介模型 I	VCC→CTB, CRTD→COIP	1.549	0.021	0.988	0.988	0.049

续表

模型	描述	χ^2/df	RMSEA	CFI	TLI	SRMR
部分中介模型Ⅱ	VCC→CTB, CRTD→VCC, CRTD→CTB, CRTD→COIP	1.336	0.016	0.993	0.992	0.049
部分中介模型Ⅲ	VCC→CTB, CRTD→VCC, CRTD→CTB→COI	1.442	0.019	0.991	0.990	0.041

如表8-7所示，样本数据与假设模型拟合最佳，但也可以看出完全中介模型Ⅲ也满足拟合优度的临界检验，如果从模型简单角度考虑，完全中介模型Ⅲ最具简单性。可以看出无论选择完全中介模型Ⅲ还是假设模型，变量路径：互惠程度→虚拟社区承诺→创意领地行为→社区创新绩效均成立，即假设H4b恒成立。

表8-7　互惠程度与社区创新绩效的关系模型比较

模型	描述	χ^2/df	RMSEA	CFI	TLI	SRMR
假设模型	VCC→CTB, CRR→VCC, CRR→CTB, CRR→COIP	1.037	0.006	0.999	0.999	0.016
完全中介模型Ⅰ	CRRD→VCC→CTB→COIP	1.855	0.020	0.982	0.980	0.089
部分中介模型	VCC→CTB, CRRD→VCC, CRRD→COIP	1.696	0.023	0.985	0.984	0.056
完全中介模型Ⅱ	VCC→CTB, CRRD→VCC, CRRD→CTB, COIP	1.365	0.017	0.992	0.992	0.059

续表

模型	描述	χ^2/df	RMSEA	CFI	TLI	SRMR
完全中介模型Ⅲ	VCC→CTB, CRTD→VCC, CRTD→COI	1.541	0.021	0.988	0.988	0.047

最后检验认同程度到社区创新绩效的作用路径，我们比较了假设模型、完全中介竞争模型和3个部分中介竞争模型。

如表8-8所示，样本数据与假设模型拟合最佳，但也可以看出除了完全中介模型之外，其余模型均通过了拟合优度的临界值，如果从模型简单角度考虑，部分中介模型Ⅰ最具简单性。可以看出无论选择部分中介模型Ⅰ还是假设模型，变量路径：认同程度→虚拟社区承诺→创意领地行为→社区创新绩效均成立，即假设H4c恒成立。

表8-8　　认同程度与社区创新绩效的关系模型比较

模型	描述	χ^2/df	RMSEA	CFI	TLI	SRMR
假设模型	VCC→CTB, CRID→VCC, CRID→COIP, VCC→COIP, CTB→COIP	1.002	0.002	0.999	0.999	0.015
完全中介模型	CRID→VCC→CTB→COIP	1.694	0.023	0.985	0.984	0.077
部分中介模型Ⅰ	VCC→CTB, CRID→VCC, CRID→COIP	1.467	0.019	0.990	0.989	0.046
部分中介模型Ⅱ	VCC→CTB, CRID→VCC, CRID→COIP, CTB→COIP	1.210	0.013	0.996	0.995	0.045
部分中介模型Ⅲ	VCC→CTB, CRID→VCC, CRID→COI, VCC→COI	1.296	0.015	0.994	0.993	0.031

第五节 结论与讨论

一 研究结论

本章得到如下结论：

1. 社群关系嵌入的三个维度，信任程度、互惠程度和认同程度均对社区创新绩效具有显著正向影响。

在传统环境下，诸多学者的研究表明网络关系嵌入有利于组织的创新绩效，本章的研究表明在众包社区中同样的关系也成立，即在众包社区中，社区的网络关系嵌入越深，越有利于整个社区的创新绩效。在传统情境下，存在社会关系的过度嵌入导致创新受阻；在虚拟环境下，人与人之间的社会关系不大可能像线下那么密切，不大可能受关系约束或束缚，所以不存在过度嵌入的情况。

2. 信任程度与社区创新绩效的关系中，除了信任对社区创新绩效存在直接影响之外，还通过虚拟社区承诺和创意领地行为的链式中介影响社区创新绩效。

这说明社区网络关系之所以能够提升整个社区的创新绩效，有一部分原因是源于创客成员之间的相互信任导致了创客对社区的社区承诺，并进而降低各个创客的创意领地行为，从而有利于整个社区创新绩效的提升。

3. 互惠程度与社区创新绩效的关系中，直接效应不明显，主要通过虚拟社区承诺，以及虚拟社区承诺和创意领地行为的链式路径影响社区创新绩效。

这说明互惠程度对社区创新绩效的影响完全可以从虚拟社区承诺和创意领地行为两个方面予以涵盖。一方面由于增加了虚拟社区承诺进而促进了社区创新绩效；另一方面由于增加了虚拟社区承诺，进而降低了创意领地行为，从而提升社区创新绩效。

4. 认同程度与社区创新绩效的关系，类似信任对社区创新绩效的影响，除了存在直接影响之外，还通过虚拟社区承诺和创意领地行为的链式中介影响社区创新绩效。

说明认同程度对社区创新绩效的影响主要存在两条路径，一条是直接影响社区创新绩效，另一条是通过虚拟社区承诺和创意领地行为链式间接影响社区创新绩效。

二 管理启示

众包平台作为收集大众智慧的开放式平台，增加创客对社区的组织承诺，提升创客间的创意交流和知识共享是关系到众包式创新能否成功的关键。结合本章的研究提出如下关于众包社区的发展策略和建议：

1. 通过多元化渠道和途径加强创客成员的众包社区嵌入性。如在社区中为创客提供创新所需信息、知识和使能工具；结合社会热点、痛点，在社区中发起与产品、需求相关的话题讨论；开展一些社区成员能够广泛参与的线下活动，包括读书会、分享会、同城会、年度峰会等，通过线下关系与互动促进线上关系发展。

2. 完善规范性、约束性机制，增进用户之间的信任关系。众包平台应该对作弊行为进行监督和控制，同时还要制定严格的定价方案，让双方在公平的前提下进行参与众包。此外，平台也应该有会员等级、积分制度、信用等级、隐私保证和实名认证等措施，让参与者在参与过程中得到愉悦感和成就感，接包方则更加愿意将自己学到的知识奉献出来，发包方也能更加顺利地进行吸收知识并运用到实践中去。

3. 增加创客间的交互强度，营造互惠和认同的创新氛围。众包网站经营者应该为用户之间的交互提供良好的环境基础，使得参与用户能够完成处于安全、互惠、认同的环境中参与众包，并且能够顺畅地交流沟通。这样一来，发包方可以在众包平台上发布更多的任务，接包方可以任意选择自己想要作答的任务。长期下去，平台会慢慢形成一个强有力的关系网，用户之间更愿意将自己的知识共享出来。

本章小结

本章以虚拟社区承诺和创意领地行为作为中介路径变量，解析了社群关系嵌入对众包社区创新绩效的影响机制。以 4 个众包平台的 1152 份数据为样本，通过建立链式中介结构方程模型得到如下结论：社群关系嵌入的三个维度对众包社区创新绩效有显著的促进作用，未发现过度嵌入特征，以及过度嵌入对社区创新的负向影响。信任程度、互惠程度和认同程度均通过增加虚拟社区承诺、降低创意领地行为的链式中介路径影响了社区创新绩效；除此之外，信任程度和认同程度还直接影响了社区创新绩效，互惠程度还通过增加虚拟社区承诺的一阶中介路径影响社区创新绩效。

第九章 众包社区的社群结构嵌入与社区创新绩效

传统情境下很多学者发现网络结构嵌入对组织的创新绩效有重要促进作用。在虚拟情境下,学者们也发现众包参与者之间、参与者与任务发布公司之间、参与者与众包平台之间构成的网络结构特征是影响众包结果的重要因素。那么众包社区的社群结构嵌入如何影响社区创新绩效,目前仍在不断探索当中,尚未取得比较一致的结论。本章以双元学习为中介变量,以平台的协同能力为调节变量来分析社群结构嵌入对众包社区创新绩效的影响。

第一节 理论基础

一 双元学习

企业所处的外界环境不断变化,企业需要不断加强双元学习以适应激烈的竞争。双元学习分为探索式学习与利用式学习,利用式学习是"细化、选择、生产、效率、实现和执行"。利用式学习包括改进当前的技术、方法和思想,即利用企业过去所积累的知识或技术所进行的组织学习行为,所以其可以使企业以较低的成本达到学习知识的目的。而与之相比,探索式学习是指"搜索、变异、冒险、实验、游戏、灵活性和发现",并且它还代表探索外部环境新知识和技术的学习能力。其中,探索式学习所涉及的新知识可能是与原内部知识相脱离的或非常新颖的外部信息。① 探索式学习强调企业进入新的市场、创造新的想法、产品和服务的长期目标。Namwoon Kim 和 Kwaku Atuahene-Gima② 认为探索式学习是企业为适应动态环境而利用远离现有组织技能和经验的知识。基于以上文献，本章将探索式学习定义为利用外部知识形成新知识（与原有知识体系相脱离）更迭的过程与能力，将利用式学习视为企业充分挖掘已有知识并运用这些知识解决问题的过程与能力。

有关双元学习的文献主要分为两类，即前因研究与后果研究。影响双元学习的前因研究主要聚焦于高管团队特征与社会网络关系。高管团队是企业战略的决策者，通过对战略的选择影响企业的双元学习。陈建勋、郑雪强、王涛③发现高管团队任务冲突有利于促进探索式学习行为，而关系冲突对探索式学习行为则具有不显著的影响。孙玥璠、宋迪④发现高管行为整合更能促进组织双元学习的实现。对于社会网络关系，潘松挺、郑亚莉⑤发现弱关系有利于探索式学习，而强关系便于利用式学习。岳鹄、张宗益、朱怀念⑥认为企业与合作主体间的异质性有利于企业双元学习的形成。综上，虽然已有研究讨论了社会网络对双元学习的影响，但众包社群网络这一新知识共享范式对双元学习的作用及影响路径尚未清晰。

---

① Naser Valaei et al., "Examining Learning Strategies, Creativity, and Innovation at Smes Using Fuzzy Set Qualitative Comparative Analysis and PLS Path Modeling", *Journal of Business Research*, Vol. 70, No. 1, January 2017.

② Namwoon Kim, Kwaku Atuahene-Gima, "Using Exploratory and Exploitative Market Learning For New Product Development", *Journal of Product Innovation Management*, Vol. 27, No. 4, May 2010.

③ 陈建勋、郑雪强、王涛：《"对事不对人"抑或"对人不对事"：高管团队冲突对组织探索式学习行为的影响》，《南开管理评论》2016 年第 5 期。

④ 孙玥璠、宋迪：《高管领导力与组织双元能力关系述评及展望：基于国有企业改革背景》，《北京工商大学学报》（社会科学版）2016 年第 3 期。

⑤ 潘松挺、郑亚莉：《网络关系强度与企业技术创新绩效：基于探索式学习和利用式学习的实证研究》，《科学学研究》2011 年第 11 期。

⑥ 岳鹄、张宗益、朱怀念：《创新主体差异性、双元组织学习与开放式创新绩效》，《管理学报》2018 年第 1 期。

第九章　众包社区的社群结构嵌入与社区创新绩效

关于双元学习后果的研究，Seigyoung Auh 和 Bulent Menguc[①]发现利用式学习有利于短期绩效，而探索式学习则有利于长期绩效；Juha Uotila，Markku Maula 和 Thomas Keil 等[②]认为探索式学习与利用式学习与企业绩效呈倒 U 形关系；Kwaku Atuahene-Gima 和 Janet Y. Murray[③]认为利用式学习与新产品绩效呈正 U 形关系，并非倒 U 形关系，而探索式学习与新产品绩效有着正向的曲线关系。张振刚、李云健、余传鹏[④]指出利用式学习与创新绩效有着边际效用递减的正向关系，而探索式学习对创新绩效具有正向的线性影响作用。综上，学者对于双元学习与绩效的关系没有统一的定论。

二　众包平台协同能力

现有研究中与众包平台协同能力密切相关的是互联网信息平台（IIP）的协同能力，IIP 的协同能力决定了互联网商务活动信息是否能及时传递、平台上成员能否顺畅沟通、网上交易能否安全进行等在线商务活动内容，它为在线商务活动和知识共享提供技术支持和管理保障。IIP 的协同能力主要体现在平台技术协同能力、平台管理协同能力、平台服务协同能力等方面。

学者们对 IIP（例如企业网站）和企业绩效之间的关系展开研究后，多数研究发现两者之间呈正相关。部分学者发现企业网站知识中只有部分内容和绩效之间呈正相关，如 Angel L Meroño-Cerdan 和 Pedro Soto-Acosta[⑤]研

---

① Seigyoung Auh, Bulent Menguc, "Balancing Exploration and Exploitation: The Moderating Role of Competitive Intensity", *Journal of Business Research*, Vol. 58, No. 12, December 2005.

② Juha Uotila, Markku Maula, Thomas Keil, Shaker A. Zahra, "Exploration, Exploitation, and Financial Performance: Analysis of S&P 500 Corporations", *Strategic Management Journal*, Vol. 30, No. 2, February 2009.

③ Kwaku Atuahene-Gima, Janet Y. Murray, "Exploratory and Exploitative Learning in New Product Development: A Social Capital Perspective on New Technology Ventures in China", *Journal of International Marketing*, Vol. 15, No. 2, February 2007.

④ 张振刚、李云健、余传鹏：《利用式学习与探索式学习的平衡及互补效应研究》，《科学学与科学技术管理》2014 年第 8 期。

⑤ Angel L Meroño-Cerdan, Pedro Soto-Acosta, "External Web Content and Its Influence on Organizational Performance", *European Journal of Information Systems*, Vol. 16, No. 1, January 2007.

究发现，只有电子互动和电子交易对企业绩效有正向影响，但是电子信息对企业绩效影响不显著；Gavin J. Baxter 和 Andrea J. Hester[①] 的研究发现技术与参与者、技术与任务等要素的匹配影响到参与者对系统的使用效率，进而影响到参与者的工作绩效；William H. Delone 和 Ephraim R. Mclean[②] 提出系统质量、信息质量和服务质量作为衡量在线社区系统质量的三大标准，并在后来得到广泛应用。

众包平台是为众包活动提供技术支持的管理平台，它把任务发布公司所需资源和参与者可以提供的资源联系起来，实现多样化需求与知识技能的匹配。众包平台协同能力具有互联网信息平台 IIP 协同能力的特征。林素芬[③]认为众包平台协同能力指的是众包商业活动中，众包平台利用所拥有的技术资源和管理资源，在参与者之间、任务发布公司之间、参与者和任务发布公司以及众包平台之间、人与平台终端设备（人机之间）、平台数据之间、平台应用系统之间全方位协同的能力。

第二节 研究假设

一 社群结构嵌入与众包社区创新绩效

基于网络结构嵌入的整体角度，在传统情境下很多学者发现网络结构嵌入对组织的创新绩效有重要促进作用，如 Akbar Zaheer 和 Geoffrey G. Bell[④] 基于马克·格兰诺维特的结构嵌入性分析框架，通过对

[①] Gavin J. Baxter, Andrea J. Hester, "Socio-Technical Systems Theory as A Diagnostic Tool For Examining Underutilization of Wiki Technology", *Learning Organization*, Vol. 21, No. 1, January 2014.

[②] William H. Delone, Ephraim R. Mclean, "The Delone and Mclean Model of Information Systems Success: A Ten-Year Update", *Journal of Management Information Systems*, Vol. 19, No. 4, April 2003.

[③] 林素芬：《基于众包参与者网络的众包绩效提升研究》，博士学位论文，华侨大学，2015 年，第 52 页。

[④] Akbar Zaheer, Geoffrey G. Bell, "Benefiting From Network Position: Firm Capabilities, Structural Holes, and Performance", *Strategic Management Journal*, Vol. 26, No. 9, September 2005.

加拿大共同基金公司的实证分析表明，网络结构嵌入能促进公司绩效的提升；林少疆、徐彬、陈佳莹[1]以高新技术企业创新网络为例，实证分析发现企业所在创新网络的网络结构嵌入性对企业之间的协同创新能力存在正向显著影响。在虚拟情境下，林素芬认为众包参与者之间、参与者与任务发布公司之间、参与者与众包平台之间构成的网络结构特征是影响众包结果的重要因素；张永云、张生太、吴翠花[2]认为众包个体的网络结构嵌入和媒体嵌入都对其知识贡献意愿有正向影响，其中网络结构嵌入通过个体卷入对知识贡献意愿产生正向影响，从而有利于众包社区创新绩效。

对于网络结构嵌入的各分维度来说：（1）基于网络结构的开放维度，林少疆、徐彬和陈佳莹[3]认为网络结构的开放性增加了网络成员的共生行为从而提高创新网络的协同创新能力；黄磊、刘则渊、姜照华[4]以全产业链创新网络结构为对象，发现核心企业所处网络位置的开放度对核心企业的创新绩效有非常重要的促进作用。对于众包社区来说，当网络结构非常开放时，说明会有新鲜力量不断加入、异质性资源的不断流入，将有利于社区网络的新陈代谢，从而增加了社区的动态能力和创新能力。（2）基于网络结构的密度维度，学者们发现高密度的密集型网络意味着团队内更加有效的沟通与互动，有利于促进团队信任、规范、权威、制裁等制度的建立和维持；这种制度可以约束网络成员的机会主义行为，惩罚那些违规的网络成员，进而有利于网络的创新绩效。李立峰[5]以虚拟顾客创新社区为例，发现社群网

---

[1] 林少疆、徐彬、陈佳莹：《企业创新网络结构嵌入性对协同创新能力影响的实证研究：共生行为的中介作用》，《软科学》2016年第6期。

[2] 张永云、张生太、吴翠花：《嵌入还是卷入：众包个体缘何贡献知识？》，《科研管理》2017年第5期。

[3] 林少疆、徐彬、陈佳莹：《企业创新网络结构嵌入性对协同创新能力影响的实证研究：共生行为的中介作用》，《软科学》2016年第6期。

[4] 黄磊、刘则渊、姜照华：《演化视角下全产业链创新网络结构及核心企业行为对创新绩效的影响：以苹果公司网络为例》，《科技进步与对策》2015年第8期。

[5] 李立峰：《基于社会网络理论的顾客创新社区研究——成员角色、网络结构和网络演化》，博士学位论文，北京交通大学，2017年，第29页。

络的密度越大，创新成果的组织采纳率越高，基于同样逻辑，本章认为众包社区网络密度越大，说明创客之间的信息交流越充分，因此有利于社区繁荣和社区创新能力。（3）基于网络异质性维度，现有研究比较一致的结论认为网络的异质性带来多样性知识、信息和资源对创新网络主体间的协作创新是有利的，能够增强主体间知识、信息和资源的互补性，因而对创新绩效也会产生促进作用。林少疆、徐彬和陈佳莹认为网络异质性对协同创新能力的影响一方面会通过共生行为而间接影响协同创新能力，另一方面也会直接影响协同创新能力。本章认为众包式创新的核心优势就在于获取广泛的异质性资源，因此网络的异质性对众包式创新具有重要促进作用。（4）基于网络凝聚维度，传统情境的研究认为网络凝聚程度越高，网络成员之间的联系越紧密，而且网络凝聚程度提升有助于提升网络小团体中成员间的交互，从而有利于协同创新。谢其军、冯楚建、宋伟[1]认为网络的局部凝聚性、全局凝聚性和结构洞的交互均对探索式创新具有重要促进作用。本章认为在众包社区中，由于网络的动态化特征，不大可能形成一个中心的网络结构，该网络中必然布满了结构洞，因此无论局部凝聚性还是全局凝聚性都与创新绩效有正相关关系。

综上分析，本章提出如下假设：

H1a：众包社群结构嵌入的开放度越大，越有利于社区创新绩效；

H1b：众包社群结构嵌入的密度越大，越有利于社区创新绩效；

H1c：众包社群结构嵌入的异质性越大，越有利于社区创新绩效；

H1d：众包社群结构嵌入的凝聚性越大，越有利于社区创新绩效。

二 双元学习能力的中介作用

对网络结构嵌入的开放度来说，网络的开放性结构可以促进网络节点的跨界交流，降低知识共享的成本，使节点易于摆脱过去网络关

---

[1] 谢其军、冯楚建、宋伟：《合作网络、知识产权能力与区域自主创新程度：一个有调节的中介模型》，《科研管理》2019年第11期。

系的束缚和固有的思维模式,推动企业搜寻异质性知识,拓展现有的知识共享范围,推动探索式学习①,特别对于众包社群结构来说,如果社群的开放性较好,则有利于实现社群知识的更新,接触更多跨领域知识,因此有利于创客们的探索式学习。

对网络结构嵌入的密度来说,高密度的密集型网络结构意味着网络内的节点一方面可以更加有效的沟通与互动,有利于促进团队信任、规范的建立和维持;另一方面会导致彼此间的知识同质度过高,只能沿袭已有解决方案去解决新的问题,较难产生创造性想法②,因此高密度的网络结构会利于利用式学习,不太利于探索式学习。对于众包社群结构来说,如果社群的密度较高,则同样有利于创客之间的交流,但也会导致知识的同质性增加,因此高密度的网络结构更利于利用式学习。

对网络结构嵌入的异质性来说,现有研究指出随着网络多元性程度的增加,网络内不同主体的技术能力差异也会越来越大,有助于企业接触到更多的非冗余知识,从而会促进企业的探索性学习。③ 对于众包社区来说,网络结构的异质性越强,说明众包社区网络由海量不同知识载体的创客构成,这将有利于各个创客非常容易地获取异质性的知识,即非常有利于探索式学习。

对网络结构嵌入的凝聚性来说,现有多数研究指出松散、发散的网络结构有利于探索式学习④,而收敛性、集聚性强的网络结构更有利于利用式学习⑤,对于众包社区来说,当网络结构的凝聚性越高,

---

① 王永健等:《强弱关系与突破式创新关系研究:吸收能力的中介作用和环境动态性的调节效应》,《管理评论》2016 年第 10 期。
② 戴万亮、杨皎平、李庆满:《内部社会资本、二元学习与研发团队创造力》,《科研管理》2019 年第 1 期。
③ 刘宁、胡海青:《孵化网络多元性对在孵企业创业机会开发的影响研究——二元学习的中介作用》,《南方经济》2019 年第 10 期。
④ Willem Hulsink, Tom Elfring, Wouter Stam, "The Locus of Innovation in Small and Medium-Sized Firms: The Importance of Social Capital and Networking In Innovative Entrepreneurship", *ERIM Report Series Research*, Vol. 41, No. 7, July 2009.
⑤ 潘李鹏、池仁勇:《基于内部网络视角的企业知识结构与创新研究:"发散为王、还是收敛制胜?"》,《科学学研究》2018 年第 2 期。

则网络结构的均匀性就越差，网络中就会出现一些中心性节点，如社区中的意见领袖等，由于权威节点的存在会导致网络的秩序性增加，从而更加有利于利用式学习。

现有研究指出，利用式学习是建立在现有知识的基础上，加强现有的技能、流程、结构，增加满足现有市场需求的创新，从而增加创新绩效。[1] 虽然有学者指出过度的利用式学习可能会引发成功的陷阱，使企业难以适应外部环境的变化，而Naser Valaei等[2]认为虽然利用式学习从长期来看不利于产品的差异化，但是它仍然利于提高企业的创造力和现有产品的升级，进而促进企业创新。对于探索式学习来说，其可以使公司的知识基础得到扩展，知识体系得到更新[3]，进而获取超越企业原有知识的创新能力。此外，探索式学习孕育着一些对行业有重大影响的创新，这些创新旨在帮助企业推出全新的产品、创造出全新的市场或重塑当前市场、满足客户潜在的需求，提升创新绩效。

对于众包社区来说，社区的创客们通过探索式学习可以获得异质性的全新知识和技术，从而拓宽了完成众包项目的途径；通过利用式学习则通过获取与自身相似的知识，对现有知识进行适应性调节则可以提升创新效率，因此无论是利用式学习还是探索式学习均有利于提高众包社区的创新绩效。

另外，正如许晖、李文[4]所说，探索式学习促使企业从外部网络搜索和获取新知识，为企业的创新来源奠定基础；利用式学习则促进企业对新旧知识的整合与利用，并根据外部环境的变化适时调整现有

---

[1] Nancy Vargas et al., "Effect of Exploitation and Exploration on The Innovative as Outcomes in Entrepreneurial Firms", *International Entrepreneurship and Management Journal*, Vol. 14, No. 4, March 2018.

[2] Naser Valaei et al., "Examining Learning Strategies, Creativity, and Innovation at Smes Using Fuzzy Set Qualitative Comparative Analysis and PLS Path Modeling", *Journal of Business Research*, Vol. 70, No. 1, January 2017.

[3] Daniella Laureiro Martinez, Stefano Brusoni, Nicola Canessa, Maurizio Zollo, "Understanding The Exploration-Exploitation Dilemma: An Firm Study of Attention Control and Decision-Making Performance", *Strategic Management Journal*, Vol. 36, No. 3, February 2015.

[4] 许晖、李文：《高科技企业组织学习与双元创新关系实证研究》，《管理科学》2013年第4期。

的知识技术等。如果同时开展两种学习则会出现协同效应，更加利于创新绩效的提升。① 本章认为对于众包社区来说，这一内在机理同样存在，特别是很多众包项目本身包含众多领域知识，对某一个创客或创客团队来说，既需要已有知识的整合也需要新知识的加入，因此利用式学习和探索式学习的交互将更利于社区创新绩效的提升。

综上分析，我们提出如下假设：

H2a：众包社区的探索式学习在网络结构的开放度与社区创新绩效之间具有中介作用；

H2b：众包社区的利用式学习在网络结构的密度与社区创新绩效之间具有中介作用；

H2c：众包社区的探索式学习在网络结构的异质性与社区创新绩效之间具有中介作用；

H2d：众包社区的利用式学习在网络结构的凝聚性与社区创新绩效之间具有中介作用；

H3 众包社区的探索式学习与利用式学习的交互作用对社区创新绩效具有显著正向影响。

三　众包平台协同能力的调节作用

对于众包平台的信息协同能力来说，其反映了众包平台利用信息技术整合外部碎片化、零散化知识，并吸收、整合这些知识的能力；在传统的信息技术领域，这种信息被认为是企业实现知识整合与协作的重要枢纽。② 对于众包平台来说，信息协同能力越强，越能整合来自大众的微创意和商业智慧，因此对众包社群的双元学习越有利。对于众包平台的系统协同能力来说，其反映了众包平台进行业务信息分析、诠释及各众包环节的资源共享和相互协同的程度；系统协同能力越强，越有利于众包平台整合众包社会网络中的知识，提高知识分

---

① 舒成利、胡一飞、江旭：《战略联盟中的双元学习、知识获取与创新绩效》，《研究与发展管理》2015 年第 6 期。

② 王春燕、张玉明：《开放式创新下互联网应用对小微企业创新绩效的影响》，《东北大学学报》（社会科学版）2018 年第 1 期。

类、综合与集成的效率①，从而积极影响线上社会网络与双元学习的关系。众包系统的服务协同能力，主要衡量众包平台对产品流、服务流、信息流和资金流集成服务的能力②，如众包平台可以利用服务协同能力，基于大众过滤对数量庞大的用户所提交的微创意及微内容进行筛选，从而为社区成员间的学习交流提高了效率。

综上分析，本章提出如下假设：

H4a：众包平台的协同能力正向调节了网络结构的开放度与探索式学习之间的关系；

H4b：众包平台的协同能力正向调节了网络结构的密度与利用式学习之间的关系；

H4c：众包平台的协同能力正向调节了网络结构的异质性与探索式学习之间的关系；

H4d：众包平台的协同能力正向调节了网络结构的凝聚性与利用式学习之间的关系。

综合上述假设，得到如图9-1所示的理论模型。

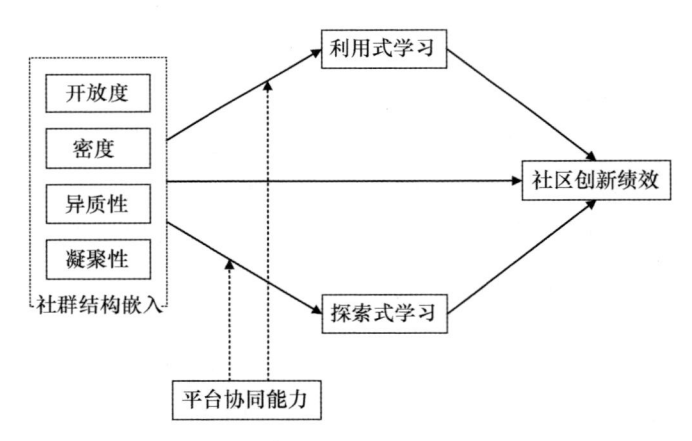

图9-1　社群结构嵌入与众包创新绩效

---

① 林素芬：《基于众包参与者网络的众包绩效提升研究》，博士学位论文，华侨大学，2015年，第52页。

② 王姝、陈劲、梁靓：《网络众包模式的协同自组织创新效应分析》，《科研管理》2014年第4期。

第三节 研究设计

一 问卷与变量

与第八章相同,以小米众包社区、海尔 HOPE 平台、猪八戒网和一品威客网四个众包平台为研究背景,共获取 1152 份有效问卷。

问卷中除了基本统计信息外,本章主要的变量测量采用了李克特 7 级量表(除特殊说明外,1 代表非常不同意,7 代表非常同意)。其中社群网络结构嵌入的四个维度"开放度、密度、异质性和凝聚性"采用我们自己开发的量表,共计 19 个题项;众包社区创新绩效参考林素芬[①]的量表包括人气、数量和质量 3 个维度共涉及 11 个题项;双元学习借鉴了张玉明、赵瑞瑞、徐凯歌[②]的量表,利用式学习为 5 个题项,探索式学习也为 5 个题项;平台协同能力采用林素芬[①]的量表共计 8 个题项。

根据创客参与众包平台的不同,将 1152 份数据分为 4 个组,以组别为控制变量,C1(是否小米)、C2(是否海尔)、C3(是否猪八戒),数据的描述统计特征见第八章。

二 信度与效度分析

对量表的信效度检验结果见表 9 - 1。使用 Cronbach's α 来评估内部一致性,本章中所有构念的 Cronbach's α 值都在 0.853 以上,超过了 0.6 的推荐值,说明每个构念的内部一致性较高。

本章中共 8 个核心变量,与其他备选模型相比,当我们采用 8 个维度进行验证性因子分析时模型的拟合效果最好($\chi^2/df = 2.694$,$CFI = 0.910$,$TLI = 0.903$,$SRMR = 0.038$,$RMSEA = 0.046$)。如表 9 - 1 所示,所有构念的因子载荷都大于 0.635,说明收敛效度良好。

[①] 林素芬:《基于众包参与者网络的众包绩效提升研究》,博士学位论文,华侨大学,2015 年,第 52 页。

[②] 张玉明、赵瑞瑞、徐凯歌:《知识共享背景下众包与新创企业创新绩效:基于双元学习的中介作用》,《中国科技论坛》2019 年第 9 期。

所有构念的组合信度 CR 值均高于 0.853，AVE 均大于等于 0.490，说明所有构念的组合信度较高。

表 9–1　　　　　　　　　　验证性因子分析结果

构念	题项	载荷
开放度（CSPO） Cronbach's α = 0.863 CR = 0.864 AVE = 0.559	该社区经常会有新成员加入	0.748
	该社区中，除了创客之外，还有其他主体	0.741
	该社区有一种健康的百家争鸣的氛围	0.727
	在该社区中总能学到新知识	0.777
	在该社区中大家谈论的内容范围非常广	0.743
密度（CSDE） Cronbach's α = 0.853 CR = 0.853 AVE = 0.593	我和社区中其他成员之间联系紧密	0.770
	我对社区其他成员的熟悉程度比较高	0.773
	社区中很多成员之间都比较熟悉或了解	0.794
	社区中成员之间保持频繁的联系	0.742
异质性（CSHE） Cronbach's α = 0.884 CR = 0.884 AVE = 0.603	社区中各个成员的专业背景差异很大	0.784
	社区中各个成员的学历层次差异很大	0.759
	社区中成员之间的工作经历有很大差异	0.765
	社区中成员之间专业技能有很大差异	0.777
	社区中成员的所能调用的资源有很大差异	0.798
凝聚性（CSAG） Cronbach's α = 0.858 CR = 0.859 AVE = 0.560	在社区中我所在的圈子成员之间关系密切	0.763
	我们圈子成员之间讨论内容广泛，沟通频繁	0.729
	在社区中存在明显的圈子现象	0.798
	社区中成员的想法或认知受到权威人士观点的影响	0.715
	社区中的权威人士是社区的中心人物	0.697
社区创新绩效（COIP） Cronbach's α = 0.913 CR = 0.913 AVE = 0.490	很多企业或个人在社区发布众包项目	0.702
	社区的创客数量很多	0.660
	社区成员参与众包创新项目很活跃	0.711
	社区每天成交的众包项目数量很多	0.635
	该社区内我所知道的创客中标率平均来说都很高	0.694
	该社区内我所知道的创客报酬平均来说都很高	0.742
	该社区在国内是知名的众包社区	0.728

续表

构念	题项	载荷
	该社区的管理水平较高	0.675
	该社区众包交易的诚信度较高	0.671
	很多著名企业在该社区发布创新任务	0.757
	该社区创客的平均水平较高	0.715
协同能力（CSCA） Cronbach's α = 0.948 CR = 0.948 AVE = 0.694	平台提供的信息有助于完成众包任务	0.818
	平台提供的信息有助于接包方与发包方的联系	0.842
	平台提供的工具有助于完成众包任务	0.794
	平台的功能有助于安全交易	0.851
	平台提供的很多工具非常有用	0.832
	平台提供的很多工具容易使用	0.843
	平台提供的服务有助于完成众包任务	0.827
	平台提供的服务很完善	0.855
利用式学习（EIL） Cronbach's α = 0.890 CR = 0.890 AVE = 0.619	本社区有助于获取现有产品和技术的知识和技能	0.817
	本社区有助于获取成熟技术所需的资源	0.763
	本社区有助于获取改进现有方案的知识	0.789
	本社区成员经常交流现有产品的开放过程和技能	0.809
	通过与社区成员的交流有助于提高现有创新活动的效率	0.755
探索式学习（ERL） Cronbach's α = 0.885 CR = 0.885 AVE = 0.607	在本社区能够学习到全新的制造技术和技能	0.756
	在本社区能够学习全新的产品开发技能或全新流程	0.779
	在本社区能够获得全新的管理和组织技能	0.760
	在本社区能够获取到某些领域的新技能	0.811
	通过本社区的交流能够了解到其他领域的相关知识	0.788

同时表 9-2 报告了各个潜变量的平均方差提取（AVE）及变量之间的相关系数，通过比较各个变量的 AVE 平方根与其他变量之间的相关系数，发现 AVE 平方根均大于该变量和其他变量的相关系数，说明各变量之间具有较好的区分效度。综上，本章使用的量表信效度表现良好，可以用来进行后续的假设检验。

表9-2　　　　　　　　　　潜变量相关性矩阵

变量	1	2	3	4	5	6	7	8
开放度	(0.748)							
密度	0.611**	(0.770)						
异质性	0.603**	0.595**	(0.777)					
凝聚性	0.614**	0.603**	0.573**	(0.748)				
利用式学习	0.534**	0.575**	0.484**	0.567**	(0.787)			
探索式学习	0.568**	0.508**	0.581**	0.508**	0.432**	(0.779)		
协同能力	0.181**	0.187**	0.181**	0.187**	0.140**	0.134**	(0.833)	
社区创新绩效	0.399**	0.392**	0.405**	0.399**	0.389**	0.463**	0.598**	(0.700)
平均值	4.297	4.276	4.275	4.268	4.289	4.344	4.185	4.238
标准差	1.126	1.152	1.136	1.078	0.952	0.973	1.118	1.059

注：（　）内数字为AVE平方根，* 表示 $P<0.05$，** 表示 $P<0.01$，*** 表示 $P<0.001$，本章表格同理。

第四节　假设检验

一　总效应检验

不考虑中介变量"双元学习"和调节变量"协同能力"时，采用SPSS软件，以社区创新绩效为被解释变量，以社群网络结构的4个维度"开放度、密度、异质性和凝聚性"为解释变量进行回归分析得到如表9-3所示的结果。

表9-3　　　社群结构嵌入与社区创新绩效回归分析结果

变量	社区创新绩效			利用式学习		探索式学习	
	模型1	模型2	模型3	模型4	模型5	模型6	模型7
控制变量							
C1	0.126***	0.095**	0.024*	0.039*	0.026*	0.036*	0.013*
C2	-0.063**	-0.051**	-0.020*	-0.047*	-0.013	-0.043*	-0.004
C3	0.047*	0.031*	0.016*	0.026*	0.010	0.021*	0.009

续表

变量	社区创新绩效			利用式学习		探索式学习	
	模型1	模型2	模型3	模型4	模型5	模型6	模型7
解释变量							
开放度		0.129***	0.039	0.100***	0.084**	0.199***	0.129***
密度		0.143**	0.042*	0.246***	0.242***	0.119***	0.076**
异质性		0.130***	0.024	0.083***	0.074*	0.250***	0.226***
凝聚性		0.098**	0.031	0.217***	0.222***	0.066**	0.098***
中介变量							
利用式学习			0.278***				
探索式学习			0.322***				
双元学习交互			0.124***				
调节变量							
协同能力					0.083***		0.373
开放度×协同能力					0.028		0.085**
密度×协同能力					0.033		0.011
异质性×协同能力					0.052		0.121***
凝聚性×协同能力					-0.076		-0.007
R^2	0.059	0.288	0.463	0.374	0.388	0.375	0.595
ΔR^2		0.229***	0.175***		0.014***		0.220***

表9-3中模型1只有控制变量，模型2在此基础上增加4个解释变量，回归分析发现，开放度（$\beta = 0.129$，$P < 0.001$）、密度（$\beta = 0.143$，$P < 0.005$）、异质性（$\beta = 0.130$，$P < 0.001$）和凝聚性（$\beta = 0.098$，$P < 0.001$）均对众包社区创新绩效具有显著影响，即假设H1a、H1b、H1c和H1d均通过验证。

二 直接与间接效应分析

首先在模型2的基础上将利用式学习、探索式学习和两者的交互项增加为解释变量得到模型3，从模型3可知利用式学习（β = 0.278，P < 0.001）、探索式学习（β = 0.322，P < 0.001）以及利用式学习×探索式学习（β = 0.124，P < 0.001）对社区创新绩效具有显著影响。

然后分别以利用式学习和探索式学习为被解释变量，以社群结构嵌入为解释变量进行回归分析得到模型4和模型6，从模型4可以看出，社群结构嵌入的4个维度对利用式学习均具有显著正向影响（β = 0.100，P < 0.001；β = 0.246，P < 0.001；β = 0.083，P < 0.001；β = 0.217，P < 0.001）；从模型6可以看出，开放度、密度、异质性和凝聚性对探索式学习也均具有显著正向影响（β = 0.129，P < 0.001；β = 0.076，P < 0.001；β = 0.226，P < 0.001；β = 0.098，P < 0.001）。结合模型3、模型4、模型6判断，利用式学习和探索式学习可以作为社区网络关系与社区创新绩效之间的中介变量。

对比模型2和模型3可以看出，增加两个中介变量及其交互项之后，社群结构嵌入的4个维度前的系数或显著性都有不同程度的降低，因此初步断定假设H2a、H2b、H2c、H2d和H3成立。

为了进一步分析社群结构嵌入对社区创新绩效的直接效应以及经由利用式学习和探索式学习的中介效应，采用Mplus结构方程模型再次进行分析，得到的结构方程模型如表9-4所示，该模型的拟合优度指标为：$\chi^2/df = 2.559$，$RMSEA = 0.041$，$SRMR = 0.046$，$CFI = 0.926$，$TLI = 0.920$。

表9-4　社区网络结构与社区创新绩效的结构方程分析结果

变量路径	路径系数	标准差	P值	95% 区间	
				左端	右端
总效应					
开放度→社区创新绩效	0.130	0.030	0.000	0.064	0.185
密度→社区创新绩效	0.173	0.033	0.000	0.112	0.241
异质性→社区创新绩效	0.146	0.032	0.000	0.088	0.210
凝聚性→社区创新绩效	0.153	0.030	0.000	0.092	0.217

第九章 众包社区的社群结构嵌入与社区创新绩效

续表

变量路径	路径系数	标准差	P值	95%区间 左端	95%区间 右端
直接效应					
开放度→社区创新绩效	0.049	0.028	0.086	-0.012	0.105
密度→社区创新绩效	0.054	0.031	0.081	-0.008	0.114
异质性→社区创新绩效	0.030	0.030	0.314	—	—
凝聚性→社区创新绩效	0.038	0.029	0.177	—	—
利用式学习→社区创新绩效	0.318	0.027	0.000	0.263	0.368
探索式学习→社区创新绩效	0.360	0.027	0.000	0.307	0.409
双元学习交互→社区创新绩效	0.124	0.022	0.000	0.080	0.167
开放度→利用式学习	0.092	0.031	0.003	0.028	0.149
密度→利用式学习	0.274	0.032	0.000	0.210	0.336
异质性→利用式学习	0.081	0.032	0.012	0.018	0.138
凝聚性→利用式学习	0.239	0.031	0.000	0.178	0.297
开放度→探索式学习	0.145	0.025	0.000	0.094	0.195
密度→探索式学习	0.088	0.026	0.001	0.040	0.145
异质性→探索式学习	0.253	0.027	0.000	0.193	0.301
凝聚性→探索式学习	0.108	0.026	0.000	0.058	0.161
调节效应					
协同能力→利用式学习	0.096	0.024	0.000	0.047	0.145
协同能力→探索式学习	0.440	0.017	0.000	0.406	0.473
协同能力×开放度→利用式学习	0.028	0.031	0.365	—	—
协同能力×密度→利用式学习	0.033	0.034	0.327	—	—
协同能力×异质性→利用式学习	0.052	0.033	0.115	—	—
协同能力×凝聚性→利用式学习	-0.075	0.033	0.025	—	—
协同能力×开放度→探索式学习	0.087	0.026	0.001	0.033	0.134
协同能力×密度→探索式学习	0.012	0.027	0.664	—	—
协同能力×异质性→探索式学习	0.124	0.025	0.000	0.074	0.173
协同能力×凝聚性→探索式学习	-0.007	0.028	0.792	—	—
间接效应					
开放度→利用式学习→创新绩效	0.029	0.010	0.003	0.010	0.049

续表

变量路径	路径系数	标准差	P值	95%区间 左端	95%区间 右端
开放度→探索式学习→创新绩效	0.052	0.010	0.000	0.033	0.073
密度→利用式学习→创新绩效	0.087	0.013	0.000	0.065	0.118
密度→探索式学习→创新绩效	0.032	0.010	0.001	0.014	0.053
异质性→利用式学习→创新绩效	0.026	0.011	0.015	0.006	0.046
异质性→探索式学习→创新绩效	0.091	0.012	0.001	0.069	0.116
凝聚性→利用式学习→创新绩效	0.076	0.012	0.000	0.053	0.098
凝聚性→探索式学习→创新绩效	0.039	0.010	0.000	0.021	0.058

从表9-4可以看出：利用式学习在社区网络结构的四个维度与社区创新绩效之间均具有中介效应，自然也有H2b和H2d成立；另外探索式学习在社区网络结构的四个维度与社区创新绩效的关系间也具有中介效应，自然也有H2a和H2c成立。

根据社群结构嵌入四个维度与社区创新绩效的直接效应估算可知，双元学习可以完全中介开放度、密度、异质性和凝聚性与社区创新绩效的关系。

三 调节效应分析

从表9-4初步可知，平台协同能力正向调节了社区网络结构的开放度和异质性对探索式学习的影响，其余假设的调节关系不存在，即初步认定H4a和H4c成立，H4b和H4d不被支持。为了进一步验证H4a和H4c，我们通过蒙特卡洛模拟法分析在平台协同能力分别处于高、低两种水平下，探索式学习对开放度和异质性的中介效应，分析结果如表9-5所示。

从表9-5中可以看出，对于高协同能力的众包平台而言，探索式学习在网络开放度与社区创新绩效之间的中介作用是显著的；对于低协同能力众包平台而言探索式学习在开放度与社区创新绩效之间的中介作用变得不显著；对比两类众包平台发现，探索式学习的中介效应差异具有显著性，再次说明假设 H4a 得到印证。

表 9-5　　　　　　　　　被调节的中介效应检验

调节变量	中介效应	点估计	95%的置信区间	
			下限	上限
CSCA = H	开放度→探索式学习→创新绩效	0.078	0.048	0.102
CSCA = L		0.036	-0.007	0.054
ΔCSCA		0.042	0.023	0.081
CSCA = H	异质性→探索式学习→创新绩效	0.149	0.098	0.199
CSCA = L		0.098	0.046	0.144
ΔCSCA		0.051	0.032	0.072

类似地，对于高协同能力的众包平台而言，探索式学习在网络异质性与社区创新绩效之间的中介作用是显著的，对于低协同能力的众包平台而言探索式学习在异质性与社区创新绩效之间的中介作用仍具有显著性。对比两类众包平台发现，探索式学习的中介效应差异具有显著性，再次说明假设 H4c 得到印证。

第五节　结论与讨论

一　研究结论

本章得到如下结论：

（一）社群网络结构嵌入的四个维度，网络开放度、密度、异质性和凝聚性均对社区创新绩效具有显著正向影响。与传统情境的大多数研究结论一致，在众包社区中，社区的网络结构嵌入越深，越有利于整个社区的创新绩效。在传统情境下，存在网络结构的过度嵌入导致创新受阻；在虚拟环境下，由于网络结构的过度嵌入可能性很小，因此不大会出现社群结构嵌入的负效应。

（二）双元学习完全中介了社群结构嵌入对社区创新绩效的影响。对于众包社区来说，社群结构嵌入的优势主要源于其促进了社区成员之间的交流，促进了社区成员的双元学习，而双元学习及其交互效应对社区的创新绩效具有极大的促进作用。

（三）众包平台的协同能力正向调节了网络结构的开放度和异质性对探索式学习促进作用。在社群结构嵌入的四个维度中，开放度和异质性在对双元学习的影响中，更倾向于促进探索式学习，探索式学习是一种跨领域、高难度的学习，需要诸多有利环境的保障。众包平台的协同能力越强，越有利于探索式学习的形成，因此在高协同能力下，开放度和异质性对探索式学习的影响更加显著。

二　管理启示

在当前以社交电商为主导的线上交易环境下，众包平台作为创意交易平台也要重视社群网络的建设。根据本章的研究结论，可为众包平台的社区建设提供如下建议：

（一）保持社群网络的高度开放，鼓励创客自由进出。一方面，开放是实现规模扩大、网络动态能力的重要方式；另一方面，只有鼓励开放才能实现社群网络是自我更新、良性发展，才能保持社群有源源不断的创意源头。

（二）增加社群网络的密度。在虚拟环境下不存在过于稠密的网络阻碍组织创新，因此平台企业应该想办法建构社区成员紧密的社交联系，如可以通过举办社会活动，增加社群成员的相互联系，从而促进相互之间的交流和学习。

（三）增加社群网络参与主体的异质性。只有参与主体的多元化、异质性才能保证社群网络形成良好生态，促使社群网络向更高级的形态演化。平台方应允许多种利益相关者加入平台，鼓励异质性的创客群体加入社区。

（四）增加社群网络的凝聚性。从本章的研究可知，虚拟社群网络类似传统的社会群落，人们天然喜欢形成社交圈子，更喜欢与本圈子内部的人员交流和沟通，因此众包平台可以挖掘创客特征，依据他们的兴趣、专业背景、性格特征、身份特征等进行适当分组，通过细分创客圈子增加社群网络的凝聚性。

本章小结

本章以双元学习为中介变量、众包平台协同能力为调节变量，分析社群结构嵌入对社区创新绩效的影响机制，以4个平台的1152份数据为样本，建立回归分析和结构方程模型，得到如下结论：社群结构嵌入的4个维度对众包社区创新绩效均存在显著的正向影响；社群结构的开放度、密度、异质性和凝聚性均通过利用式学习、探索式学习两条路径影响社区创新绩效，但相比而言，开放度和异质性主要通过探索式学习影响社区绩效，密度和凝聚性主要通过利用式学习影响社区创新绩效；另外，平台的协同能力正向调节了异质性和开放度对探索式学习的正向影响。

第十章　研究结论与展望

很多学者注意到虚拟环境中，线上经济关系中同样嵌入了社会关系，同样存在网络嵌入性，但目前绝大多数研究仍旧将传统的嵌入构念直接平移到虚拟环境中，或者进行简单的措辞修改便镜像到虚拟社区中。本书认为虚拟情境下虽然同样存在社群嵌入性，但虚拟情境的社群嵌入应该与传统情境的网络嵌入有一定的区别，基于这一认识，本书归纳提炼了众包社区的虚拟社群嵌入体系，并分析了不同社群嵌入类型对众包式社区创新绩效的影响机制。

第一节　研究结论

一　众包社区的社群嵌入特征

在对虚拟社区特征进行定性分析、对嵌入性理论进行梳理的基础上，本书对猪八戒网、一品威客网、小米众包社区和海尔 HOPE 平台上的创客进行定性访谈，借助扎根理论方法得到如下结论：

（一）众包社区的社群嵌入可以归纳为五种类型，并且这五种嵌入类型存在一定的系统关联性。通过扎根理论的开放编码、主轴编码、选择编码和饱和度检验等步骤，得到众包社区的社群嵌入的主范畴为："虚拟工作嵌入、网络文化嵌入、社群网络治理嵌入、社群网络关系嵌入、社群网络结构嵌入" 5 个范畴。根据 5 个范畴的故事线，可以认为虚拟工作嵌入和网络文化嵌入更接近社群嵌入的原因层面；社群网络治理嵌入更侧重于社群嵌入的情境层面；社群网络关系嵌入更侧重于中介路径层面；社群网络结构嵌入则侧重于结果层面。

因此这5个嵌入类型互相影响、相互转化，构成一个整体性的社群嵌入系统。

（二）虚拟工作嵌入可以分为匹配度、归属感和满足感三个维度，虚拟工作嵌入与传统情境的工作嵌入既有联系也有重大区别。在扎根过程中得到了匹配度、归属感和满足感三个副范畴，在与经典工作嵌入对话的基础上，将其提炼为虚拟工作嵌入主范畴。首先，传统的工作嵌入分为组织和社区两个层面，虚拟工作嵌入只有社区一个层面，组织层面自然退化。其次，传统工作嵌入分为匹配度、联系度和牺牲感，在众包社区的虚拟情境下，匹配度主要指众包社区提供的任务与成员的兴趣、能力匹配，成员间的价值观相互匹配，这与传统工作嵌入的匹配度类似；归属感与联系度的区别在于不是关注某创客与其他个体的联系，而是与整个社区的联系；满足感主要指众包社区提供的激励机制，社区环境能够满足成员的物质、社会和心理需求，由于参加众包社区的业余性质，与传统牺牲感相比，满足感的程度要小很多。

（三）网络文化嵌入可以分为包容性、互动性、公平性和自主性四个维度，网络文化嵌入反映了众包社区所倡导的主流的、正能量的网络文化特征。在扎根理论分析过程中，得到了包容、互动、公平和自主四个副范畴，在与网络文化有关文献对话的基础上，借鉴传统情境中文化嵌入的理论，将这四个副范畴归纳为网络文化嵌入。关于网络文化的特质，不同学者基于不同视角得到了不同结论，扎根理论得到的四个副范畴与众多文献中提及的网络文化的优秀特征具有较大的吻合度。传统情境中文化嵌入分为内容维度和程度维度两种视角，本书提炼的包容性、互动性、公平性和自主性既具有内容的意蕴，也具有程度大小的含义。

（四）社群治理嵌入可以分为规范、协同和激励三个维度，社群治理嵌入是本书得到的一个崭新构念，有助于完善现有关系嵌入和结构嵌入起因不明的缺陷。在扎根理论分析过程中，得到了规范性、激励性和协同性三个副范畴，在与网络治理理论、网络惯例理论对话的基础上，将其归纳为社群网络治理嵌入，通过扎根分析过程中各范畴间的联系，本书认为网络治理嵌入是现有关系嵌入和结构嵌入形成的重要原因，与现有的关系嵌入和结构嵌入从三个侧面衡量了网络嵌入的特征，其中网络治理嵌入侧重于网络嵌入的情境和过程，网络关系嵌入侧重于社会资本的内容，结构嵌入侧重于网络的外在状态，因此三种类型的嵌入共同构成完备的网络嵌入，是对现有网络嵌入的有效补充。

（五）社群关系嵌入可以分为信任程度、互惠程度和认同程度三个维度，众包社区的社群关系嵌入与传统情境下的网络关系嵌入既有联系也有显著区别。在扎根理论分析过程中，得到了信任、互惠和认同3个副范畴，在与传统网络关系嵌入对话的基础上，考虑到虚拟社群所具有的性质，将这3个副范畴归纳提炼为社群关系嵌入的主范畴。在传统情境下，网络关系嵌入可以从内容、方向和强度等方面进行衡量，大多数的研究从内容角度对网络关系嵌入进行了解析，并将其分为信任、优质信息共享和共同解决问题三个维度。在众包社区情境下的社群关系嵌入与传统的网络关系嵌入相比，社群关系嵌入强调了社区成员间对互惠、信任等主观规范的遵守和期望，以及对共同价值观、兴趣、偏好的好感。

（六）社群结构嵌入可以分为网络开放度、网络密度、网络异质性和网络凝聚4个维度，众包社区的社群结构嵌入是传统网络结构嵌入与虚拟社群相结合的特色性网络结构嵌入。在扎根理论分析过程中，得到了网络开放度、网络密度、网络异质性和网络凝聚性4个副范畴，在与经典网络结构嵌入对话的基础上，考虑到其虚拟社群所具有的性质，将这4个副范畴归纳提炼为社群结构嵌入的主范畴。传统情境下，网络结构嵌入主要从两个层面开展研究，即微观主体间的强弱关系或宏观网络的特征。从宏观网络特征层面，经典的网络结构嵌入分为网络规模、网络密度、网络异质性与网络中心性。本书的社群结构嵌入的四个维度与传统网络结构嵌入相比，将网络规模替换为网络开放度，这主要源于虚拟社区网络规模过大且动态性更强的原因，用网络规模衡量网络结构的作用不再突出；将网络中心性替换为网络凝聚性，主要因为网络环境的去中心化特征导致一个网络不大可能只有一个或少数几个中心，而是呈现多中心凝聚的特征。

二 社群嵌入对众包社区创新绩效的影响

针对不同的社群嵌入类型，本书采用实证分析范式，基于大样本数据，通过回归分析、结构方程模型验证了5种类型的社群嵌入对众包社区创新的影响机制，主要得到了如下的结论：

（一）虚拟工作嵌入通过影响创客的创新激情进而增加创客创新绩效。文章以创新激情为中介变量解析创客的虚拟工作嵌入对其创新绩效的影响，基于4个众包平台的1267份个体层面的数据，通过建立多阶段线性回归分析模型和结构方程模型，发现：虚拟工作嵌入的3个维度对创客创新绩效均具有显著的正向影响，其中创新激情完全中介了匹配度、归属感对创客绩效的影响，部分中介了满足感对创客绩效的影响。创新激情在现有研究中，往往被视为动机性或情绪性变量，本书的研究说明虚拟工作嵌入提升了创客们创新的动机和积极参与创新的良好情绪。

（二）网络文化嵌入通过个体层面的创客敬业度和社区层面的知识共享提升了众包社区创新绩效。文章分别基于创客角度和整个社区角度来分析网络文化嵌入的创新优势，在创客角度，文章通过建立跨层次结构方程模型发现，社区层面的网络文化通过增加员工的敬业度跨层次影响了个体层面的创客创造力。在众包社区层面，文章通过建立普通回归分析模型和结构方程模型得到，网络文化嵌入程度越深，越有利于整个社区创客间的知识共享，进而提升整个众包社区的创新绩效。另外研究发现创客们的平均创造力越高，整个社区的创新绩效就越高，同时创客们的创新绩效差异性越小，越有利于整个社区创新绩效的提升。

（三）社群治理嵌入通过降低社区成员的机会主义，提升创客们的就绪度进而提升整个众包社区的创新绩效。社群治理嵌入的三个维度，规范性、激励性和协同性均对众包社区的创新绩效具有显著正向影响，其中：规范性对众包社区的影响除了直接影响之外，还通过降低机会主义、提升创客就绪度而间接影响众包社区创新绩效；激励性和协同性对众包社区创新绩效的影响一方面是直接影响，另一方面通过提升创客就绪度进而促进社区创新绩效。众包社区与其他虚拟社区、电商平台类似由于交易主体的虚拟性、时空分离性、信息不对称等原因，极易出现各种机会主义，如恶意竞标、提交低质量的方案、窃取他人方案、不履行交易合同等，社群治理的规范性措施对降低机会主义十分必要；另外众包社区是一种集聚集体智慧实现创新的大众创新模式，需要调动分散在不同角落的创新资源，社区治理的规范性、激励性和协同性有利于调动各种资源实现创客的就绪度。

（四）社群关系嵌入通过增加创客们的虚拟社区承诺、降低创客们的创意领地行为增加了众包社区创新绩效。社群关系的三个维度：信任程度、互惠程度和认同程度均对众包社区的创新绩效有显著的促进作用。其中信任程度和认同程度除了对众包社区创新绩效具有直接影响外，还通过虚拟社区承诺和创意领地行为的链式中介影响社区创新绩效；互惠程度对社区创新绩效的关系中，直接效应不明显，主要通过虚拟社区承诺，以及虚拟社区承诺和创意领地行为的链式路径影响社区创新绩效。在传统环境下，诸多学者的研究表明网络关系嵌入有利于组织的创新绩效，本书的研究表明在众包社区中同样的关系也成立，即在众包社区中，社区的网络关系嵌入越深，越有利于整个社区的创新绩效；在传统情景下，存在社会关系的过度嵌入导致创新受阻，在虚拟环境下，人与人之间的社会关系不大可能像线下那么密切，不大可能受关系约束或束缚，所以不存在过度嵌入的情况。

（五）社群结构嵌入通过促进创客之间的双元学习进而增加了众包社区创新绩效。社群结构嵌入的四个维度，网络开放度、密度、异质性和凝聚性均对社区的创新绩效具有显著正向影响，与传统情境的大多数研究结论一致，在众包社区中，社区的网络结构嵌入越深，越有利于整个社区的创新绩效。对于众包社区来说，网络结构嵌入的优势主要源于其促进了社区成员之间的交流，促进了社区成员的双元学习，而双元学习及其交互效应对社区的创新绩效具有极大的促进作用。在社群结构与双元学习的关系中，众包平台的协同能力正向调节了网络结构的开放度和异质性对探索式创新的促进作用。这是因为探索式创新是一种跨领域、高难度的学习，需要诸多有利环境的保障，众包平台的协同能力越强，越有利于探索式创新的形成，因此在高协同能力下，开放度和异质性对探索式创新的影响更加显著。

第二节 理论贡献

一 嵌入性概念的众包社区情境化

在传统的创新网络、产业集群当网络性组织的研究中，学者们广泛注意到了社会关系与经济关系相互交融，因此提出了网络嵌入的理论，经过学术界的深入研究，目前有关嵌入性的理论日渐成熟。那么在虚拟情境下，由创客们基于互联网平台链接起来的网络型组织当中，有无经济关系与社会关系的交融，当前社交电商的飞速发展给出了肯定的回答，即在虚拟环境中同样存在着社会关系的嵌入。本书的研究探讨众包社区的社群嵌入特征，具有如下理论贡献。

（一）将线下网络组织中的嵌入性概念引入到众包社区的虚拟环境当中。在线下环境中，学者们关注到了工作嵌入、文化嵌入、关系嵌入和结构嵌入等嵌入性类型。本书的研究发现在众包社区这样的虚拟环境中同样存在类似的嵌入性类型，即虚拟工作嵌入、网络文化嵌入、社群治理嵌入、社群关系嵌入和社群结构嵌入，本书的研究一定程度上是对当前嵌入性理论的拓展。

（二）基于虚拟环境的特质，提出了具有众包社区特色的社群嵌入体系。当前很多学者研究虚拟品牌社群、虚拟学习社区、众包社区的社会嵌入性特征时，仍旧直接或通过适当修改的方式采用了传统情境的工作嵌入、网络嵌入的构念及其细分维度。本书的研究基于创客们的访谈资料，从微观层面入手，采用扎根理论得到了具有虚拟社区特征的社群嵌入体系，与传统的嵌入性构念相比，既有学理上的内在联系，又具有显著的虚拟社区特色，是结合虚拟社区特征的特色性嵌入性构念，具体表现在维度划分上和量表的重新建构上。

（三）提出了全新的社群治理嵌入，同时分析了社群嵌入体系间的内在联系。传统网络嵌入的理论体系中网络嵌入主要分为网络关系嵌入和网络结构嵌入，虽然网络关系嵌入重在刻画嵌入的内容，网络结构嵌入重在刻画嵌入的形态，但均没有回答嵌入的起源、形成，从而也无法合理解答网络嵌入的演化，本书提出网络治理（社群治理）的嵌入有助于完善网络嵌入。本书认为网络治理嵌入是网络关系嵌入和网络结构嵌入的动力，同时网络关系嵌入和网络结构嵌入又反哺网络治理嵌入，从而实现网络嵌入的不断发展和演化。

在线下环境中，学者们基于不同视角，提出了工作嵌入、文化嵌入、关系嵌入、结构嵌入、认知嵌入、制度嵌入等，但对相互之间联系的分析十分少见。本书通过质化研究，基于访谈资料的故事线，通过选择性编码初步得到了虚拟工作嵌入、网络文化嵌入、社群治理嵌入、社群关系嵌入和社群结构嵌入的内在联系。

二 社群嵌入与众包式创新的关系

在传统的网络组织的研究中，学者们关于网络嵌入性与创新绩效的关系主要基于知识管理、组织学习的角度进行分析，而关于工作嵌入与创新绩效的关系很少谈及。本书充分借鉴创新管理领域、组织行为和人力资源管理领域的最新成果，从多个角度深入分析了不同类型的社群嵌入对众包式创新的影响机理和机制。总体来说，对当前研究具有如下的贡献：

（一）以创新激情、敬业度等为中介变量分析了社群嵌入对微观个人创新绩效的影响。在传统的网络嵌入性与创新绩效关系的研究中，学者们关注的主要是企业和产业等组织层面的创新行为，只有工作嵌入涉及员工层面，本书的研究将嵌入性理论与人力资源管理进行了充分对接。研究社群嵌入对创客个体的创新绩效的影响，充分拓展了嵌入性的研究范围，相信随着社交电商的飞速发展，随着人们对个体创造力的关注，嵌入性理论将充分应用到员工创新和团队创新的研究当中。

（二）从知识共享、创意领地行为正反两个方面研究了社群嵌入对众包社区创新绩效的影响。基于知识管理的角度剖析网络嵌入与组织创新绩效的关系时，传统的研究主要从知识共享、知识吸收能力、知识整合等正面角度予以分析；而本书的研究既探讨了社群嵌入对知识共享这一正面行为的影响，又分析了社群嵌入对创意领地行为这一反面行为的影响。随着互联网经济的飞速发展，互联网经济将逐渐实现个人上线，企业上线到产业上线的不断发展。在互联网环境中，人与人、企业与企业的信息不对称相对较大，防备心理、领地行为在一段时间内必然存在，因此如何利用社群嵌入性来降低知识领地、创意领地等行为将具有重要研究价值。

（三）基于创客就绪度和虚拟社区承诺的角度研究社群嵌入对业余爱好性质的众包社区创新绩效的影响。在传统创新管理领域，创新行为往往作为企业或组织的战略，具有正式性、目的性、持久性和长远性，因此关于网络嵌入与创新绩效的关系研究中，主要关注网络嵌入对创新运作过程、运作元素的影响，很少涉及网络嵌入与要不要创新，以及创新积极性方面的研究。而众包式创新与企业内的创新有显著的不同，参与众包创新的创客往往基于兴趣爱好，利用业余时间参与创新，显然将存在其愿不愿意参与创新、愿不愿意持续参加创新、愿不愿意全力投入创新的问题。本书以创客就绪度和虚拟社区承诺为中介变量试图分析社群嵌入对创客们参与创新的承诺和参与创新就绪状态的影响，因此本书的研究使得嵌入性与创新管理的关系更加全方位、更加紧密。

第三节 局限与展望

一 研究的不足之处

虽然本书力图全面分析众包社区的社群嵌入特征，并试图深入研究社群嵌入对众包式创新绩效的影响，但是仍存在很多缺陷和不足之处，主要的不足表现在两个方面。

（一）研究内容的系统性和纵深性不足

本书通过扎根理论得到了社群嵌入的五种类型，虽然进行了一定程度的理论饱和度检验，但由于虚拟社区环境的千差万别，以及虚拟社区环境的飞速发展，很难保证这五种嵌入类型的全面性；另外虽然文章通过选择编码初步得到五种嵌入类型之间存在一定的联系，但关于这种联系只是初步认识，即存在剖析不清的问题，更缺乏有力的证据，因为对这些内在关系尚未开展有效的深入研究。

本书选择不同的路径变量剖析五种社群嵌入类型对众包社区创新绩效的影响，为了突出研究的创新性，选择了一些特殊的中介变量或调节变量，但显然导致分析不够全面和系统，并且不一定抓住了问题的主要矛盾，另外限于篇幅，对每一种嵌入类型分析得还不够细致和深入。

（二）研究方法的适用性和先进性不足

本书在研究社群嵌入对众包式创新绩效影响的过程中，采用了当前广泛使用的基于调查问卷的实证分析方法，虽然这种方法基于统计学理论，科学性得到了保证，但近年来也受到了不少质疑。首先，基于统计学的实证分析方法过分强调了共性，强调了总体规律，因此导致研究结论对具体企业、具体众包平台的适用性不足，如果能以某一个具体的众包平台为案例开展案例研究，进行深入挖掘则更具有实际意义。其次，基于问卷调查的数据主观性较强，数据的准确性较低，导致研究结果的创新性不足，无法挖掘出令人意想不到的结果，如果能采用当前线上比较先进的大数据分析方法，基于网络爬虫获取的客观数据开展研究，将会得到更加深入、更加有启发性的结论。

二 未来的研究展望

未来的研究除了克服上面提到的两个不足之外，还应该在研究内容的具体性上进行细化，未来可从如下两个方面开展具体性的研究。

（一）研究具体载体下的社群嵌入特征

随着各电商平台企业对社交电商的空前重视，未来将在不同领域、不同行业形成基于不同软件载体主导的社群网络，如腾讯系列的QQ群、微信群；阿里系统的钉钉群；直播平台企业建立的粉丝群等，这些新兴的社群网络必然嵌入了各种特色的社会关系，这些不同载体、不同行业的社群网络中社群嵌入有哪些类型，其特征是什么，非常值得研究。

（二）研究社群嵌入对具体领域的众包式创新的影响

一方面，当前各众包平台针对众包项目的不同，划分了很多具体细分社区；另一方面，随着共享经济的发展，众包模式涉及的领域必将越来越多，如营销推广、软件开发、工业设计、工程设计和品牌设计等领域，显然不同领域创新方式不同、创新组织形式不同，社群嵌入性对具体领域的众包式创新的影响机制也将不同，因此未来的研究可以开展具体领域的众包式创新研究。

本章小结

首先，总结了本书的研究结论，主要涉及众包社区的社群嵌入特征和社群嵌入对众包创新的影响两个方面；然后，提炼了本书的理论贡献，主要表现在研究了众包社区情境中的嵌入性特征和社群嵌入对众包式创新的特殊作用机理；最后，指出了本书的研究不足和未来研究的展望。

参考文献

中文文献

白鸥、魏江、斯碧霞：《关系还是契约：服务创新网络治理和知识获取困境》，《科学学研究》2015年第9期。

陈建勋、郑雪强、王涛：《"对事不对人"抑或"对人不对事"：高管团队冲突对组织探索式学习行为的影响》，《南开管理评论》2016年第5期。

戴万亮、杨皎平、李庆满：《内部社会资本、二元学习与研发团队创造力》，《科研管理》2019年第1期。

董津津、陈关聚：《创新网络嵌入性——社区意识对企业创新绩效的影响》，《科技进步与对策》2019年第10期。

杜鹏程等：《社会交互作用对员工创新行为的影响：一个有中介的调节》，《软科学》2018年第9期。

樊帅、田志龙、张丽君：《虚拟企业社会责任共创心理需要对消费者态度的影响研究》，《管理学报》2019年第6期。

付景涛：《职业嵌入对知识员工创新绩效的影响：敬业的中介作用》，《管理评论》2017年第7期。

顾美玲、迟铭、韩洁平：《开放式创新社区治理机制对用户知识贡献行为的影响：虚拟社区感知的中介效应》，《科技进步与对策》2019年第20期。

郭韧、周飞、林春培：《组织知识共享氛围对管理创新的影响：基于员工自我效能的调节中介模型》，《科研管理》2018年第10期。

贺爱忠、易婧莹：《虚拟品牌社区类社会互动对价值共创互动行为的影响研究》，《软科学》2019年第9期。

黄敏学、周学春：《顾客教育、就绪和参与研究：以基金为例》，《管理科学》2012年第5期。

黄磊、刘则渊、姜照华：《演化视角下全产业链创新网络结构及核心企业行为对创新绩效的影响：以苹果公司网络为例》，《科技进步与对策》2015年第8期。

简浩贤等：《基于组织认同视角的包容性领导与员工敬业度关系研究》，《管理学报》2017年第11期。

景保峰、周霞：《包容研究前沿述评与展望》，《外国经济与管理》2017年第12期。

李立峰：《基于社会网络理论的顾客创新社区研究——成员角色、网络结构和网络演化》，博士学位论文，北京交通大学，2017年。

李林、谢莉莉、何建洪：《社会资本影响社交网络知识共享效果的实证研究：以"知乎"为例》，《科技进步与对策》2017年第15期。

李鲜苗、徐振亭：《领地行为对知识创新的影响路径》，《科技进步与对策》2017年第8期。

林少疆、徐彬、陈佳莹：《企业创新网络结构嵌入性对协同创新能力影响的实证研究：共生行为的中介作用》，《软科学》2016年第6期。

林素芬：《基于众包参与者网络的众包绩效提升研究》，博士学位论文，华侨大学，2015年。

刘凤军、李辉：《社会责任背景下企业联想对品牌态度的内化机制研究：基于互惠与认同视角下的理论构建及实证》，《中国软科学》2014年第3期。

刘海鑫、刘人境：《企业虚拟社区个体知识贡献行为影响因素研究》，《科研管理》2014年第6期。

刘明伟等：《聚沙成塔：员工创造力如何转化为团队创新》，《管理科学》2019年第3期。

刘鑫、杨东涛：《工作自主性与员工敬业度：自我监控和分配公平的调节作用》，《商业经济与管理》2018年第4期。

龙勇、汪谷腾：《模块化组织知识共享对创新绩效影响机制的实证研究》，《管理工程学报》2018年第3期。

卢新元等：《众包竞赛中接包方的创新绩效影响因素研究》，《管理学报》2018年第5期。

马向阳等：《虚拟品牌社区成员的感知、态度和参与行为研究》，《管理评论》2017年第7期。

毛凯贤、李超平：《互动视角下道德领导与主动性人格影响新员工敬业度的作用机制》，《科学学与科学技术管理》2018年第12期。

潘李鹏、池仁勇：《基于内部网络视角的企业知识结构与创新研究："发散为王、还是收敛制胜？"》，《科学学研究》2018年第2期。

彭伟、金丹丹：《包容型领导对团队创造力影响机理研究：一个链式中介模型》，《科技进步与对策》2018年第19期。

秦敏、梁溯：《在线产品创新社区用户识别机制与用户贡献行为研究：基于亲社会行为理论视角》，《南开管理评论》2015年第3期。

舒成利、胡一飞、江旭：《战略联盟中的双元学习、知识获取与创新绩效》，《研究与发展管理》2015年第6期。

宋亚辉等：《工作激情影响员工创造性绩效的中介机制》，《浙江大学学报》（理学版）2015年第6期。

苏伟琳、林新奇：《服务型领导如何影响员工知识共享行为？一个有调节的中介模型》，《财经论丛》2019年第10期。

苏中锋：《合作研发的控制机制与机会主义行为》，《科学学研究》2019年第1期。

孙茜等：《创新众包平台对接包方中标率的影响机制研究》，《科学学研究》2016年第2期。

孙秀霞、朱方伟、宋昊阳：《感知信任与项目绩效：组织承诺的中介作用》，《管理评论》2016年第12期。

孙玥璠、宋迪：《高管领导力与组织双元能力关系述评及展望：基于国有企业改革背景》，《北京工商大学学报》（社会科学版）2016

年第 3 期。

陶雅、李燕萍：《家庭嵌入视角下创业激情形成机理的跨域研究》，《管理学报》2018 年第 12 期。

涂艳、孙宝文、张莹：《基于社会媒体的企业众包创新接包主体行为研究：基于众包网站调查的实证分析》，《经济管理》2015 年第 7 期。

王春燕、张玉明：《开放式创新下互联网应用对小微企业创新绩效的影响》，《东北大学学报》（社会科学版）2018 年第 1 期。

王莉、任浩：《虚拟创新社区中消费者互动和群体创造力：知识共享的中介作用研究》，《科学学研究》2013 年第 5 期。

王姝、陈劲、梁靓：《网络众包模式的协同自组织创新效应分析》，《科研管理》2014 年第 4 期。

王永健等：《强弱关系与突破式创新关系研究：吸收能力的中介作用和环境动态性的调节效应》，《管理评论》2016 年第 10 期。

吴建祖、肖书锋：《创新注意力转移、研发投入跳跃与企业绩效：来自中国 A 股上市公司的经验证据》，《南开管理评论》2016 年第 2 期。

肖薇等：《众包社区创意领地行为影响机制研究》，《商业经济与管理》2019 年第 4 期。

谢其军、冯楚建、宋伟：《合作网络、知识产权能力与区域自主创新程度：一个有调节的中介模型》，《科研管理》2019 年第 11 期。

许晖、李文：《高科技企业组织学习与双元创新关系实证研究》，《管理科学》2013 年第 4 期。

许璟等：《组织支持感对组织认同的影响：内部人身份感知和自尊的中介作用》，《心理学探新》2017 年第 3 期。

许梅枝、张向前：《包容型氛围对员工创造力的跨层次影响研究：以知识共享为中介》，《科技进步与对策》2019 年第 5 期。

杨仕元、卿涛、岳龙华：《从支持感到员工创造力：二元工作激情的联合调节作用》，《科技进步与对策》2018 年第 4 期。

叶龙、耿燕各、郭名：《明星技能人才创造力的影响机制：基于和谐型工作激情的中介作用》，《技术经济》2019 年第 8 期。

易华：《创业导向有助于激发员工创新行为吗——创新意愿的中介作用》，《财经理论与实践》2018 年第 1 期。

袁平、刘艳彬、李兴森：《互动导向、顾客参与创新与创新绩效的关系研究》，《科研管理》2015 年第 8 期。

张晓娟、周学春：《社区治理策略、用户就绪和知识贡献研究：以百度百科虚拟社区为例》，《管理评论》2016 年第 9 期。

张旭、樊耘、颜静：《基于心理联系视角的互联网时代背景下组织承诺发展探索》，《管理学报》2015 年第 9 期。

张延涛：《供应商适应行为影响因素的作用机理研究》，《管理评论》2017 年第 2 期。

张玉明、赵瑞瑞、徐凯歌：《知识共享背景下众包与新创企业创新绩效：基于双元学习的中介作用》，《中国科技论坛》2019 年第 9 期。

赵慧娟、龙立荣：《基于多理论视角的个人—环境匹配、自我决定感与情感承诺研究》，《管理学报》2016 年第 6 期。

赵建彬：《品牌社群网络关系对社群绩效的影响：心理反应机制研究》，博士学位论文，华中科技大学，2015 年。

赵莉、罗瑾琏、钟竞：《双元领导对团队创造力影响机制研究：基于团队互动的视角》，《科学学与科学技术管理》2017 年第 12 期。

赵宇翔：《社会化媒体中用户生成内容的动因与激励设计研究》，博士学位论文，南京大学，2011 年。

郑小勇、黄劲松：《文化嵌入与集群企业创新倾向的关系及其关联机理研究——战略意图的中介效应检验》，《重庆大学学报》（社会科学版）2017 年第 5 期。

周海军、杨忠：《供应链企业间机会主义行为及关系契约治理研究：基于抵押物模型的实证分析》，《南京社会科学》2014 年第 1 期。

朱宾欣等：《考虑解答者公平关切的众包竞赛知识共享激励》，《系统管理学报》2020 年第 1 期。

外文文献

Aimee Kane, "Unlocking Knowledge Transfer Potential: Knowledge Demonstrability and Superordinate Social Identity", *Organization Science*, Vol. 21, No. 3, June 2010.

Alan M. Saks, "Antecedents and Consequences of Employee Engagement", *Journal of Managerial Psychology*, Vol. 21, No. 7, July 2006.

Anthony R. Wheeler, Kenneth J. Harris, Chris J. Sablynski, "How Do Employees Invest Abundant Resources? The Mediating Role of Work Effort in the Job-Embeddedness/Job-Performance Relationship", *Journal of Applied Social Psychology*, Vol. 42, No. S1, December 2012.

Baofeng Huo, Barbara B. Flynn, Xiande Zhao, "Supply Chain Power Configurations and Their Relationship with Performance", *Journal of Supply Chain Management*, Vol. 53, No. 2, February 2017.

Baofeng Huo, Zhiqiang Wang, Yu Tian, "The Impact of Justice on Collaborative and Opportunistic Behaviors in Supply Chain Relationships", *International Journal of Production Economics*, Vol. 177, No. 7, July 2016.

Bohyeon Kang, Rupinder P. Jindal, "Opportunism in Buyer-Seller Relationships: Some Unexplored Antecedents", *Journal of Business Research*, Vol. 68, No. 3, March 2015.

Chao-Min Chiu, Meng-HsiangHsu, Eric T. G. Wang, "Understanding Knowledge Sharing in Virtual Communities: an Integration of Social Capital and Social Cognitive Theories", *Decision Support Systems*, Vol. 42, No. 3, March 2006.

Chia-Yi Cheng, "A Longitudinal Study of Newcomer Job Embeddedness and Sales Outcomes for Life Insurance Salespersons", *Journal of Business Research*, Vol. 67, No. 7, July 2014.

Daniel Z. Levin, Rob Cross, "The Strength of Weak Ties You Can Trust:

The Mediating Role of Trust in Effective Knowledge Transfer", *Management Science*, Vol. 50, No. 11, November 2004.

Daniella Laureiro Martinez et al., "Understanding The Exploration-Exploitation Dilemma: An Firm Study of Attention Control and Decision-Making Performance", *Strategic Management Journal*, Vol. 36, No. 3, February 2015.

David Gefen, Gavriel Gefen, Erran Carmel, "How Project Description Length and Expected Duration Affect Bidding and Project Success in Crowdsourcing Software Development", *Journal of Systems and Software*, Vol. 116, No. 6, June 2016.

David Geiger, Martin Schader, "Personalized Task Recommendation in Crowdsourcing Information Systems—Current State of the Art", *Decision Support Systems*, Vol. 65, No. 9, September 2014.

Drea Zigarmi et al., "A Preliminary Field Test of an Employee Work Passion Model", *Human Resource Development Quarterly*, Vol. 22, No. 2, June 2011.

Eric T. G. Wang, "Transaction Attributes and Software Outsourcing Success: an Empirical Investigation of Transaction Cost Theory", *Information Systems Journal*, Vol. 12, No. 2, February 2002.

Filipe Coelho, Mário Augusto, "Job Characteristics and the Creativity of Frontline Service Employees", *Journal of Service Research*, Vol. 13, No. 4, May 2010.

Graham Brown, Craig D. Crossley, Sandra L. Robinson, "Psychological Ownership, Territorial Behavior, and Being Perceived as A Team Contributor: The Critical Role of Trust in the Work Environment", *Personnel Psychology*, Vol. 67, No. 2, February 2014.

Graham Brown, Markus Baer, "Protecting the Turf: The Effect of Territorial Marking on Others' Creativity", *Journal of Applied Psychology*, Vol. 100, No. 6, June 2015.

Haichao Zheng, Dahui Li, Wenhua Hou, "Task Design, Motivation, and

Participation in Crowdsourcing Contests", *International Journal of Electronic Commerce*, Vol. 15, No. 4, June 2011.

Hangzi Zhu, Katharina Djurjagina, Jens Leker, "Innovative Behaviour Types and Their Influence on Individual Crowdsourcing Performances", *International Journal of Innovation Management*, Vol. 18, No. 6, June 2014.

Hurnjin Cho, Jung Joo Jahng, "Factors Affecting the Performance of Voluntary Participants in the Knowledge Sharing Virtual Community", *International Journal of Web Based Communities*, Vol. 10, No. 3, January 2014.

Kah-Hin Chai et al., "Understanding Competencies in Platform-Based Product Development: Antecedents and Outcomes", *Journal of Product Innovation Management*, Vol. 29, No. 3, May 2012.

Karim Moustaghfir, Giovanni Schiuma, "Knowledge, Learning, and Innovation: Research and Perspectives", *Journal of Knowledge Management*, Vol. 17, No. 4, July 2013.

Kenneth H. Wathne, Jan B. Heide, "Opportunism in Interfirm Relationships: Forms, Outcomes, and Solutions", *Journal of Marketing*, Vol. 64, No. 4, April 2000.

Kuan-Yu Chen, Ching-Wen Chang, Cheng-Hua Wang, "Frontline Employees' Passion and Emotional Exhaustion: The Mediating Role of Emotional Labor Strategies", *International Journal of Hospitality Management*, Vol. 76, No. A, January 2019.

Kuen-Hung Tsai, Yi-Chuan Liao, Teresa Tiaojung Hsu, "Does The Use of Knowledge Integration Mechanisms Enhance Product Innovativeness?", *Industrial Marketing Management*, Vol. 46, No. 4, April 2015.

Lars Fuglsang, Søren Jagd, "Making Sense of Institutional Trust in Organizations: Bridging Institutional Context and Trust", *Organization*, Vol. 22, No. 1, January 2018.

Madhura Bedarkar, Deepika Pandita, "A Study on The Drivers of Employee Engagement Impacting Employee Performance", *Procedia Social & Behavioral Sciences*, Vol. 133, No. 15, May 2014.

Mattia Bianchi et al., "Organisational Modes For Open Innovation in The Bio-Pharmaceutical Industry: An Exploratory Analysis", *Technovation*, Vol. 31, No. 1, January 2011.

Michael G. Pratt, Kevin W. Rockmann, Jeffrey B. Kaufmann, "Constructing Professional Identity: The Role of Work and Identity Learning Cycles in The Customization of Identity Among Medical Residents", *Academy of Management Journal*, Vol. 49, No. 2, April 2006.

Namwoon Kim, Kwaku Atuahene-Gima, "Using Exploratory and Exploitative Market Learning For New Product Development", *Journal of Product Innovation Management*, Vol. 27, No. 4, May 2010.

Nancy Vargas et al., "Effect of Exploitation and Exploration on The Innovative as Outcomes in Entrepreneurial Firms", *International Entrepreneurship and Management Journal*, Vol. 14, No. 4, March 2018.

Naser Valaei et al., "Examining Learning Strategies, Creativity, and Innovation at Smes Using Fuzzy Set Qualitative Comparative Analysis and PLS Path Modeling", *Journal of Business Research*, Vol. 70, No. 1, January 2017.

Patrick J. Bateman, Peter H. Gray, Brian S. Butler, "Research Note: The Impact of Community Commitment on Participation in Online Communities", *Information Systems Research*, Vol. 22, No. 4, December 2011.

Rajdeep Grewal, Anindita Chakravarty, Amit Saini, "Governance Mechanisms in Business-To-Business Electronic Markets", *Journal of Marketing*, Vol. 74, No. 4, July 2010.

Stephan A. Boehm, Florian Kunze, Heike Bruch, "Spotlight on Age-Diversity Climate: The Impact of Age-Inclusive HR Practices on Firm-Level Outcomes", *Personnel Psychology*, Vol. 67, No. 3, June 2014.

Thomas W. H. Ng, Daniel C. Feldman, "The Impact of Job Embeddedness on Innovation-Related Behaviors", *Human Resource Management*,

Vol. 49, No. 6, November 2010.

Wael Jabr et al., "Leveraging Philanthropic Behavior For Customer Support: The Case of User Support Forums", *MIS Quarterly*, Vol. 38, No. 1, February 2014.

Wiebren Jansen et al., "Inclusion: Conceptualization and Measurement", *European Journal of Social Psychology*, Vol. 44, No. 4, June 2014.

Willem Hulsink, Tom Elfring, Wouter Stam, "The Locus of Innovation in Small and Medium-Sized Firms: The Importance of Social Capital and Networking In Innovative Entrepreneurship", *ERIM Report Series Research*, Vol. 41, No. 7, July 2009.

Yen-Chun Chen, Po-ChienLi, Kenneth R. Evans, "Effects of Interaction and Entrepreneurial Orientation on Organizational Performance: Insights Into Market Driven and Market Driving", *Industrial Marketing Management*, Vol. 41, No. 6, August 2012.

Yi Liu, Yadong Luo, Ting Liu, "Governing Buyer-Supplier Relationships Through Transactional and Relational Mechanisms: Evidence From China", *Journal of Operations Management*, Vol. 27, No. 4, April 2009.

Zhao Pan, Yaobin Lu, Sumeet Gupta, "How Heterogeneous Community Engage Newcomers? The Effect of Community Diversity on Newcomers' Perception of Inclusion: An Empirical Study In Social Media Service", *Computers in Human Behavior*, Vol. 39, No. 10, October 2014.